Lars H. Gustafsson
Kinder – weit weg und doch ganz nah

Lars H. Gustafsson

Kinder – weit weg und doch ganz nah

Die neun Stufen zum Erwachsenwerden

Aus dem Schwedischen von Susanne Dahmann

Kreuz

Inhalt

Vorwort

Liebe Leserinnen, liebe Leser,

dies soll ein persönliches Buch sein, und deshalb wende ich mich direkt an Sie. Es geht in diesem Buch um Entwicklung, und zwar um die gemeinsame Entwicklung von Kindern, Jugendlichen und Erwachsenen. Es geht um meine Entwicklung und vielleicht auch um Ihre. Ich habe lange nach einer Form gesucht, in der ich zeigen kann, wie wir uns im Zusammenspiel miteinander einen Weg durch unser Leben suchen.

Ich beschreibe hier eine Entdeckungsreise durch eine innere Landschaft. Manchmal ist es eine weite Landschaft, da werden die Zusammenhänge klar. An anderen Stellen ist die Sicht eingeschränkt, und das Gelände ist unübersichtlich. Genauso ist es auch in der Wirklichkeit. Der Bergwanderer muss damit rechnen, sich auch durch Unterholz und Gestrüpp kämpfen zu müssen, bevor er auf die Bergkuppe gelangt.

Ich wollte ein Buch zum Nachdenken für alle Menschen schreiben, die in ihrem Leben mit Kindern zu tun haben und die sich näher damit befassen wollen, was gemeinsames Wachsen, Entwickeln und Reifen bedeuten. Das Buch soll aber auch Informationen über eine Reihe von Landschaften, die wir besuchen, zusammenfassen.

Aus irgendeinem Grund musste ich während des Schreibens immer an »Nils Holgerssons wunderbare Reise«, die Entdeckungsreise von Selma Lagerlöf denken. Manchmal fühlte ich mich, wie auch Nils sich gefühlt haben muss, als er hoch oben auf dem Rücken der Gans über das Land flog, ohne richtig zu wissen, wohin die Reise ging oder wann sie das nächste Mal landen würden. Hier geht es nun um meine eigene Entdeckungsreise, von der ich Ihnen berichten will. Ich habe meine Landeplätze und Wegweiser selbst ausgewählt. Sie wählen die

Ihren, und doch glaube ich, dass wir einander manches Mal begegnen werden.

So muss es sein. Ich glaube nämlich nicht, dass etwas so Persönliches wie die Entwicklung eines Menschen in ganz allgemeinen Begriffen geschildert werden kann, denn dann verliert sie ihre Menschlichkeit, und was für einen Sinn hätte dann die Beschreibung?

Ich suche ein Gespräch über das wichtigste Thema von allen: Warum sind wir so, wie wir sind, und was wollen wir einander geben?

Ich hoffe, dass Sie die Ruhe haben, das Buch mit offenen Sinnen zu lesen. Gehen Sie selbst auf eine Entdeckungsreise, während Sie lesen! Und vergessen Sie nicht, dann davon zu berichten!

Ljusåker im Dezember 1995
Der Autor

Reisevorbereitungen

Seit ich von der Königlichen Akademie der Wissenschaften angehalten
worden war, den 2. Mai in die lappländischen Gebiete zu reisen und dort
3 regna naturae zu illustrieren, bereitete ich meine Reise vor und kleidete
mich in folgender Manier …

Carl von Linné

Der Auftrag: Zu beschreiben, was Entwicklung ist

Ich bin Kinderarzt und arbeite seit nunmehr fast dreißig Jahren in diesem Beruf, und zwar in dem Bereich, den wir »Sozialkinderheilkunde« nennen. Dies ist ein nicht klar umrissenes Gebiet, das im Grenzgebiet zwischen Kinderheilkunde, Kinderpsychiatrie und Sozialmedizin liegt. Ein großer Teil der vorbeugenden Gesundheitsmaßnahmen bei Kindern und Jugendlichen gehört hier hinein.

Momentan bin ich als Schularzt in einer kleinen Gemeinde im Norden Schwedens tätig, in einer anderen Gemeinde untersuche ich einen Sorgerechtsstreit und in einer dritten kümmere ich mich um Flüchtlingskinder. Mit dem Recht des engagiert Tätigen meine ich natürlich, dass mein Arbeitsgebiet das faszinierendste ist, das man sich nur denken kann!

Sowohl bei meiner Arbeit als Kinderarzt als auch in den Fortbildungskursen, die ich leite, treffe ich jede Woche mit anderen Menschen zusammen, die auch mit Kindern arbeiten: Vorschullehrer und Kindergärtnerinnen, Lehrer und Gruppenleiter, Sozialarbeiter und Psychologen, Polizisten und Betreuer von Jugendlichen. Ja und natürlich Eltern – sie gehören zu meinen ständigen Begleitern. Als Vater von acht Kindern werde ich nie müde, mein eigenes Leben mit dem von anderen zu vergleichen.

Es ist eine spannende Erfahrung für mich, an allen diesen unterschiedlichen Ausformungen der Wirklichkeit teilzunehmen. Wir begegnen denselben Kindern und Jugendlichen, aber wir betrachten sie aus unterschiedlichen Perspektiven. Wenn wir unsere Betrachtungsweisen zusammenlegen, wird das Bild reicher und differenzierter, aber keineswegs immer leichter zu interpretieren. In gewisser Weise ist es einfacher, wie der Schuster bei seinen Leisten zu bleiben.

Eine Sichtweise fehlt aber oft: die des Kindes! Seit einiger Zeit schon werden Kinder in Verhandlungen um das Sorgerecht häufiger angehört oder wenn es um die Planung von Schulhöfen geht. Aber erst seit ein paar Jahren haben die eigenen Aussagen der Kinder eine nennenswerte Bedeutung auch in den Beschreibungen der kindlichen Entwicklung erhalten, die früher ausschließlich auf die Beobachtungen der Erwachsenen gründeten.

Es sollte eine gemeinsame Grundlage geben, die alle, die mit Kindern arbeiten, verbindet, zum Beispiel eine zuverlässige Beschreibung der Bedürfnisse, der Rechte und der Entwicklung von Kindern. Natürlich enthält ein Arbeitsgebiet wie die Erforschung der kindlichen Entwicklung viele Aspekte, die für die Vertreter verschiedener Berufe auch unterschiedliche Bedeutung haben werden. Dennoch bin ich immer mehr davon überzeugt, dass wir alle eine gemeinsame Einstellung oder doch zumindest eine gemeinsame Sprache brauchen, damit wir einander verstehen, wenn wir über Kinder und über uns selbst sprechen.

Als ich in den 60er Jahren in Uppsala Medizin studierte, lernten wir eine Menge über die psychomotorische und neurologische Entwicklung im Kindesalter. Ich erinnere mich, dass unsere Dozentin kleine Kinder in den Vorlesungssaal mitbrachte. Auf sehr anschauliche Weise demonstrierte sie so die Greif- und Schutzreflexe, das Krabbeln und das erste Laufen. Ich lernte die einfache neurologische Beurteilung innerhalb von wenigen Minuten durchzuführen, die zu jeder ärztlichen Untersuchung eines Kindes gehört – ein Können, für das ich später sehr dankbar war.

Von meinen Freunden, die Psychologie studierten, erfuhr ich, dass die Entwicklung des Kindes für sie eine völlig andere und weitaus kompliziertere Sache war. Erst später machte ich mich auch mit ihren Theorien vertraut. Zu diesem Zeitpunkt hatte ich bereits einige Jahre lang mit Kindern gearbeitet und verspürte ein immer größer werdendes Bedürfnis, das, was ich sah, auf einer tieferen Ebene verstehen zu können. Ich kämpfte mich durch die Werke von Melanie Klein, Anna Freud und nicht zuletzt Margaret Mahler – ein großer Teil dieser Literatur lag damals noch nicht in schwedischer Übersetzung vor. Eine faszinierende Welt öffnete sich mir, aber als ich mein neues Wissen bei meinen täglichen Begegnungen mit Kindern anwenden wollte, erwies sich das als unmöglich. Es waren zwei verschiedene Welten, die niemals zusammentrafen – jedenfalls nicht auf meiner Station!

Erst als ich begann Winnicott zu lesen, verband sich alles zu einem Ganzen. Auch er war nicht leicht zu verstehen, aber er war wie ich Kinderarzt und oft genug wählte er Fallbeispiele aus einer Wirklichkeit, die ich wiedererkannte. Nach und nach begriff ich, dass es eine weitere Tradition gab, in der das Wissen um die Entwicklung des Kindes auf eine noch andere Weise formuliert wurde: die Pädagogik. Ich habe auch versucht sie kennenzulernen und viel Interessantes dort entdeckt.

Anfänglich war ich voller Respekt gegenüber der so beeindruckenden Art und Weise der verschiedenen Fachrichtungen, ihre besondere Welt zu beschreiben. Aber nach einiger Zeit wurde ich misstrauisch. Als Naturwissenschaftler respektiere ich eine ausgewogene Fachsprache, denn nicht alles kann rücksichtslos vereinfacht werden, die Beschreibung von Fakten und Zusammenhängen darf nicht zu vage und allgemein formuliert sein, nur damit möglichst viele sie verstehen. Aber waren nicht die Kinderärzte zu neurologisch, die Psychologen zu psychologisch und die Lehrer allzu pädagogisch eingestellt?

Eigentlich beschrieben sie doch alle dieselben Kinder und dieselben Entwicklungsstufen, aber es erschien mir oft, als würden sie sich in ihrer eigenen Terminologie verschließen, um ein Revier zu markieren und ein Zusammengehörigkeitsgefühl zu erzeugen. Und wo waren die Kindern in alldem? Schließlich ging es um ihr Leben und ihre Entwicklung, sollten sie nicht das Recht haben, das Wissen über sich selbst auch selbst zu formulieren?

Elf Jahre täglicher Gespräche mit meiner Lebensgefährtin Agneta, die als Kinderpsychologin in einer Klinik tätig ist, öffneten mir einen neuen Weg. Ich begann nach Grenzgängern und Brückenbauern zu suchen, nach denen, die mutig genug gewesen waren, den Fundamentalismus aufzugeben, den Begriffsapparat zu lockern und auf die Kinder selbst zu hören. Winnicott schien mir ein solcher Mensch zu sein und auch die beiden anderen Wegweiser, die ich später vorstellen werde, Janusz Korczak und Daniel Stern, gehören sicher dazu.

Es gab damals noch einen Aspekt in der Beschreibung der kindlichen Entwicklung, der mich irritierte. Diejenigen, die das Wissen präsentierten, stellten sich selbst immer außen vor, so als würden sie die Kinder und deren Entwicklung durch einen »one way screen« betrachten, eine Glasscheibe, die nur in eine Richtung durchsichtig ist. Das Kind wurde zum »Objekt der Beobachtung«, gerade so als hätten die Erwachsenen, die es beschrieben, selbst nichts damit zu tun.

Meine Erfahrung als Arzt hat mich etwa anderes gelehrt. Kinder wachsen ständig in engem Zusammenspiel mit anderen Menschen auf, mit Eltern, Geschwistern, Freunden, Kindergartenpersonal, Lehrern und vielen anderen. Auch ich als Arzt stehe in Beziehung zu dem Kind. Schon früh hatte ich bemerkt, dass sich die Kinder auf meiner Station völlig unterschiedlich verhielten, je nachdem, in welcher seelischen Lage ich mich gerade befand. An manchen Tagen schrie kein einziges Kind, Untersuchungen und Blutabnahmen gingen wie im Schlaf. An anderen Tagen hatten wir ein volles Orchester. »Das ist ansteckend«, sagten wir und lächelten einander müde zu und wir begriffen, dass wir oft selbst der Ansteckungsherd waren.

Auch als Erwachsene stehen wir ständig in einer Entwicklung. So gesehen unterscheiden wir uns nicht von Kindern oder Jugendlichen. Aber wenn die Entwicklung beschrieben wird, werden oft separate Prozesse dargestellt: das Kind für sich, ebenso der Jugendliche und der Erwachsene – gerade so, als würden Kinder sich im luftleeren Raum entwickeln, als könnte man die Entwicklung eines Kleinkindes beschreiben, ohne die der Eltern oder der Kindergärtnerinnen mit zu berücksichtigen. Als könnte man das, was mit dem Kind in der Schule geschieht, beschreiben, ohne gleichzeitig auch die eigene Reise des Lehrers durch die Entwicklungslandschaften zu betrachten.

Erik Homburger Erikson setzte einen Meilenstein, als er 1982 das Buch »Der vollständige Lebenszyklus« veröffentlichte. In seiner Art, das ganze Leben als einen Entwicklungsprozess zu betrachten, war etwas Befreiendes und Hoffnungsvolles. Aber auch Erikson ist mehr an der Entwicklung des einzelnen Individuums interessiert als an dem parallel laufenden Prozess, in dem wir ständig andere beeinflussen und von ihnen beeinflusst werden.

In diesem Zusammenhang bedeutete mir Rollo May sehr viel, der in seinen Büchern immer wieder seine Sicht der Verantwortlichkeit darlegt. Er meint, dass wir niemals etwas für einen anderen Menschen bedeuten können, wenn wir uns nicht auf ein näheres Zusammenspiel einlassen, in dem wir selbst Risiken eingehen und uns beeinflussen lassen. Wir können niemals außerhalb der Prozesse stehen, die wir betrachten und zu verändern suchen, wir sind immer auch Teil davon. Und der Entwicklungsprozess muss deshalb als eine gemeinsame Reise beschrieben werden.

Das versuche ich in diesem Buch zu tun und es ist keine leichte Aufgabe, die ich mir gestellt habe. Es soll eine Erkundungstour mit leichtem Gepäck werden. Ich weiß noch nicht, durch welche Gegenden ich wandern werde, und noch weniger, was ich dort finden werde. Deshalb nehme ich nur die Wegweiser mit, denen ich traue – eine Karte, die mir nicht allzu alt zu sein scheint, und einen Kompass, den ich schon bei früheren Wanderungen erprobt habe. Ich hoffe, dass ich so viel Material von meiner Reise mitbringen werde, dass ich damit auch andere zu eingehenderen und besser vorbereiteten Forschungsreisen anregen kann.

Die Wegweiser: Korczak, Winnicott und Stern

Ich habe drei unterschiedliche Wegweiser mit unterschiedlichem Profil aus drei Epochen ausgewählt. Sie sind jeder auf seine Weise bekannt und geschätzt. Mir haben sie aufgrund dessen, was sie geschrieben haben, viel bedeutet, und ich zähle sie zu meinen besten Kollegen, obwohl ich nur einem von ihnen persönlich begegnet bin.

Janusz Korczak war ein polnischer Kinderarzt. Ich kenne ihn vor allem durch seine Bücher »Wie man ein Kind lieben soll« und »Das Recht des Kindes auf Achtung«. Aber auch Andrzej Wajdas Film »Korczak« hat mir ein Bild von ihm vermittelt.

Korczak wurde 1878 als Sohn einer jüdischen Familie geboren. Sein ursprünglicher Name lautete Henryk Goldszmit, aber später war er besser bekannt unter seinem Pseudonym. Schon früh war er als Autor tätig, absolvierte aber eine Ausbildung zum Kinderarzt.

Nach einigen Jahren der Tätigkeit in einer Klinik ging er als Kinderarzt in ein Waisenhaus in Warschau. Dort arbeitete er, zuletzt im Warschauer Ghetto, bis zu seinem Tod 1942.

Korczak war vor allem Arzt und Naturwissenschaftler. In seinen Schriften scheint immer ein naturwissenschaftlicher Hintergrund durch. Er ist ein Praktiker, der sich nie luftigen Theorien hingibt. Vielleicht ist er manchmal romantisch, aber doch niemals sentimental oder idealisierend. Es ist eine wohltuende Schroffheit an ihm.

Korczak war auch Pädagoge und wird heute zu den Pionieren der Pädagogik gezählt. Für ihn gilt, was das Schicksal vieler Grenzgänger ist – nirgendwo richtig hinzugehören. Im Nachwort zu »Das Recht des Kindes auf Achtung« schreiben die Herausgeber der schwedischen Ausgabe:

»Trotz seiner bewusst humanistischen Ausrichtung war Korczak in ideologischer Sicht ein Einzelgänger. Er war weder in der jüdischen Gemeinde noch in der katholischen Kirche zu Hause. Die Pädagogen betrachteten ihn als Arzt und die Ärzte als Pädagogen. Unter Wissenschaftlern hielt man ihn für einen

Literaten, während man in literarischen Kreisen zunächst den Wissenschaftler in ihm sah.«

Korczak engagierte sich sozial und politisch für die von aller Welt verlassenen Kinder, eine Arbeit, die er während seiner letzten Lebensjahre vorwiegend im Verborgenen betreiben musste. Er war besonders interessiert an den Rechten der Kinder, und 1923 war er einer der Unterzeichner der ersten Deklaration der Organisation *Save the Children* über die Rechte der Kinder, die später von den Vereinten Nationen übernommen wurde. Darüber hinaus formulierte er einen Rechtekatalog, eine »Magna Charta der Rechte der Kinder«, die noch heute erstaunlich radikal wirkt.

Es ist diese Mischung aus Sachlichkeit, Pathos und literarischem Gestaltungsvermögen, die ich an Korczak so schätze. Sicherlich haben einige seiner Ideen inzwischen an Gültigkeit verloren, aber die meisten sind nach wie vor aktuell. Wenn ich Texte von ihm lese, frage ich mich oft, ob sie wirklich in den 20er Jahren geschrieben worden sind.

Korczak sieht einfach das Kind. Für ihn ist die Kinderperspektive selbstverständlich und keine erkämpfte Attitüde. Jeden Tag ist er vielen Kindern begegnet und konnte deren innere und äußere Welten kennenlernen. Deswegen hat er es nie nötig, die Kinder zu idealisieren. Kinder sind Menschen, ebenso wie Erwachsene. Wir haben viel gemeinsam.

Korczak ist der Wegweiser, der mir trotz seines Alters persönlich am nächsten steht. Er ist fast wie ein geistiger Vater für mich. Mit Hilfe der starken Schwarzweißbilder in Wajdas Film sehe ich ihn vor mir, wie er an der Spitze seiner Waisenkinder zum Sammelplatz in Warschau marschiert. Er trägt die Fahne des Waisenhauses. Er hat den Kindern erzählt, dass sie einen Ausflug machen, aber in Wirklichkeit sind sie auf dem Weg zum Eisenbahnwaggon, der sie nach Treblinka bringen wird. Bis zuletzt bot man Korczak freies Geleit an, aber er lehnte ab. Wie könnte er seine Kinder in dieser Stunde allein lassen? Statt dessen geht er mit ihnen in die Gaskammer und stirbt dort im August 1942.

Ich war damals drei Monate alt, und es sollte noch fast fünfzig Jahre dauern, bis ich ihn kennenlernte.

Donald Woods Winnicott ist achtzehn Jahre jünger als Korczak, er wurde 1896 in Plymouth geboren und stammte aus einer Methodistenfamilie. Winnicott durchlief in London die Ausbildung zum Kinderarzt. Eigentlich wollte er Landarzt werden, aber zwei Dinge bewirkten, dass er sein Vorhaben änderte. Zum einen war er süchtig danach, von Kindern umgeben zu sein. Viele, die Winnicott bei der Arbeit beobachtet haben, haben den erstaunlichen Kontakt beschrieben, der zwischen ihm und den Kindern, die in seine Nähe kamen, immer sofort entstand.

Zum anderen kam Winnicott früh in Kontakt mit Freud. Ein Freund lieh ihm bereits 1919 Freuds Buch »Die Traumdeutung«, das erst kurz zuvor ins Englische übersetzt worden war. Dieses Buch veränderte Winnicotts Art zu denken grundlegend, und während er noch seiner Arbeit als Kinderarzt an verschiedenen Londoner Krankenhäusern nachging, beschloss er, Psychoanalytiker zu werden. Im Alter von siebenundzwanzig Jahren begann er selbst eine Analyse, die zehn Jahre dauern sollte. Wenig später entwickelte er das, was wir heute kinderpsychologische Arbeit nennen und die besondere Form, die er entwarf, hat bis heute wenig Vergleichbares gefunden.

Winnicott war also ein Kinderarzt, der Psychoanalytiker wurde – scheinbar ein Gegensatz. Unter seinen Ärztekollegen betonte er immer, wie wichtig es sei, die »Psychologie des Unbewussten« zu kennen. In seinen Vorlesungen wies er stets darauf hin, dass man körperliche Symptome bei einem Kind unmöglich richtig einschätzen könne, wenn man das Kind nicht als eine Einheit von Körper und Seele ansähe.

Unter Analytikern blieb er immer der Kinderarzt Doktor Winnicott, und obwohl er sich bemühte, in ihre Kreise aufgenommen zu werden, verhielt er sich doch auch ein wenig rebellisch. Er wollte nicht in eine bestimmte Schublade gesteckt werden. Wer ihn um einen Vortrag bat, konnte nie sicher sein, was er sagen würde, denn es kam ihm immer darauf an, seine Unabhängigkeit zu demonstrieren. Das machte ihn sehr populär,

16

bedeutete aber auch, dass viele Kollegen ihm mit Skepsis begegneten.

Aufgrund seiner persönlichen Integrität wurde Winnicott zu einer Art dritten Kraft, als der Streit um die Lehre der beiden großen Londoner psychoanalytischen Schulen, die eine von Melanie Klein, die andere von Anna Freud geleitet, am stärksten tobte. Winnicott misstraute jedem Fundamentalismus. Er war der praktizierende Arzt, der das Kind in den Mittelpunkt stellen wollte und sich gleichzeitig immer auf eine neue Art zu denken einstellen konnte.

Das Buch von Winnicott, das mir am meisten bedeutet, ist »Vom Spiel zur Kreativität«, das 1971, in seinem Todesjahr, erschien. Dort fasst er seine Thesen zu den Übergangsphänomenen zusammen, die zutage treten, wenn das Kind sich von seinen Eltern zu lösen beginnt, und die später größte Bedeutung bei der Entwicklung von Empathie und Kreativität haben.

Winnicott selbst war ein spontaner und intuitiver Mensch und man gewinnt fast den Eindruck, als ob einige seiner überzeugendsten Bilder ihm plötzlich während seiner Vorlesungen eingefallen wären. Einmal sagte er, dass er sicher Clown oder Varietékünstler geworden wäre, wenn es mit dem Psychoanalytiker nichts geworden wäre.

Als Arzt war er eine Autorität – einige seiner Fallbeispiele sind zu Klassikern geworden. Aber Winnicott wollte nicht nur als praktischer Arzt und Unterhalter auf dem Gebiet der Psychoanalyse bekannt werden, sondern auch als wissenschaftlich geschulter Theoretiker. Und hier waren ihm sein Hintergrund als Kinderarzt und seine Ausflüge in die Populärwissenschaft im Wege, er wurde einfach nicht als ausreichend seriös und zielgerichtet angesehen. Das hatte zur Folge, dass er in seinen wissenschaftlichen Aufsätzen das »Theoretische« derart übertrieb, dass sie heute kaum mehr lesbar sind, zumindest für Nichtanalytiker wie mich.

Unverständlichkeit imponiert in gewissen Kreisen. Wenn ich heute diese Aufsätze von Winnicott lese, habe ich plötzlich das Gefühl, als würde Winnicott der Clown die Autoritäten bewusst an der Nase herumführen.

Winnicott ist also keine unkomplizierte Persönlichkeit, aber ich mag ihn sehr! Seine Warmherzigkeit und sein großes Engagement für Kinder ist nicht zu übersehen. Seine Originalität und seine Fähigkeit, zu improvisieren und Neues zu denken, haben mich sehr beeindruckt. Mit ihm zusammen ist es nie langweilig und als Reisebegleiter und Wegweiser ist er schlechterdings unverzichtbar.

Der einzige meiner drei Wegweiser, dem ich selbst einmal begegnet bin, ist Daniel N. Stern, Professor der Psychiatrie und Psychologie in Genf. Auch Stern ist ein Grenzgänger, er kam aus seiner Heimat Amerika nach Europa, war ursprünglich Psychiater und wurde dann Säuglingsforscher. Stern übte sich früh im Beobachten und wurde ein Meister der Interpretation des Nonverbalen. In seinem Buch »Die Lebenserfahrung des Säuglings« berichtet er von einem einschneidenden Erlebnis:

»Als ich etwa sieben Jahre alt war, habe ich einmal eine Erwachsene beobachtet, die mit einem ein- oder zweijährigen Kind fertig zu werden versuchte. Mir schien damals vollkommen klar zu sein, was das Kind wollte, aber die Erwachsene verstand offenbar überhaupt nichts. Ich kam auf den Gedanken, dass ich in einem Übergangsalter war. Noch kannte ich die ›Sprache‹ des Kindes, aber auch schon die der Erwachsenen. Ich war noch ›zweisprachig‹ und fragte mich, ob ich diese Fähigkeit mit zunehmendem Alter zwangsläufig verlieren würde.«[1]

Stern gelang es, seine Zweisprachigkeit zu bewahren. Seine eigenen Erfahrungen hatten ihn davon überzeugt, dass frühe Erlebnisse eine entscheidende Rolle im Leben eines Menschen spielen. Er wurde Arzt und wählte die Psychiatrie zu seinem Spezialgebiet, denn »... Die Psychiatrie war die einzige klinische Disziplin, in der die Entwicklung wirklich eine Rolle spielte ...«.[2]

Stern übte sich in Psychoanalyse und das psychodynamische Denken war immer sein Ausgangspunkt. So hat er zum

Beispiel mit Margaret Mahler zusammengearbeitet. Er begann allerdings schon früh daran zu zweifeln, dass die Psychoanalyse alles erklären könne. Die Erklärung der Kindheit seitens der Analytiker schien ihm allzu stereotyp gehalten, denn sie gründete sich ja auf Rekonstruktionen mit Hilfe von erwachsenen Patienten und nicht auf Beobachtungen, die man an wirklichen Kindern gemacht hatte.

Der sich rasch ausbreitende Forschungszweig der Säuglingspsychologie fand schließlich Sterns Interesse, und seine wissenschaftlichen Arbeiten handeln zumeist vom Zusammenspiel kleiner Kinder mit Erwachsenen.

Dies war zu einer Zeit, als die Auffassungen von der Entwicklung des Kindes weit auseinander gingen und sich eine Art Streit um die rechte Lehre entfachte. Die Psychoanalytiker beschrieben die Entwicklung auf ihre Weise, die mehr auf die Verhaltensforschung ausgerichteten Kliniker auf eine ganz andere. Und jetzt kamen auch noch die Säuglingsforscher mit einer dritten Meinung hinzu, die mit ihren neuen Beobachtungen an kleinen Kindern die alten Begriffe nochmals völlig auf den Kopf stellten!

Stern, der in jeder dieser drei Schulen vertreten war, erkannte seine Aufgabe. Er wollte Brücken bauen. Viele der Fragen, mit denen die Psychoanalyse haderte, waren unerlässlich, wenn die Säuglingsforschung neue Hypothesen formulieren wollte. Dann wiederum waren die Resultate dieser Forschungen wichtig für die klinisch tätigen Therapeuten, ganz gleich, welcher Schule sie auch angehörten.

In »Die Lebenserfahrung des Säuglings« skizziert Stern eine völlig neue und zusammenhängende Entwicklungstheorie, die er auf eigene Forschungen aufbaut, in die aber auch Einsichten Aufnahme gefunden haben, zu denen er in vielen Diskussionen mit Klinikern der verschiedensten Richtungen gekommen war. Das war ein mutiges Unternehmen, denn er lief Gefahr, von allen gelyncht zu werden, zumal das Buch unverhohlen einige etablierte »Wahrheiten« in Frage stellt.

Vielleicht waren es seine wohlbegründeten Behauptungen, vielleicht seine Verwegenheit, die Eindruck machte: Tatsächlich fand Sterns Sicht der kindlichen Entwicklung schon bald viele Anhänger. Vor allem Psychologen im Vorschulbereich oder in der Sozialarbeit interessierten sich dafür, denn sie hatten schnell gemerkt, dass ihnen diese Art zu denken neue Sichtweisen alter Probleme ermöglichte.

Die unermüdlichen Überredungskünste meiner Ehefrau bewirkten, dass ich das Buch recht bald nach seinem ersten Erscheinen las. Es wurde ein großes Leseerlebnis daraus, was vielleicht daran lag, dass ich mich damals in einer Phase befand, in der ich meinte, Kinder überhaupt nicht verstehen zu können. Aber es geschah auch noch etwas anderes: Ich erkannte mich selbst wieder! Die Prozesse, die Stern beschrieb, hatte ich auch durchlebt, sowohl im täglichen Zusammensein mit meinen eigenen Kindern als auch bei meiner Arbeit. Das war eine Befreiung, denn es war mir immer schwer gefallen, die Sprache der Theorie mit dem in Einklang zu bringen, was ich selbst sah.

Seither sind viele Jahre vergangen, und meine Ansicht zu Sterns Entwicklungstheorie hat sich ein wenig gewandelt. Manche meinten schon damals, dass Stern sich allzu leichtfertig über wichtige Erfahrungen aus der psychoanalytischen Arbeit hinweggesetzt habe, andere sagten, er habe mit seinem wirklichen Wissen hinterm Berg gehalten, wieder andere fanden, er vereinfache zu vieles.

Aber seine grundlegenden Thesen über die Entwicklung des Selbst sind nach wie vor gültig und nicht weniger seine Abrechnung mit dem alten fest verankerten Denken. Und niemand kann ihm seine Erfahrung nehmen – er hat viele Kinder gesehen und seine Theorien gehen immer von dem aus, was er tatsächlich gesehen hat.

Aber es gibt noch etwas, was Daniel Stern einzigartig macht, nämlich sein Einfühlungsvermögen und seine nahezu poetische Sprache. Der Traum, einmal ein Kind von innen her zu verstehen, veranlasste ihn dazu, das »Tagebuch eines Babys« zu schreiben, in dem er den kleinen Joey selbst berichten lässt. Es ist schon bewundernswert, dass sich ein naturwissenschaftlich geschulter Forscher einer solchen Aufgabe widmet. Das

Buch, das schon ein Klassiker geworden ist, bietet ein faszinierendes Bild von der inneren Welt eines kleinen Kindes – betrachtet durch die Brille des weisen Mannes. Hier ist er wieder, der Siebenjährige, der das Kind und den Erwachsenen versteht, der zweisprachige Dolmetscher ist am Werk!

Es ist natürlich kein Zufall, dass alle drei Wegweiser, die ich ausgewählt habe, Männer sind, so wie ich. Außerdem sind sie Ärzte. Ihre Lebenslinien sind ungewöhnlich verlaufen und alle drei haben es gewagt, der strengen klinischen Welt des Krankenhauses zu entfliehen, um Kindern und Erwachsenen in anderen Zusammenhängen zu begegnen. Alle drei verbindet ein außergewöhnliches Wissen um Kinder und deren Lebensverhältnisse.

Ich bin vermessen genug zu glauben, dass wir Ärzte eine besondere Rolle bei der Beschreibung der kindlichen und auch der erwachsenen Entwicklung spielen. Natürlich können wir nicht für uns beanspruchen, das Wissen zu vertreten, das den psychologischen und den pädagogischen Forschungskreisen erwächst und vor dem ich den größten Respekt habe. Aber ich glaube, dass wir mit unseren Beobachtungen noch etwas hinzufügen können. Wir begegnen vielen Kindern und in unserer Arbeit müssen wir uns immer sehr konkret und handlungsgerichtet verhalten, deshalb sind wir so ungeduldig, wenn es darum geht, Theorien und Forschungsergebnisse in praktische Hilfsmittel zu verwandeln.

Ich werde mich nicht für meine Wegweiser entschuldigen – ich bin froh, sie dabei zu haben!

Die Landkarte: Das Empfinden eines Selbst

Der Begriff »Selbst« ist in den letzten Jahren in der Beschreibung der kindlichen und auch der erwachsenen Entwicklung immer häufiger angewendet worden. Wir sprechen von der Ausbildung eines »sicheren Selbst«, davon, dass dieser oder jener Patient ein »gut integriertes Selbst« hat.

Was ist das Empfinden eines »sicheren« Selbst? Lassen Sie es mich kurz skizzieren:

»Es gibt mich und ich lebe hier und jetzt. Ich bin ein völlig eigener Mensch, mit keinem anderen vergleichbar. Das verleiht mir einen besonderen Wert. Ich bin nicht austauschbar.

Ich bin ein Mensch mit eigenen menschlichen Rechten, die kein anderer verletzen darf. Wenn jemand das tut, wehre ich mich. Ich werde nicht zulassen, dass mir jemand Böses tut.

Ich weiß, wo ich stehe, und ich habe keine Angst zu sagen, was ich denke, auch wenn das manchmal unbequem ist. Die wissen, was sie an mir haben. Ich besitze das, was man Zivilcourage nennt.

Ich traue mich in die Nähe eines anderen Menschen in der Liebe oder einer engen Freundschaft, ohne zu fürchten, dass ich die Kontrolle oder meine Selbständigkeit verlieren könnte. Ich fühle mich als freier und unabhängiger Mensch. Nähe und Abhängigkeit, die ich selbst wähle, können dieses Gefühl nicht gefährden.

Gleichzeitig komme ich gut mit mir allein zurecht. Ich muss mich nicht an jemand anderen anhängen, um ständig bestätigt zu werden. Ich kann also zwischen Nähe und Abstand wechseln und fühle mich an beiden Polen sicher.«

Wenn ich nun weitermachen würde, auf diese Weise die Bestandteile eines sicheren Selbst aufzulisten, dann würde sich bald ein unbehagliches Gefühl einschleichen. Denn wer ist schon so beschaffen? Wer ist so durch und durch sicher? Und eine ketzerische Frage drängt sich mir auf: Sind nicht gerade diejenigen, die so sicher sind, unerträgliche Menschen? Nur allzu leicht fühlt man sich schlecht, wenn man solchen Sicherheitsmaschinen begegnet, die ohne jedes Anzeichen von Behinderung oder Verspätung durch das Leben rattern.

Und noch eine Frage stellt sich: Ist es wirklich sicher, so sicher so sein oder, besser gesagt, sich an der Sicherheit festzuklammern? Vielleicht müssen wir das Bild vom sicheren Selbst überarbeiten:

»Ich wage es manchmal, die Kontrolle zu verlieren. Ich habe nicht mehr so viel Angst davor, ohne Sicherheit in die Tiefe zu fallen, denn ich weiß, dass ich landen werde, ohne mir wehzutun. Ich wage es,

Verhältnisse aufzubrechen, die verändert werden müssen. Ich traue mich, meine bevorzugten Meinungen aufzugeben, wenn es an der Zeit ist, und meine Steckenpferde ein wenig allein auf die Weide zu schicken. Manche von ihnen kehren zurück, andere nicht. Ich wage es, meinen Glauben zu verlassen, denn ich weiß, dass entweder er oder ein anderer mich wieder einholen wird.«

Dies ist nur eine Skizze, denn wir haben alle unterschiedliche Vorstellungen und Empfindungen davon, was ein sicheres Selbst sein könnte. Es liegt in der Natur der Sache, dass wir als unterschiedliche Menschen hier niemals einig werden können.

Daniel Stern schreibt:

»Auch wenn niemand recht weiß, was das Selbst eigentlich ist, haben wir doch als Erwachsene ein sehr reales Selbstempfinden, das unser tägliches soziales Erleben durchdringt. Es tritt in mancherlei Art und Weise zutage. Wir empfinden ein Selbst als einzelnen, abgegrenzten, integrierten Körper; wir empfinden ein Selbst als Handlungsinstanz, ein Selbst, das unsere Gefühle empfindet, unsere Absichten fasst, unsere Pläne schmiedet, unsere Erfahrungen in Sprache umsetzt und unser persönliches Wissen mitteilt. Meistens bleiben diese Selbstempfindungen, wie das Atmen, außerhalb des Bewusstseins, aber sie können ins Bewusstsein gebracht und dort behalten werden. Instinktiv verarbeiten wir unsere Erfahrungen so, dass sie zu einer Art einzigartiger, subjektiver Organisation zu gehören scheinen, die wir für gewöhnlich als Selbstempfinden bezeichnen.«[3]

Stern fügt noch hinzu, dass die Natur des Selbst die Verhaltensforscher wahrscheinlich immer an der Nase herumführen wird, dass sie aber dennoch für einen jeden von uns eine selbstverständliche Realität bedeutet. Mein achtjähriger Sohn sagte kürzlich: »Ich kann gar nicht richtig verstehen, dass es mich wirklich gibt. Und trotzdem gibt es mich.«

Stern war immer sehr daran gelegen zu betonen, wie wichtig es ist, wirklich vom Empfinden eines Selbst zu sprechen, nicht nur von dem Selbst als einer objektiv abgrenzbaren Einheit.

Ich denke auch, dass die Landschaften des Selbst immer als subjektive Größen angesehen werden müssen, und deshalb finde ich, Stern hat Recht, wenn er so stur darauf besteht, dass das Selbst nie anders beschrieben werden kann als das Empfinden von etwas. Dennoch habe ich in diesem Buch meistens das Wort »Empfinden« weggelassen, denn ich glaube, meine Leser werden dies stets miterinnern und wir können so über die Wirklichkeit des Selbst in einer etwas einfacheren Sprache sprechen.

In »Die Lebenserfahrung eines Säuglings« beschreibt Stern vier verschiedene Bereiche des Selbst: das Empfinden des auftauchenden Selbst, das Kern-Selbst, das subjektive Selbst und das verbale Selbst. Während der ersten drei Monate seines Lebens ergreift das Kind Besitz von der **Landschaft des auftauchenden Selbst**. Es hat das starke Erlebnis, existent zu sein, ein Teil der Welt und des großen Zusammenhanges zu sein. Jeder Sinneseindruck – der Blickkontakt mit den Eltern, eine Melodie aus dem Radio, ein Lichtspiel auf der Wand – trifft das Kind mit großer sinnlicher Kraft. Hier wird die Fähigkeit angelegt, wenigstens ansatzweise die Nähe, den Zusammenhang und den Sinn zu spüren, die uns später durch das Leben helfen sollen.

Im Alter zwischen drei und sieben Monaten tritt das Kind in die **Landschaft des Kern-Selbst** ein. Es beginnt jetzt die fragmentarischen Eindrücke der Umwelt zu einem sinnvollen Muster zu ordnen. Nun kann es seine Eltern und ältere Geschwister erkennen und eine Gefühlsbeziehung zu ihnen aufbauen. Hier wird die Fähigkeit angelegt, Ich-Du-Verbindungen zu schaffen, jemand im Verhältnis zu jemand anderem zu sein.

Kurz vor seinem ersten Geburtstag beginnt das Kind seinen langen Weg zur Selbständigkeit und durchwandert die **Landschaft des subjektiven Selbst**. Das Kind entdeckt, dass es nicht nur Nähe braucht, sondern auch Abstand und Integrität. Es wird ihm immer klarer, dass es nicht irgendeine Kopie der Eltern ist, es hat einen eigenen Willen, eigene Bedürfnisse und ein eigenes Temperament.

Die Entwicklung einer Sprache, die auf einem wirklichen Gefühl beruht, nimmt eine zentrale Stellung in der Entwicklung des Selbst ein. Das Kind ergreift bereits vor seinem zweiten Geburtstag Besitz von der **Landschaft des verbalen Selbst**, die es sein ganzes Leben lang weiter erforschen wird. Die Sprache, die es auf diese Weise entwickelt, ist ein wichtiger Schlüssel zur Fähigkeit, einem anderen Menschen wirklich zu begegnen. Erst wenn ich mich selbst verstehe, kann ich auch den anderen verstehen.

Das Kind vereinnahmt also eine Landschaft nach der anderen, aber die Erforschung dieser Landschaften hört niemals auf, sondern wird im Erwachsenenalter fortgeführt. Wenn das Kind den Schritt in die Landschaft des Kern-Selbst tut, dann bedeutet das keineswegs, dass das auftauchende Selbst nun nicht mehr von Interesse ist. Immer wieder wird das Kind dorthin zurückkehren, um seine früher begonnenen Entdeckungsreisen fortzusetzen.

Da ich dies hier schreibe, sitze ich in meinem kleinen Büro zu Hause in Ljusåker. Draußen vor dem Fenster spielen die Kinder und ich sehe, wie ihr Verhalten dem hier beschriebenen ähnelt. Wenn sie noch klein sind, bleiben sie meist im Haus, lernen den Schoß der Eltern kennen, das Bett und den Kinderwagen. Nach einer Weile krabbeln sie im Haus herum und bald wagen sie sich hinaus. Da erforschen sie zunächst einmal den Bereich um die Vordertreppe herum. Es dauert eine Weile, bis sie sich auf die Rückseite des Hauses trauen, aber dann sind sie auch schon bald im Holzschuppen, beim Zaun und im kleinen Wäldchen auf der anderen Seite des Zaunes.

Die Tatsache, dass sie nun den größeren Umkreis des Hauses erforschen, bedeutet aber nicht, dass sie die zuerst entdeckten Schlupfwinkel aufgeben. Sie möchten immer noch gern auf dem Schoß sitzen. Und oft genug sehe ich den Abenteurer, der den ganzen Weg hinunter ins Dorf gelaufen war, mit einer Katze im Arm draußen vor der Tür auf der Treppe sitzen.

Genauso verhält es sich mit der Erforschung der Landschaften des Selbst. Das Kind beginnt sie in einer vorgegebenen Ordnung zu erobern, fährt dann aber fort, sie alle gleichzeitig auszukundschaften. Diese Betrachtungsweise, die Stern als erster klar formulierte, bricht mit dem alten Phasen- und Stadien-denken, welches davon ausging, dass das Kind während seiner Entwicklung verschiedene Stadien durchmache, die aufeinan-der aufbauen. Das sollte wie eine Treppe funktionieren, über-sprang man eine Stufe, dann fiel man hin.

Diese Auffassung von Phasen und Stadien hat aber etwas Fatalistisches. Geriete nämlich das Kind in eine Krise, dann wä-re es unmöglich, das in dieser Entwicklungsphase Versäumte später nachzuholen. Stern hingegen ist viel optimistischer, was die Möglichkeiten des Kindes und des Erwachsenen angeht, in die verschiedenen Landschaften zurückzukehren und dort in aller Ruhe zu reparieren, was schief gelaufen ist. Die Land-schaften stehen immer für weitergehende Erforschung offen, ebenso wie für Heilung und Reparaturarbeiten, wenn das nötig sein sollte.

Gibt es nur vier Landschaften des Selbst? Stern selbst glaubt das nicht und so hat er in seinem »Tagebuch eines Babys« noch eine hinzugefügt: das Empfinden des erzählenden Selbst. Ein kritischer Analytiker kann natürlich einwenden, diese Land-schaft gehöre doch eigentlich zu der des verbalen Selbst. Aber ist es dieselbe Landschaft?

Die Frage ist falsch gestellt! Die Landschaften des Selbst können so vielfältig wie möglich aufgeteilt werden, denn es handelt sich ja um das *Empfinden* eines Selbst. Und wie dieses Empfinden aussieht und wie es am besten abgegrenzt werden kann, das stellt sich für den, der es erlebt, ganz anders dar als für den, der es beschreibt. Denn eigentlich geht es immer um dieselbe Landschaft, und wie dort die Zäune arrangiert wer-den, das hängt ganz davon ab, wohin man gelangen möchte. Welche Tiere sollen auf die Weide gelassen werden? Wieviel Auslauf und welches Futter benötigen sie?

Ich habe in diesem Buch die vier ursprünglichen Landschaften des Selbst von Stern verwendet, in denen ich mich selbst zu Hause fühle und die mir natürlich abgegrenzt erscheinen. Aber ich habe ihnen noch fünf weitere Empfindungen eines Selbst hinzuzufügen:

26

Erstens ist es wohl so, dass jedes Kind einen **ursprünglichen Kern eines Selbst** mitbringt, eine ursprüngliche Identität, die schon vor seiner Geburt in ihm ist, und die natürliche Fähigkeit enthält, Liebe und Mitgefühl zu entwickeln. Hier bewegen wir uns in einem Grenzgebiet zwischen Glauben und Wissen.

Im Alter von zwei Jahren beginnt das Kind ernsthaft die **Landschaft des erforschenden Selbst** zu erobern. Mit großer Energie und sehr erfinderisch beginnt es seine Umwelt zu erforschen. Während das Kind von seiner äußeren Umwelt Besitz ergreift, beginnt gleichzeitig die Erforschung des inneren Universums. Beides bedingt einander. In der äußeren Welt sammelt das Kind Material, das es dann später mit sich in die Werkstatt des Übergangsbereichs nimmt, das heißt in die Welt des Spiels und der Phantasie. Und dort wiederum bekommt das Kind Ideen, die es dann später draußen in der äußeren Welt ausprobieren muss.

Im Alter von drei bis vier Jahren entdeckt das Kind die **Landschaft des sexuellen Selbst.** Es beschäftigt sich nun ernsthaft mit den Geschlechtsunterschieden, die es schon früher zwischen sich und Kindern des anderen Geschlechts wie auch zwischen den beiden Eltern festgestellt hat. Es identifiziert sich nun deutlicher mit dem Elternteil seines Geschlechts und verliebt sich in den anderen.

Im Alter von fünf Jahren macht das Kind eine andere wichtige Entdeckung. Nicht nur die Zeit vergeht und schafft damit Begriffe wie »früher«, »jetzt« und »später«. Auch das Kind selbst bewegt sich in der Zeit! Es beginnt seine eigene Lebenslinie zu sehen und nimmt damit die **Landschaft des Zeit-Ich** in Besitz. Ein gut entwickeltes zeitliches Selbst schafft eine Perspektive auf das Leben und ist darüber hinaus eine wichtige Voraussetzung für die Ausbildung der Fähigkeit zum Mitgefühl.

Das zeitliche Selbst grenzt an die **Landschaft des mitfühlenden Selbst** an. Wenn das Kind begriffen hat, dass es ein Ende der Zeit gibt, gewinnt der Tod in seinem Leben an Bedeutung. Das Kind weiß nun, dass es »richtig« sterben kann und dass auch die Eltern das können. Dies ist eine Entdeckung, die das Leben des Kindes mit einem Schlag verändert. Hier werden einige Fragen aktuell, die die Lebenssicht des Kindes und nicht zuletzt sein Verantwortungsgefühl gegenüber anderen betreffen.

Stern hätte gegen diese fünf Empfindungen wohl einiges einzuwenden. Wahrscheinlich würde er darauf hinweisen, dass seine vier ursprünglichen Landschaften des Selbst einiges von dem enthalten, was ich in andere Landschaften verlegt habe. Aber ich glaube, dass er meine Art, das alles zu beschreiben, doch mit Wohlwollen betrachten würde. Ich empfinde ihn nämlich überhaupt nicht als Dogmatiker, denn er selbst betont immer wieder, dass seine Beschreibungen nur provisorischer Art sind. Meine sind es ebenso. Wir marschieren mit unseren Zaunpfählen umher und rammen sie probehalber an unterschiedlichen Stellen in die Erde. Aber es ist doch dieselbe Landschaft, in der wir uns bewegen.

Es ist alles in allem eine äußerst provisorische Landkarte über das Empfinden eines Selbst, mit der wir uns auf unsere Reise begeben müssen. Umso wichtiger ist es, einen guten Kompass zu haben!

Der Kompass: Das Übereinkommen der Vereinten Nationen über die Rechte des Kindes

Ein Kompass ist ein richtungweisendes Instrument, das aus einer unendlichen Zahl denkbarer Richtungen eine einzige auswählt und sich dann darauf konzentriert. Der Suchende sollte nicht der Richtung folgen, die ihm der Kompass vorgibt, denn das würde ihn meist auf einen völlig falschen Weg führen. Aber das sture Festhalten des Kompasses an ein und derselben Richtung hilft ihm seinen eigenen Weg zu finden und sich sicher seinem Ziel zu nähern.

Der Kompass, den ich für die Reise durch die verschiedenen Landschaften des Selbst ausgewählt habe, ist das Übereinkommen der Vereinten Nationen über die Rechte des Kindes. Es wurde im November 1989 von der Generalversammlung der UN angenommen und ist mittlerweile von den meisten Ländern der Welt unterzeichnet worden. Es ist gut, einen Kompass zu haben, den auch viele andere verwenden. Allerdings nicht alle richten sich nach ihm, aber das steht auf einem anderen Blatt.

Die Konvention ist in der internationalen Übereinkunft über die Menschenrechte enthalten. Sie ist deshalb äußerst wichtig. Ein Land, das eine Konvention unterzeichnet, gelobt, sich sowohl was die Gesetze als auch was die Gerichtsbarkeit angeht, an den Inhalt der Übereinkunft zu halten. Dazu gibt es ein Komitee, das die Einhaltung der Verpflichtungen kontrolliert.

Unsere Konvention legt fest, welche Rechte ein Kind hat. Es liegt in der Verantwortung von Staaten und Institutionen dafür zu sorgen, dass die Kinder diese Rechte auch bekommen. In der Praxis tragen natürlich die Eltern die größte Verantwortung, denn sie sollten immer für das Beste ihres Kindes sorgen. Aber das Übereinkommen regelt nur die Verantwortung der Nationen für ihre Kinder.

Was ist eigentlich mit den Rechten des Kindes gemeint? Wir sprechen von den Bedürfnissen oder der Entwicklung des Kindes, aber nur selten von den Rechten. Interessanterweise waren die Rechte zuerst da. In den 20er Jahren gab es eine heftige Diskussion darüber, welche Rechte ein Kind haben sollte. Die erste Deklaration von *Save the Children*, der internationalen Organisation zum Schutz der Kinder, sprach 1923 schon von den Rechten der Kinder und wurde im Jahr darauf vom Völkerbund übernommen.

Diese erste Deklaration enthielt fünf prägnant formulierte Grundsätze, und Janusz Korczak war einer ihrer vornehmsten Fürsprecher. Er sagte: Kinder sind auch Menschen. Jedes Kind hat das Recht, mit derselben Achtung behandelt zu werden wie ein Erwachsener. Kein Kind darf misshandelt, ausgenutzt oder auf eine andere Weise seiner Würde und seines Wertgefühls beraubt werden. Kinder haben das Recht, in Frieden aufzuwachsen, und sollte es dennoch Krieg geben, dann sollten die Kinder immer zuerst Hilfe erfahren.

In den 30er und 40er Jahren wurde über die Rechte der Kinder nicht einmal mehr gesprochen. Der Wille eines Kindes war nichts wert, nur Disziplin, Ordnung und die Macht der Eltern galten etwas. Gleichzeitig bildete sich eine Gegenbewegung. Die Erfolge der Psychoanalyse hatten ein größeres Wissen darüber gebracht, was für eine Bedeutung frühe Erlebnisse auf das spätere Leben haben können. Dies führte dazu, dass man sich mehr für das interessierte, was man »die Bedürfnisse des Kindes« nannte. Was war nötig, damit ein Kind seine Kindheit in psychischer Gesundheit überlebte?

Winnicott war einer von denen, die den Aufbau einer Wissenschaft um diese Fragen beförderte. Er sprach oft von den Bedürfnissen des Kindes, aber in keiner seiner Schriften habe ich jemals eine Diskussion um die Rechte des Kindes gefunden. Es war, als hätte Korczaks Tod in Treblinka 1942 auch die Bemühungen um diese Themen für dreißig Jahre ersterben lassen. Ich kann mich nicht daran erinnern, während meiner Ausbildung zum Kinderarzt jemals den Begriff »Rechte des Kindes« gehört zu haben.

Erst in den 70er Jahren wurde das Schweigen gebrochen. Die Diskussion über die Lebensbedingungen der Kinder, ausgelöst durch neue Untersuchungen über Kindesmisshandlung und andere Übergriffe innerhalb der Familie, führte dazu, dass man sich fragte, welche Rechte ein Kind eigentlich haben sollte. Das internationale Jahr des Kindes war ein wichtiger Meilenstein, denn damals wurde eine Arbeitsgruppe innerhalb der UN ins Leben gerufen, die dann zehn Jahre später eine neue Konvention vorlegte.

Wenn man nur von »Bedürfnissen des Kindes« spricht, läuft man Gefahr, einer Art Wohltätigkeitsdenken seitens der Erwachsenen zu verfallen. Man kann sagen: »Ja sicher, wir kennen die Bedürfnisse des Kindes und wir werden auch so gut wie möglich versuchen sie zu befriedigen. Schließlich lieben wir alle doch Kinder!« Das haben viele Staatsmänner gesagt, ohne dass irgendetwas Wesentliches getan worden wäre.

Wenn man stattdessen von »Rechten« spricht, bleibt nicht viel Raum für Gutdünken. Das Kind hat ganz einfach das

Recht, seine grundlegenden Bedürfnisse befriedigt zu sehen. Also kann man die Übereinkunft als eine aktuelle Übersetzung der Bedürfnisse der Kinder in die Sprache des Gesetzes ansehen. Ich finde, dass die Konvention in vieler Hinsicht wirklich modern ist und auf eine sehr gute Weise das aktuelle Wissen um die Bedürfnisse der Kinder und die Voraussetzungen, die für eine optimale Entwicklung notwendig sind, widerspiegelt. Deshalb haben wir als Eltern oder als Menschen, die mit Kindern arbeiten, allen Grund, den Inhalt der Konvention zu studieren, denn das wird uns helfen, die Rechte unserer Kinder im Großen und im Kleinen zu bewachen. Wir werden darin die Werte entdecken, die ihr zugrunde liegen. Ich teile die Sichtweise vom Menschen, die in dem Übereinkommen ihren Ausdruck findet, und deshalb ist für mich klar, dass es mein Kompass auf dieser Reise sein soll.

Aber auch wenn die Konvention vielleicht das Wichtigste ist, was im 20. Jahrhundert für Kinder getan worden ist, so ist sie doch, bis sie bekannt, angewendet und respektiert worden ist, nichts weiter als ein Stück Papier. Kinder und Eltern, Kindergärtnerinnen und Lehrerinnen, Beamte und Politiker können ihren Teil dazu leisten. Wir sind schon ein Stück weitergekommen, aber der größte Teil des Weges liegt noch vor uns.

Ich trage ein Meer in mir

Die Landschaft des ursprünglichen Selbst

Und jeder Tropfen dieses deines Kindes war einmal Dunst einer Wolke,
ein Schneekristall, Nebel, Tau, ein Bach und das Abwasser des städtischen
Kanals.

Janusz Korczak

Zweimal habe ich das verwirrende Aufwachen nach einer Narkose
erlebt. Schritt für Schritt, aber doch plötzlich. Von einem Nichts
zu einem Bewusstsein dessen, dass es etwas gibt und dass ich mich in
diesem Etwas befinde, zunächst frei schwebend, dann abgegrenzt zur
Umwelt.

Stimmen, Geräusche, Musikfetzen aus einem Radio, das in der
Nähe steht. Jemand bewegt sich im Raum. Eine Hand wird auf meine
Stirn gelegt, jemand sitzt an meiner Seite und hält mein Handgelenk.
Das blendende Licht, als ich die Augen öffne, ein Tropf, eine weiße
Gestalt, die vorübergeht. Und dann erst der Schmerz.

Wo beginnt das Bewusstsein und wo hört es auf? Es ist etwas an-
deres, aus einer Narkose zu erwachen als aus einem gewöhnlichen
Mittagsschlaf. Wann erwacht das Kind?

Seit langem trage ich eine Sehnsucht in mir. Wenn ich sie einmal
ein Projektor sein lasse und diesen auf ein weißes Tuch richte, dann
wirft sie ein Bild, das zunächst weiß und stark überbelichtet ist. Die
Bilder, die ich zwischen die Lichtquelle und die Linse halte, hole ich
aus einem Archiv, das ich viel später angelegt habe. Leben, Erfahrun-
gen, Träume, Erinnerungen, die von Zeit und Atmosphäre geformt
wurden. Aber das Licht, woher kommt das Licht?

Ich erinnere mich von irgendwoher an eine Ruhe, eine wiegende
Ruhe, an das Gefühl, umschlossen zu sein. Ausruhen in der Dunkel-

heit, die Erleichterung, noch nicht sehen zu können. Stimmen, nicht nahe, aber doch bei mir, das angenehme Gefühl, nicht Stellung nehmen zu müssen zu dem, was sie sagen. Als würde man mit geschlossenen Augen in einer fremden Abflughalle sitzen, einige reden in der Nähe, aber man ist frei von Verantwortung, denn man kann sie nicht verstehen, auch wenn man versuchte zuzuhören.

Und die Musik, ich höre die Musik, fühle sie körperlich wie eine Vibration, Mozarts e-Moll-Sonate, die Klavierstimme ist stark, ich ruhe nahe bei der Tastatur, die Geige ist weit weg, aber doch wahrnehmbar wie eine Leitlinie.

Der Herzschlag, ein Puls, der den Raum, in dem ich ruhe, mit Bewegung versieht wie der Wellenschlag bei einem Boot, aber doch stärker und näher.

Ich erinnere mich nicht an frühere Leben, aber manchmal spüre ich ein starkes Zusammengehörigkeitsgefühl mit Orten, die ich nie gesehen habe, mit Musik, die ich nie gehört habe, und mit Gesichtern, die ich nicht kenne, aber die mich an etwas erinnern. Und an dieses Leben erinnere ich mich! Hier drinnen in der rhythmischen Dunkelheit, die von Tanz, Stimmen und Musik erfüllt ist, erwacht mein Bewusstsein, langsam, aber sicher. Ein erstes Gefühl, dass etwas Undefinierbares seine Form und seine Sprache sucht, umfangene Zusammengehörigkeit, respektierter Abstand. Die Entdeckung des Ohres, das die Musik hörte, des Körpers, der den Rhythmus fühlte, von irgendetwas in mir, das sich zu diesem Fluss verhielt, von jemandem, der alle Eindrücke entgegennahm, der reagierte, liebte. Wer?

Wann beginnt das Kind ein Selbst zu empfinden? Diese Frage ist schwer zu beantworten und birgt mehr Gegensätze, als man zunächst glauben möchte. Frühe Entwicklungstheorien, wie sie zum Beispiel Margaret Mahler entworfen hat, meinen, dass es bis zum ersten Geburtstag dauert, bis das Kind sich als eigenes Individuum, von der Mutter unterschieden, empfinden kann. Das neugeborene Kind befindet sich nach Mahler in einer Art Zustand der Grenzenlosigkeit, in eine »autistische Schale« eingeschlossen, ohne Möglichkeit, ein Zusammenspiel mit der Umwelt einzugehen. Danach geht das Kind eine »Symbiose« mit der Mutter ein und erlebt sich als Teil einer Ganzheit – Mutter und Kind sind eins. Erst während der zweiten Hälfte des ersten Lebensjahres entdeckt das Kind die Mutter als eine von ihm selbst getrennte Person und als Folge dieser Feststellung kommt die Entdeckung, jemand zu sein, ein eigenes, selbständiges Individuum. Die psychische Geburt oder »das Ausbrüten« ist geschehen.

Die aktuelle Forschung stellt alles dies in Frage. Das neugeborene Kind scheint überhaupt nicht in irgendeine Schale eingeschlossen zu sein, sondern zeigt von Anfang an eine ungeheure Kompetenz, mehrere reich entwickelte Sprachen und eine phantastische Fähigkeit zum Zusammenspiel. Eine »Symbiose« geht es niemals ein, jedenfalls nicht auf die Weise, wie Mahler es annahm. Das Kind weiß von Anfang an, dass es ein eigenes Individuum ist.

Daniel Stern ist einer von denen, die entschieden die Ansicht vertreten, dass das Kind sogleich nach der Geburt das Empfinden eines »auftauchenden Selbst« kenne, das Gefühl, jemand zu sein. Aber wie und wann entsteht dieses Gefühl? Ist es die Geburt, die auch dieses Erlebnis hervorbringt, oder ist das schon früher angelegt?

Das noch ungeborene Kind schwebt in einem Raum voller Wasser, Vibrationen, Bewegungen und Lauten. Gegen Ende der Schwangerschaft merkt man deutlich, wie es auf die Signale der Umwelt reagiert. Es sieht nichts in der Dunkelheit, aber es hört den Herzschlag und die unterschiedlichen Stimmen seiner Umgebung und erlernt Sprachmelodien und Rhythmen. Deshalb ist es nicht verwunderlich, dass das Kind gleich nach der Geburt auf der Säuglingsstation die Stimme seiner Mutter von allen anderen unterscheiden kann.

Es scheint auch so zu sein, dass das Kind Musik hört und auch ein gefühlsmäßiges Verhältnis zu dieser Musik entwickelt. Manche Melodien gefallen ihm besser als andere, es lässt sich von ihnen beeinflussen. Die eine Musik beruhigt das Kind, während die andere es stimuliert oder beunruhigt. Und das ist bei allen Kindern unterschiedlich – das Kind hat schon vor seiner Geburt einen eigenen Musikgeschmack.

Das Empfinden eines Selbst wächst auf eine unmerkliche, geheime Weise aus dem Nichts und es läßt sich schwer sagen, wo die Grenze zwischen bewusst und unbewusst liegt. Wie verhält es sich zum Beispiel bei einem früh geborenen Kind? Haben Kinder, die im Brutkasten gelegen haben, ein deutlicheres Empfinden eines Selbst als solche, die noch eine Weile in Bauch der Mutter in Ruhe und Dunkelheit bleiben durften?

Daniel Stern bezeichnet das »auftauchende Selbst« als die am tiefsten liegende Struktur innerhalb des Selbst, den Teil, den das Kind zuerst zu erforschen beginnt. Mit einem mehr existentiellen oder philosophischen Ausgangspunkt kann man auch von einem »ursprünglichen Selbst« sprechen. Wenn das Kind in der Gebärmutter zum ersten Mal Musik hört, dann entdeckt es auch das Ohr, das hört. Wenn das Kind den wiegenden Rhythmus der Bewegungen spürt, dann entdeckt es auch den eigenen Körper, der diesen Rhythmus fühlen kann. Es erkennt, wenn auch unbewusst, dass es etwas gibt, das schon eine Weile lang existieren und das die Voraussetzung dafür sein muss, dass es seine Umwelt und das Gefühl eines Selbst erleben kann. Was ist da bereits und woher kommt es? Woher kommt das Ohr, das die Musik hört, woher der Körper, der dazu tanzt?

Vielleicht ist das Kind von allen Eindrücken, die auf es einströmen, so eingenommen, dass es sie nicht mehr verarbeiten kann. Möglicherweise ist eine Vertrautheit mit den anderen Landschaften des Selbst vonnöten, damit sein Interesse für den ursprünglichen Teil wachsen und der Forscherdrang in Gang kommen kann.

An seiner Statt denken zu Beginn vor allem die Eltern über den Ursprung des Kindes und seine Eigenart nach. Wenn das Kind im Bauch der Mutter heranwächst, stellt sie und später auch der Vater sich das Kind vor. Die Bilder werden immer konkreter und ausgeformter und haben ihren Höhepunkt im siebten oder achten Monat der Schwangerschaft. Je näher die Eltern der Entbindung kommen, desto mehr nehmen sie ihre

Erwartungen an das Kind zurück. Es ist, als wollten sie die Landschaft und ihre Arme weit öffnen, um zu sagen: »Wir haben viel über dich nachgedacht, mein Kind, aber nun bestimmst du. Du bist uns willkommen, genau so, wie du bist!«

Diese Umstellung ist notwendig, damit die zukünftige Verbindung zwischen dem Kind und seinen Eltern ein lebendiges Zusammenspiel sein kann zwischen Menschen, die einander lieben, respektieren und sich miteinander entwickeln werden. Wird ein Kind zu früh geboren, dann kann man manchmal beobachten, wie vorsichtig und oft auch mit Verzögerung diese Verbindung geknüpft wird, was daran liegt, dass die Umstellung noch nicht vonstatten gehen konnte. In einem solchen Fall ist nicht nur das Kind noch nicht reif!

Eigene Vorstellungen über seinen Ursprung entwickelt das Kind erst später, wenngleich früher, als die meisten denken. Ein Fünfjähriger erzählte mir von seinem amerikanischen Zuhause. Bevor er zu seiner Mutter nach Europa kam, wohnte er zusammen mit seiner Schwester in Amerika. Sie hatten ganz andere Eltern, die er mir genauestens beschrieb. Es gab Ähnlichkeiten zu seinen europäischen Eltern, aber die Unterschiede waren doch größer. Sie wohnten in einem großen weißen Holzhaus, das er mir aufzeichnete. Vor dem Haus gab es eine Garage, in der zwei Autos Platz hatten. »Die Autos waren groß«, erklärte er mir, »solche großen Autos gibt's hier gar nicht.« Um das Gelände herum gab es einen Zaun mit seltsamen Zaunpfählen, »irgendwie schief«, es fiel ihm schwer, sie zu zeichnen.

Der Junge hatte gerade ein neues Geschwisterchen bekommen. Als Kinderarzt weiß ich, dass Kinder in diesem Alter oft phantasieren, sie hätten andere Eltern, vor allem, wenn sie Geschwister bekommen. Sie befinden sich in einer Phase, wo sie sich vorsichtig an eine neue Zeit anpassen, in der die Eltern nicht mehr alles für sie sein können. Sie sind ein wenig enttäuscht über Mama und Papa, und die Phantasie von anderen Eltern kann eine gute Methode sein, mit diesem Gefühl umzugehen, ohne einen Konflikt eingehen zu müssen, auf den sie noch nicht ausreichend vorbereitet sind.

Alle diese Dinge hatte ich im Hinterkopf, als ich mit dem Jungen sprach, aber seine unbefangene Schilderung des amerikanischen Zuhauses ließ mich meine psychologischen Rationalisierungsversuche vergessen. Diese schablonenartigen Schnellübersetzungen von kindlichen Aussagen! Dieser Widerstand der Erwachsenen gegen das wirkliche Verstehen!

Der Junge war nämlich auf etwas ganz anderes aus. Er suchte seine Wurzeln und seinen geistigen Ursprung. Er gab mir Bilder, die ich anschauen sollte, und studierte derweil neugierig meine Reaktionen, wie ein Künstler die Gesichter der Ausstellungsbesucher beobachtet.

Bei Jugendlichen ist das Erforschen des ursprünglichen Selbst ein wichtiger und sicher notwendiger Teil der Suche nach einer eigenen Identität. Den meisten Halbwüchsigen genügt es nicht mehr, eine Fortsetzung der Eltern zu sein, der »Jugendbotschafter« der Familie. Eine der wichtigsten Aufgaben des Jugendlichen ist es vielmehr, das Besondere in seiner eigenen Persönlichkeit zu finden, es zu verstehen, zu verstärken und gleichzeitig zu ergründen, woher das kommt, was man nicht als Erbteil von den Eltern verstehen kann oder will.

Rührt die besondere Prägung meiner Person von der Arbeit her, mit der mich das Leben ausgestattet hat? Die Forscher des Erbguts haben sehr unterschiedliche Auffassungen davon, was in unserer Persönlichkeit ererbt ist und was später durch verschiedene Lebensereignisse hinzugefügt wurde. Gewöhnlich sagt man, dass die Gene ungefähr ein Drittel ausmachen, während das Leben den Rest beiträgt.

Aber kann es nicht sein, dass uns auf andere Weise eine einzigartige Kernsubstanz zugefügt wurde? Die Weltreligionen bieten unterschiedliche Lehren über den Ursprung der Seele an. In vielen von ihnen, zum Beispiel in der Ostkirche und in vielen Religionen der Nomadenvölker, gibt es den Gedanken, dass es nur eine begrenzte Anzahl von Seelen gebe, die erneut wieder ins Leben geschickt würden.

Kinder und Jugendliche haben oft ähnliche Gedanken, Erwachsene seltener. Die jüngst Geborenen und die, die der Schwelle zum Tod am nächsten stehen, sind die verlässlichsten

Lotsen in solchen existentiellen Fragen. Aber Abhandlungen, Zeitungsartikel und Lehrbücher werden nicht selten von denen geschrieben, die von Geburt und Tod am weitesten entfernt sind.

Manchmal zwingen uns die Ereignisse auch einmal, mitten im Leben die Erforschung der Landschaft des urspünglichen Selbst wieder aufzunehmen. Eine Frau bekam mit dreißig Jahren ihr erstes Kind. Sie selbst war ein Adoptivkind mit einer im Großen und Ganzen glücklichen Kindheit. Sie wusste nicht, wer ihre leiblichen Eltern waren, und hatte auch kein Bedürfnis, es zu erfahren.

Als sie aber ihre neugeborene Tochter im Arm hielt, wurde ihr plötzlich klar, dass sie ihre leibliche Mutter treffen musste. »Wie könnte ich meiner Tochter eine Mutter sein, wenn ich nicht einmal weiß, wer meine eigene Mutter ist?«, dachte sie. »Ich soll schließlich etwas weitergeben, ich muss wissen, was. Was in mir stammt von meiner leiblichen Mutter, was von meiner Adoptivmutter und was von mir selbst? Wenn ich das nicht weiß, wird meine Tochter doch völlig verwirrt sein!«

Ein Jahr lang suchte sie ihre Mutter und fand sie schließlich auch. Die Begegnung machte starken Eindruck auf sie. Von Anfang an fühlte sie eine Zusammengehörigkeit mit der Mutter in einer Art, die sie mit der Adoptivmutter nicht erlebt hatte. Das verursachte ihr Schuldgefühle und sie fragte sich, ob sie ihrer Adoptivmutter davon erzählen sollte. Und wer war jetzt eigentlich die Großmutter des Kindes?

Das Wichtigste war jedoch, dass die Frau sich plötzlich selbst deutlicher sah. Gewisse Züge, von denen sie annahm, dass sie sie von ihren leiblichen Eltern geerbt habe, fand sie nicht bei ihnen. Dies waren ihre eigenen, ganz besonderen Eigenschaften und diese Entdeckung gab ihr Kraft und ein Gefühl der Erleichterung.

Die Frau erzählte mir ihre Geschichte, nachdem sie einen Artikel gelesen hatte, in dem ich mich über die neuesten Entwicklungen der Fortpflanzungstechnologie beunruhigt gezeigt hatte. Es gibt inzwischen die Möglichkeit, einem abgetriebenen Fötus ein Ei zu entnehmen, es mit Hormonen zu behandeln, im

Reagenzglas zu befruchten und in die Gebärmutter einer anderen Frau einzupflanzen, die nicht auf normalem Wege Kinder bekommen kann. Das Kind, was daraus geboren wird, hat eine leibliche Mutter, die nie leben durfte, sondern durch eine legale Abtreibung dieser Möglichkeiten beraubt wurde. Wie soll man das dem Kind erklären, dem Kind, das fünf Jahre später fragen wird, wo es war, bevor es in Mamas Bauch kam, und das bald darauf als Jugendlicher auf der Jagd nach Identität seine Wurzeln suchen wird?

Wenn wir älter werden, kehren die Gedanken darüber, was wir ursprünglich mit uns brachten, zurück. Was werden wir zurücklassen? Und wie wird dieses Zurücklassen aussehen? Wir richten unsere Scheinwerfer in die Vergangenheit, denken mehr nach über unsere Eltern und die Zeit, in der sie lebten. Vielleicht beginnen wir mit der Ahnenforschung. Wir versuchen die Fäden der Geschichte zusammenzusuchen, die wir überblicken können, denn vielleicht finden sie Verwendung in dem Stoff, der auf den Webstühlen unserer Kinder und Enkel gewoben wird. Ein wenig Bitterkeit schleicht sich schnell ein: Warum interessieren sie sich nicht mehr für die Erfahrungen, die wir gemacht haben, für die Erinnerungen, von denen wir zu erzählen haben?

Während der Jugendliche die besondere Struktur sucht, sucht der Ältere das, was vereint und verbindet. Und dazwischen stehen die Eltern der Jugendlichen, die immer noch fleißig am Webstuhl sitzen, aus Angst, das Stück könne nicht rechtzeitig fertig werden. Welches Stück? Und welche Zeit?

Vielleicht gibt es kein ursprüngliches Selbst, zumindest nicht in der strengen entwicklungspsychologischen Bedeutung. Aber die Vorstellung davon wird es immer geben wie einen lebendigen Puls, einen mächtigen Unterstrom in unserem Leben. Und manchmal geschehen gerade in dieser Landschaft des Selbst Begegnungen zwischen Glauben und Wissen, zwischen Kindern und Erwachsenen, zwischen Zufall und Sinn.

An einem frühen Samstagmorgen ging ich hinüber zu einem Nachbarhof. Eine gute Freundin von uns, eine junge Frau, war nach längerer Krankheit gestorben und ich stellte den Totenschein aus. Als ich nach Hause kam, fragte mein sechsjähriger Sohn:»War die Seele noch im Körper?«

»Nein«, antwortete ich,»das glaube ich nicht. Es fühlte sich nicht so an.«

»Das wusste ich«, sagte er.»Jesus war heute früh da und hat ihre Seele abgeholt.«

»Ach so?«, sagte ich verwundert. Er schien sich so sicher. Soweit ich mich erinnern konnte, hatten wir noch nie über ein Leben nach dem Tod gesprochen, zumindest nicht im Zusammenhang mit Jesus.

»Woher weißt du das?«, fragte ich.

»Ja, verstehst du denn nicht?«, sagte er.»Jesus braucht die Seele, um neue Kinder daraus zu machen.«

Das Kind (...) hat das Recht (...), seine Eltern zu kennen und von ihnen betreut zu werden.
Übereinkommen über die Rechte des Kindes, Artikel 7, Abs. 1.

Wir alle haben das grundsätzliche menschliche Recht, unseren Ursprung zu kennen, das heißt zu wissen, wer unsere ursprünglichen Eltern sind. Dies legen die Vereinten Nationen in ihrer Übereinkunft fest und dort wird auch gesagt, dass das Kind das Recht haben soll, so lange wie möglich bei seinen Eltern aufzuwachsen. Sollte es durch irgendein Ereignis von seinen Eltern getrennt werden, dann sollten die Staaten alles tun, was in ihrer Macht steht, um die Familie wieder zusammenzuführen, und dem Kind in jedem Fall das Recht garantieren,»regelmäßige persönliche Beziehungen und unmittelbare Kontakte zu beiden Elternteilen zu pflegen, soweit dies nicht dem Wohl des Kindes widerspricht« (Art. 9, Abs. 3). Die Vereinten Nationen erkennen damit die Erfahrung an, die uns sagt, dass das Wissen um unseren eigenen Ursprung wichtig für die Entwicklung einer sicheren Identität ist.

Es ist zweifelhaft, ob diejenigen, die diese Übereinkunft formulierten, auch an die ethischen Probleme dachten, die künstliche Befruchtung unterschiedlicher Art, zum Beispiel Insemination oder Ei-Donation, mit sich bringt. Soll das Kind immer das Recht haben, auch die Identität seines biologischen Elternteils (den Spender oder die Spenderin von Samen oder Ei) kennen zu lernen, wenn dieser sich bereits vor der Befruchtung von der Elternschaft und allen damit verbundenen Rechten und Pflichten distanzierte?

Die Übereinkunft über die Rechte des Kindes erhebt den Anspruch, dass das Recht des Kindes, seine Eltern zu kennen, unanfechtbar ist, aber die Wahrheit ist, dass man diese Frage nicht gründlich durchdachte. Es ist deshalb nicht erstaunlich, dass die Länder, die die Übereinkunft unterzeichneten, diesen Artikel unterschiedlich interpretierten. In Schweden zum Beispiel hat man die Übereinkunft wörtlich genommen. Ei-Donationen sind dort nicht zulässig und ein Kind, das durch Insemination gezeugt wurde, hat nach seinem 18. Geburtstag das Recht zu erfahren, wer der Samenspender war.

Diese Rechtsprechung, die das Wohl des Kindes anstrebte, hat zumindest anfänglich dazu geführt, dass sich weniger Männer als Samenspender anboten. Die Wartezeiten für kinderlose Paare sind daraufhin länger geworden und manche reisen ins Ausland, wo es mehr Samenspender gibt und die Identität des Spenders dem Kind nicht preisgegeben werden kann. Hier geraten zwei Prinzipien in Konflikt: Das Recht des Kindes, seine ursprüngliche Identität zu kennen, wird gegen das der Erwachsenen gestellt, ihre Kinderlosigkeit zu überwinden.

Viel häufiger kennt das Kind seinen Ursprung nicht, weil der Vater unbekannt ist oder seine Identität aus anderen Gründen vor dem Kind geheim gehalten wird. Hinzu kommen noch all die Kinder, die meinen mit ihrem leiblichen Vater aufzuwachsen, obwohl das nicht stimmt. Das geschieht, wenn ein Mann eine Vaterschaft angenommen hat, manchmal ohne selbst zu wissen, dass eigentlich ein anderer Mann der leibliche Vater des Kindes ist. Eine solche Familie lebt auf einem Minenfeld. Die Detonation kann jeden Moment eintreten und der Schaden ist dann schwer zu überblicken.

Die Feststellung der Vaterschaft hat also einen viel weitergehenden Anlass als nur die Regelung wirtschaftlicher Fragen. Als Kinderarzt bin ich vielen jungen Müttern begegnet, die nicht sagen wollten, wer der Vater des Kindes war. Das hat mich manchmal erbost, aber ich habe die Frauen hinterher oft gut verstehen können, wenn ich erfuhr, dass es sich um jemanden aus der Familie oder um eine bekannte Person aus dem Ort handelte.

Nicht selten erzählen die Frauen später, wer der Vater des Kindes ist, vielleicht weil das Kind immer ungeduldiger gefragt hat oder weil die Frau mutiger geworden ist und eingesehen hat, dass das Kind ein Recht darauf hat, seinen Vater zu kennen. Es ist wichtig, dass die Gesellschaft sie in diesem Moment bestärkt und es ihr leichter macht, ganz gleich, ob die Einsicht spät kommt oder ob sie nun von der Mutter oder vom Vater ausgeht. Manchmal reifen nämlich auch die Männer im Laufe der Jahre zu Vätern heran und verspüren Sehnsucht nach ihren Kindern. Und das Kind hat immer Nutzen davon, wenn es seinen Vater kennt.

Das sagen wir so. Aber manchmal frage ich mich, ob wir es uns damit nicht zu leicht machen. Ich denke da an Situationen, in denen ein Kind aus einer Vergewaltigung entsteht. Hierzulande werden fast alle solche Schwangerschaften früh abgebrochen, aber unter den bosnischen Flüchtlingen, die in den letzten Jahren zu uns kamen, gibt es viele Frauen, die durch eine Vergewaltigung schwanger wurden. Ist es immer das Beste für das Kind, ihm davon zu erzählen, und wann ist der richtige Zeitpunkt dazu?

Vor einigen Jahren suchte mich eine Mutter auf, die ein ausländisches Kind adoptiert hatte. Anfänglich wusste die Familie nur, dass der Junge von einer jungen und armen Mutter, die keine Möglichkeit hatte, für das Kind zu sorgen, in einer Polizeistation abgegeben worden war. Aber viele Jahre später, als der Junge sechs Jahre alt war, erhielten sie einen Brief von dem Kinderheim, in dem er während der ersten Monate seines Lebens gelebt hatte. Es stellte sich heraus, dass das Kind nach einer Vergewaltigung durch einen psychisch kranken und schwer kriminellen Sexualverbrecher zur Welt gekommen war.

Die Mutter fragte nun, wie sie mit dieser Information umgehen sollte. Ihr erster Impuls war, den Brief zu verbrennen, aber dann wurde ihr klar, dass in dem Kinderheim ja eine Kopie existierte. Vielleicht würde der Junge einmal dorthin fahren, um zu sehen, was in seiner Akte stand. Sollte sie dann so tun, als hätte sie nichts davon gewusst? Wie würde er reagieren, wenn er erführe, dass sie von dem Brief wusste, ihm aber nichts davon erzählen wollte? Sie schloss den Brief in ihren Banksafe ein, um gemeinsam mit ihrem Mann in Ruhe über die Sache nachzudenken. Wann ist die Wahrheit so brutal, dass man sie zurückhalten muss?

Adoptivkinder fühlen sich ständig von ihrem ursprünglichen Selbst bedroht. Was verbirgt sich eigentlich dort, tief in ihrem Innern? Manche wollen so viel wie möglich über ihren Ursprung herausfinden, anderen erscheint das viel zu gefährlich. Das Leben hat wie das Selbst seine unterschiedlichen Landschaften. Manchmal können wir wählen, welche Landschaften wir besuchen wollen, dann wieder werden wir in Gegenden gezwungen, wo es gefährlich wird. Das Bedürfnis des Kindes, seinen Ursprung zu erforschen, sollte meiner Ansicht nach Vorrang haben. Aber damit das Kind die Wahl hat, muss es auch wissen, welche Möglichkeiten ihm zur Verfügung stehen. Kinder, die hinters Licht geführt wurden, wissen gar nicht, wonach sie suchen sollen.

Das Wissen reicht allerdings nicht aus, um ein sicheres Selbst entwickeln zu können. Kinder, die früh in Kinderheime gebracht wurden, bestätigen das. Während des Zweiten Weltkrieges kamen über 60000 finnische Kinder nach Schweden, wo sie vor dem Kriegsgeschehen sicher sein sollten. Sie erzählen, dass sie sich ein Leben lang nach einer Mutter sehnten. Diejenigen, die in ihrem Gastland blieben, sehnten sich nach ihrer leiblichen Mutter, diejenigen, die nach Hause zurückkehrten, sehnten sich nach ihrer Gastmutter, die sie zurücklassen mussten. Nur wenigen ist es gelungen, beide Mütter in sich zu tragen. Und die Väter? Wo waren die? Der finnische an der Front und der schwedische?

Die finnischen Kriegskinder zeigen auch, wie die Situation für Kinder ist, die einen anderen Ursprung als die Mehrheit haben. Mein individuelles Schicksal ist durchaus wichtig, aber das der Gruppe ist es auch. Ich möchte stolz darauf sein, Finne, Schwede, Same, Sinti, Roma oder Kurde zu sein. Der Stolz über den Ursprung ist der Grundstein, auf den das ganze Haus aufgebaut ist.

Der Stolz – oder wenigstens die Versöhnung mit dem Ursprung. Es gibt Kinder, die nie Stolz über ihre Herkunft fühlen können. Die Scham, die viele serbische oder irakische Flüchtlingskinder empfinden, weil sie aus einem Volk stammen, das Krieg geführt hat, kann man durch Umsicht und tiefere Einsicht heilen. Schwieriger ist das für hiesige Kinder, die aus einem Milieu der Kriminalität und des Alkoholismus stammen oder die Übergriffen von Seiten der Familie ausgesetzt waren.

Es ist viel verlangt, wenn man möchte, dass ein solches Kind Stolz empfinden kann. Aber eine Versöhnung ist vielleicht möglich, wenn man auch vielleicht das ganze Leben lang daran arbeiten muss.

Es gibt viele Kinder, die irgendwann entdecken, dass die ursprüngliche Identität, die sie in sich tragen, nicht mit den Erwartungen ihrer Eltern übereinstimmt. Ein solches Kind darf nicht der Mensch sein, der es eigentlich ist.

Manchmal wünschen die Eltern, dass das Kind eine Nachfolge antritt, so wie früher der älteste Sohn den Hof übernahm. Ein Junge, der lieber Geige spielte als zu pflügen, hatte es da nicht leicht.

Als Kinderarzt bin ich einigen Familien begegnet, die nach dem Tod eines Kindes schnell ein neues bekamen und diesem den Namen des verstorbenen Kindes geben wollten. Die vornehmste Aufgabe des Kindes ist es dann, sein totes Geschwister zu ersetzen, und es wird bald merken, dass jede Abweichung vom Vorbild schlecht aufgenommen wird.

Die Möglichkeiten des Kindes, mit seinem Ursprung fertig zu werden, hängen von den Menschen ab, denen es auf seinem Weg begegnet. Das ursprüngliche Selbst des Kindes erfährt immer dann neue Nahrung, wenn es jemanden trifft, der imstande ist, das Freie und Selbständige in ihm zu sehen, ganz gleich, welcher Familie, Gruppe oder welchem Milieu es entstammt. Dieser Mensch wird auch verstehen, dass eine herablassende Beurteilung der Eltern des Kindes eine ernsthafte Kränkung des kindlichen Selbst verursacht.

Durch die Landschaft des ursprünglichen Selbst gehen zwei Wege, die sich manchmal kreuzen. Sie stellen zwei Lebensthemen dar, und zwar so, wie die Geige und das Klavier in Mozarts e-Moll-Sonate zusammenspielen: in dem Augenblick, wo man meint, das Klavier habe die Melodie übernommen, schwingt sich die Geige in eine höhere Sphäre auf.

Das eine Thema behandelt die Frage, was ursprünglich und was ererbt ist, was beständig und was dem Wandel unterworfen ist. Gibt es etwas ursprünglich Echtes in uns, eine Melodie, die unsere eigene ist und die nicht verloren gehen darf, wenn wir uns als ganze Menschen fühlen wollen? Oder werden wir jeden Moment neu geboren, frei von überkommenen Strukturen, neu geschaffen vom Wind der Veränderung?

Das andere Thema behandelt die Frage, was das Besondere an uns ist und was wir mit anderen teilen. Ich suche mein Profil und meine Eigenart, kann sie aber doch nie in einem leeren Raum finden, sondern nur, indem ich mich in den anderen spiegele, die mir ihre Gesichter zuwenden. Dort, in dem Raum zwischen uns, wird das geschaffen, was wir Gemeinschaft nennen. Und ohne Gemeinschaft ist die Erforschung der Landschaften des Selbst ein sinnloses Unterfangen.

Und ein Weib, das ein Kind an der Brust hielt, sagte:
»Rede uns von den Kindern.«
Und er sprach also:
»Eure Kinder sind nicht *eure* Kinder.
Es sind die Söhne und Töchter
von des Lebens Verlangen nach sich selber.
Sie kommen durch euch, doch nicht *von* euch;
Und sind sie auch bei euch, so gehören sie euch doch nicht.
Ihr dürft ihnen eure Liebe geben, doch nicht eure Gedanken,
Denn sie haben ihre eigenen Gedanken.
Ihr dürft ihren Leib behausen, doch nicht ihre Seele,
Denn ihre Seele wohnt im Hause von Morgen,
das ihr nicht zu betreten vermögt,
selbst nicht in euren Träumen.
Ihr dürft euch bestreben, ihnen gleich zu werden,
doch suchet nicht, sie euch gleich zu machen.
Denn das Leben läuft nicht rückwärts,
noch verweilet es beim Gestern.
Ihr seid die Bogen, von denen eure Kinder
als lebende Pfeile entsandt werden.
Der Schütze sieht das Zeichen
auf dem Pfade der Unendlichkeit
und Er biegt euch mit Seiner Macht,
auf dass Seine Pfeile schnell und weit fliegen.
Möge das Biegen in des Schützen Hand
euch zur Freude gereichen;
Denn gleich wie Er den fliegenden Pfeil liebt,
so liebt Er auch den Bogen, der standhaft bleibt.«

Kahlil Gibran, *Der Prophet*

Alles spricht zu mir
Die Landschaft des auftauchenden Selbst

Hinter dem ersten Anlass, warum man etwas im Leben unternimmt, gibt es immer noch einen zweiten, einen dritten. Mein tiefster Wunsch war es, noch einmal den Eisvogel zu sehen, dieses Juwel, das ich früher einmal, während einer graueren Reise, aus der Luft fallen sah, wie aus einer anderen Dimension.

Göran Tunström

*D*as Erste, was ich auf der anderen Seite des Tores bemerkte, war *Ansprache. Stimmen und Musik, Gesichter und Licht, Gerüche und der Geschmack von Milch – sie alle trieben nicht mehr verirrt herum, sondern begannen Form und Richtung anzunehmen, sie sammelten sich wie eine Schar Planeten um die neugeborene Sonne meines Bewusstseins. Sie sprachen zu mir! Sie hatten einen Sinn, eine Botschaft!*

Die Augen vor mir, mit ihrer Iris und den tief dunklen Pupillen – sie waren nicht nur Sphären mit einer Öffnung ins Nichts. Ich erkannte sie wieder, sie sahen mich, schauten mich an. Es gab einen Blick in ihnen, einen warmen Blick von einem weit entfernt geahnten Jemand.

Das Gesicht bildete eine rhythmische Struktur, eine eigene Landschaft, unmissverständlich, auf mich gerichtet, ich würde mich auf immer an dieses Gesicht erinnern mit seinen besonderen Ebenen und Schluchten.

Der Sonnenstrahl, der jeden Morgen über die Wand zu meinem Gitterbett wanderte, anhielt, sich losmachte und wie eine rotierende Feuerkugel durch den Raum auf mich zuflog! Jedes Mal war ich verwundert, dass die Kugel meine Haut verschonte und wie sie sich so-

gleich wieder auflöste und im Raum verschwand. Als käme sie mit einer Botschaft zu mir, mit der Botschaft des konzentrierten Lichtes.

Die Stimme, die meinen Namen sagte, ihn in meine Ohren flüsterte und mich mit ihrer Ruhe und gebändigten Intensität berührte. Ich hatte die Stimme schon einmal gehört, schon als ich noch in der Dunkelheit war, konnte ich sie wahrnehmen, aber weit entfernt nur und fremder, nicht auf dieselbe Weise auf mich gerichtet.

Der Gesang, der mich umschloss, wenn ich weinte oder schlafen sollte, eine Melodie, die mir so vertraut war, als gehöre sie zu mir. Sie floss in meine Richtung, ich konnte die Vibrationen des Trommelfells spüren, wenn sie mich berührte.

Der Geruch von Menschen, ein Aroma der Zusammengehörigkeit! Nicht irgendein Mensch, sondern der Geruch von jemandem, den ich immer wieder erkennen würde, mit dem ich von nun an alle menschlichen Gerüche vergleichen würde, mein menschlicher Geruchspol. Als wollte dieser Jemand mich von etwas überzeugen, meinen Weg mit Gerüchen bahnen.

Und dann der wunderbare Geschmack von Milch, von jemandem für mich ausgesucht! Die Milch erfüllte meinen Organismus, sie stillte den Sturm des Hungers in meinem Innern, sie verwandelte Unruhe in Ruhe, Schmerz in Lust.

Ich atmete und sogar die Luft war voller Berührung.

Die Landschaft des auftauchenden Selbst ist so tief in uns gelegen, dass die Echolote, die wir gewöhnlich verwenden, oft nicht bis zu ihr hinabreichen. Deshalb fällt es vielen Menschen schwer, überhaupt zu glauben, dass es eine solche Landschaft gibt. Wer Schwierigkeiten hat, Kontakt zu der Landschaft des auftauchenden Selbst herzustellen, der wird auch den Ausdruck »das Kind in uns« nicht verstehen. Solche Menschen erleben die Kindheit nur als einen abgegrenzten Zeitraum, den wir Erwachsenen für immer hinter uns gelassen haben, und nicht wie einen Zustand, eine innere Struktur, die uns durch das Leben begleitet. Der brasilianische Bischof Helder Câmara denkt an diese Leute, wenn er schreibt:

»Kind, liebes kleines Kind,
hilf mir, das Kind zu wecken,
das in denen schläft,
tief drinnen,
die so ernsthaft
und allzu streng sind.«[4]

Vielleicht es nicht verwunderlich, dass das auftauchende Selbst diffus und schwer zu greifen ist. Unsere Sprache reicht einfach nicht dafür aus, es zu beschreiben. Das kleine Kind beginnt schon lange bevor es eine verbale Sprache zur Verfügung hat, diesen Teil des Selbst zu erforschen. Die Erfahrungen, die es dabei macht, werden in den anderen Sprachen beschrieben, die das Kind bereits beherrscht. Wenn wir Erwachsenen weiterforschen wollen, dann sollten wir deshalb auch die Sprache anwenden, die der Säugling bereits für diese Aufgabe ausgesucht hat. Das geht aber nur, wenn wir unsere Muttersprache nicht verlernt haben: Rhythmus, Tanz, Musik, Berührung, das Sehen von Konturen, die ursprüngliche Sprache des auftauchenden Selbst.

Was geschieht, wenn man Musik erlebt? Jemand spielt oder singt einige Töne und es kann passieren, dass der Zuhörer davon sehr berührt wird – er fühlt Schmerz, Wehmut, ein intensives und kaum beschreibbares Glücksgefühl. Die meisten, die gern Musik hören, kennen das. Aber was passiert da eigentlich?

Vom physikalischen und neurophysiologischen Gesichtspunkt her ist das vollkommen unerklärlich. Die Töne verlassen ein Instrument, bahnen sich einen Weg durch den Raum und treffen auf das Trommelfell. Es handelt sich dabei um Lautwellen, die man messen, präzise bestimmen und auf einem Monitor sichtbar machen kann. Aber wie eine gewisse Tonsequenz in einem gewissen Zusammenhang bei einer gewissen Person eine starke Gefühlsregung erzeugen kann, das hat noch niemand erklären können.

Einige Erlebnisse teilen wir mit anderen. Viele Menschen auf der ganzen Welt sind in den vergangenen Jahrhunderten beim

Hören des Lacrimosa aus Mozarts »Requiem« in Tränen ausgebrochen. Dieses Stück hat eine sehr einfache Struktur, aber alle Versuche, Mozart zu kopieren, sind fehlgeschlagen. Das Requiem blieb unvollendet und Salieri, der den Auftrag erhielt, die Komposition zu vervollständigen, leistete gute Arbeit. Es haben aber nicht viele Menschen bei den Themen geweint, die er einfügte. Welche geheime Sprache beherrschte Mozart? Was geschieht in uns, wenn wir hören und bewegt sind?

Und was geschieht beim Erleben der Natur? Wer oft in der Natur ist, kennt die merkwürdigen Augenblicke, in denen plötzlich alles zu einem spricht. Die konzentrierte Stille, wenn wir vor einer besonderen Pflanze stehen, oder der Gesang eines Blaukehlchens. Das plötzliche Gefühl des Bergwanderers, dass er sich auf einem Weg befindet, der mit der Natur zusammenschmilzt. Erlebnisse dieser Art bestehen aus drei Teilen: Intensität, Ansprache und Gefühl des Zusammenhanges. Die Intensität schenkt ein deutlicheres Empfinden, kurz, aber doch spürbar, der Moment verdichtet sich. Andere nennen das Leben eine pulsierende Bewegung, in der große Stücke der Zeit hauptsächlich als Transportwege zwischen Pulsschlägen erlebt werden.

Ansprache soll in diesem Zusammenhang nicht heißen, dass mir jemand in die Augen schaut und sagt: »Ich liebe dich!« Solche Erlebnisse sind auch bedeutsam, haben hiermit aber nichts zu tun. Was ich jetzt beschreiben will, sind Erlebnisse, die man allein hat, auch wenn andere um einen herum sind. Die Ansprache ist ein deutliches Erkennungszeichen. Plötzlich berührt mich etwas, das Leben will etwas von mir; ich spüre den Gesang der Vögel, die Stimmen, die Musik. Ein solches Gefühl der Ansprache ist für den, der es noch nicht erlebt hat, schwer zu beschreiben, aber für andere ist es höchst wirklich, nahezu selbstverständlich.

Das gilt fast noch mehr für das Gefühl des Zusammenhanges. Die Berührung schenkt ein Zusammengehörigkeitsgefühl, nicht mit einem anderen Menschen, sondern mit dem Leben selbst. Das Gefühl »Ich gehöre dazu!«. Einige begnadete Augenblicke lang wird die Isolation durchbrochen. Außenseitertum wird in Zugehörigkeit verwandelt. Ich gehöre trotz allem zu diesem Leben, trotz meiner Unzulänglichkeiten, trotz des Abstandes zwischen den Menschen, trotz der unendlichen Einsamkeit – ich bin ein Teil dessen, was wirklich ist. Auch wenn niemand mich sieht, sich um mich kümmert oder mich liebt, gehöre ich doch zum Leben selbst und das kann mir niemand nehmen. Eine trotzig triumphierende Freude durchschauert mich. Die Blume welkt rasch, aber die Wurzel, das Wissen um das Wachstum ist noch da!

Das Kind beginnt bereits vor seiner Geburt durch die Landschaft des auftauchenden Selbst zu wandern. Das Tor dorthin ist die Entdeckung der Existenz eines eigenen Selbst, das berauschende Erlebnis: »Es gibt mich!«

Es ist die Ansprache, die dieses Erleben möglich macht, das Gefühl, dass jemand oder etwas an dem Kind interessiert ist, es als einen Menschen erkennt, der es wert ist, dass man ihn anspricht.

Die Erforschung der Entwicklung des Säuglings hat in den letzten Jahren große Fortschritte gemacht und es ist nicht übertrieben zu sagen, dass dies ein neues Licht auf unsere gesamte Auffassung von der menschlichen Entwicklung geworfen hat.

Als Kinderarzt habe ich viele, viele Säuglinge untersucht und war immer fasziniert von ihrer starken Integrität und ihrer persönlichen Ausstrahlung. Trotzdem bin ich sehr erstaunt über einige der neuen Forschungsergebnisse zu der Frage, was das Neugeborene kann und will. Seine Fähigkeit, Stimmen, Musik, Berührungen und Gesichtszüge zu unterscheiden und sich zu ihnen zu verhalten, geht weit über das hinaus, was wir uns vorstellen konnten. Das kleine Kind ist ein sehr viel bewussteres und kompetenteres Wesen, als wir dachten.

Dieses Wissen macht es erforderlich, dass wir unsere Routine auf der Entbindungs- und Säuglingsstation verändern. Wir müssen uns klarmachen, dass das Kind vom ersten Lebenstag an ein reagierender und auf seine eigene Weise reflektierender Mensch ist, der sich darüber hinaus an das erinnert, was geschieht. Das soll nicht heißen, dass das Kind später genaue Bilder von Ereignissen in sein Gedächtnis rufen kann. Aber der Mund erinnert sich an die Brustwarze oder an den Plastiksauger, an die Milch oder die bittere Medizin, das Ohr erinnert sich an die Musik oder das Brummen des Brutkastens, das Auge erinnert sich an das Gesicht oder die grelle Lampe, die Haut weiß noch von der Berührung oder dem plötzlichen Schmerz. Es ist nicht gleichgültig, wie wir dem Kind begegnen. Schon jetzt müssen wir uns dessen bewusst sein, dass jede Begegnung mit einem Kind ihre Bedeutung hat, für den Moment und auch auf lange Sicht.

Kinder erleben Details, denn es hat sich noch keine Struktur über ihre Erlebnisse gelegt. Der Sinn und die Zusammenhänge, die das größere Kind und der Erwachsene später entdecken, stört jetzt noch nicht das Bild. Wer einmal einen Säugling gestillt oder lange im Arm gehalten hat, der ahnt, wovon ich spreche. Es ist schon eine besondere Erfahrung, dem kleinen Kind in die Augen zu schauen. Das ist, als würde man mit seinem Bewusstsein in einen tiefen Brunnen stürzen, und es ist fast unmöglich, sich von dem Blick des Kindes zu lösen! Sicher erlebt der Säugling dies ebenso, nur viel stärker.

Wir verstehen also, warum Säuglinge große Teile des Tages verschlafen, denn sie können es nur für kurze Zeit aushalten, die Gegenwart so direkt, ohne Filter und in einer derartigen Intensität zu erleben. Schon nach einigen Monaten sieht das anders aus. Zwischen die Augen und das Bewusstsein hat sich ein Raster geschoben. Das Kind beginnt zwischen Sinneseindrücken zu wählen – einige treten in den Vordergrund, andere werden zurückgedrängt. Außerdem fängt das Kind an zu kombinieren: Dieses Gesicht gehört zu dieser Stimme, diesem Geruch, dieser Atmosphäre und das alles bildet zusammen eine Gestalt. Eine Struktur wächst heran. Das Kind setzt Prioritäten, strukturiert, fügt zusammen und wägt ab. Auf diese Weise kann es auch die Gegenwart länger als nur für kurze Zeit am Stück aushalten.

Gleichzeitig geht jedoch auch etwas Wichtiges verloren, denn in dem intensiven Erleben der Gegenwart liegt auch das Gefühl der Zugehörigkeit. Der Säugling empfindet sich als einen Teil des pulsierenden Lebensflusses selbst, nicht als ein Betrachter, der das Leben durch eine Lupe betrachtet.

Daher rührt die ewige Sehnsucht in uns, die Welt noch einmal mit den Augen des Säuglings sehen zu können. Wir sehnen uns nach der Landschaft des auftauchenden Selbst, aber wir müssen sie nicht aufgeben, sondern können sie sogar vergrößern und während unserer Jahre als Jugendlicher oder Erwachsener zu einem Aufenthaltsort machen.

Winnicott zeigt einen der wichtigsten Wege zurück zum auftauchenden Selbst: den künstlerischen Ausdruck, vor allem Musik, Tanz und Rhythmus. Dies ist die früheste Sprache in unserem Leben, sie ist schon, wenn wir geboren werden und zu unserer Entdeckungsreise in die Landschaft des Selbst aufbrechen, reich entwickelt.

Der Jugendliche, der mit Kopfhörern auf dem Kopf auf dem Bett liegt, ist vielleicht auf der Flucht vor den Erwartungen und Anforderungen des Erwachsenenlebens. Aber er sucht auch nach etwas Wesentlichem, das ihm immer wieder entwischt, nach etwas, das sich in der Tiefe findet, das man aber nicht in Worte oder mathematische Formeln fassen kann. Einige Jugendliche zieht es zu den Naturwissenschaften, denn sie sind fasziniert von der Vorstellung, dass sich alles beschreiben lässt und dass die Mysterien des Daseins letztendlich durch die Anstrengungen der Vernunft beschrieben werden können. Andere hoffen, dass ihnen Philosophie und Psychologie helfen werden zu verstehen. Aber viele sind dem rationalen Denken und den Kategorisierungen gegenüber schon früh misstrauisch. Sie wenden sich stattdessen dem Mystizismus oder einer alten oder neuen Religion zu.

Der Erwachsene sucht den Zusammenhang ebenfalls in Musik, Glauben und Denken und oft auch im Naturerlebnis. Die Frühlingsnacht am See, der Gesang der Amsel, die Bäume, die sich im See spiegeln. Sommernachmittage am Wasser, das Rauschen des Windes im Gras, Wolken, die vorüberziehen. Ein Herbsttag in den Bergen, das Gefühl, in der Natur zu verschwinden, zu einem Staubkorn zu werden und dennoch alles Lebendige in der Nähe ganz stark zu empfinden.

Meditationen, der Besuch in einer Kirche oder die Kaffeepause im Straßencafé mitten in der Großstadt können denselben Effekt haben. Die Stille im Auge des Orkans.

Wenn wir älter werden, sind die Zusammenhänge nicht mehr von so großer Bedeutung. Es fällt uns leichter zu akzeptieren, dass wir manche Dinge nie verstehen werden. Unser Misstrauen gegenüber allen allgemein gültigen Versuchen, das Leben zu erklären, wächst. Unsere Abhängigkeit von Menschen oder Denksystemen ist nicht mehr so groß. »Lass uns jede Stunde so nehmen, wie sie ist«, möchten wir sagen. Wir nähern uns aufs Neue der Empfindungsform des Säuglings. Der Augenblick ist wichtiger als der Terminkalender, die Insel, auf der wir wohnen, wichtiger als die Weltmeere.

Tove Jansson erzählt im *Sommarboken* (»Das Sommerbuch«), wie ein kleines Mädchen und seine Großmutter einander begegnen, während sie um eine Insel wandern und sich Steine anschauen. In dem Buch gibt es eine Ruhe, ein starkes und intensives Erleben des Daseins und der Augenblicke, die der Begegnung der beiden ihre Bedeutung verleihen. Die beiden befreien sich wie zwei Liebende für kurze Zeit von den ordnenden Zusammenhängen, die sie gefangen halten, und gewinnen so neue Einsichten nicht nur übereinander, sondern über alles, was sie umgibt.

Die Stille, die Fähigkeit, in sich Ruhe zu schaffen und in sich hineinzuhorchen, ist der Schlüssel zum Tor des auftauchenden Selbst. Der Säugling braucht Ruhe und Kontinuität, einen vollen Magen, einen sicheren Arm, warme Augen und beruhigende Wiegenlieder. In einem solchen Kokon des Versorgtseins kann sich das Kind ausruhen, entspannen und in sein Inneres horchen. Das Äußere ist ja sicher, nichts kann passieren.

Auch ältere Kinder und Jugendliche brauchen Ruhe, Schutz und einen Zugang zum Leben selbst. Nur der, der sich darauf verlassen kann, dass alle äußeren Bedrohungen abgewehrt werden, wagt es, seine Antennen auf sein Inneres zu richten. Denn während er das tut, fühlt er sich nackt und ausgesetzt, er kann die Umgebung nicht mehr so gut beobachten. Es ist deshalb unsere Aufgabe als Erwachsene, diese Ruhe für unsere Kinder zu schaffen. Aber es erfordert Reife und Sicherheit von uns, wenn wir Beschützer und Zuhörer sein wollen, nicht Spione und Störsender.

54

Auch wir Erwachsenen brauchen Stille und die Stille gehört in unserer Zeit nun einmal zur Mangelware. Wir suchen sie ständig und nur manchmal werden wir daran erinnert, dass es sie auch gibt.

Ein warmer Sommertag am Stadtrand von Shanghai. Die anderen in der Gruppe sind in ein Kaufhaus gegangen und kaufen ein, aber ich habe schon alles besorgt und bleibe deshalb im Bus. Madame Zhang, eine fast achtzig Jahre alte Dame, die während einiger Wochen der Studienreise durch China unsere Reiseleiterin war, erhebt sich von ihrem Platz ganz vorn und setzt sich neben mich.

»Sie sind ein engagierter Mann«, sagt sie, »Sie haben ein gutes Herz. Aber Sie müssen lernen, Ihre Pausen zu finden!«

Diese Erinnerung ist mehr als zehn Jahre alt, aber sie hat sich in mein Gedächtnis eingegraben. Wie ungewöhnlich, dass eine ältere Person jemanden in meinem Alter aufsucht, um ihm mit Gewicht und Autorität etwas zu sagen und ihm zu raten! In meiner Erinnerung ist dieser Augenblick in Shanghai eine wichtige Pause. Ein verdichteter Moment.

Winnicott meinte, dass der, der nur »normal« ist, der nur jenen Teil der Wirklichkeit akzeptieren kann, der sich verstehen und mit Worten beschreiben lässt, arm ist. Zugleich aber kann kein Mensch auf lange Sicht so funktionieren wie ein Säugling. Wir könnten nicht leben ohne Struktur, die allzu starken Eindrücke würden uns verbrennen. Wir brauchen Beweglichkeit und Türen, die einen Spalt offen stehen, die Möglichkeit, zwischen unseren verschiedenen Landschaften hin- und herzuwandern. Und wir brauchen Phantasie, die Fähigkeit uns vorzustellen, dass jeder Strom seine Unterströmung hat, jeder Stern seine Galaxie, jeder Akkord seine Musik. Woher kommt unsere Phantasie?

Bei allen Maßnahmen, die Kinder betreffen (...), ist das Wohl des Kindes ein Gesichtspunkt, der vorrangig zu berücksichtigen ist. Übereinkommen über die Rechte der Kinder, Artikel 3, Absatz 1.

Das Prinzip des Wohles des Kindes ist einer der Grundbausteine des Übereinkommens über die Rechte der Kinder. In Artikel 3 ist das festgelegt, aber auch an anderen Stelle ist es als tragende Idee erkennbar: In Artikel 18, wo beide Eltern »für die Erziehung und Entwicklung des Kindes verantwortlich« gemacht werden, ist auch das Wohl des Kindes erste Priorität. Die Eltern sollen bestimmen, aber das Recht der Eltern darf niemals willkürlich angewendet werden. Der Staat hat die Aufgabe, die Eltern sowohl zu unterstützen als auch zu überwachen.

Auch in Artikel 20 und 21, wo es um Kinderheime und Adoptionen geht, wird auf das Wohl des Kindes als Grundanliegen verwiesen – immer wieder werden im Text des Übereinkommens ähnliche Formulierungen angewandt. Es ist klar, was damit gemeint ist: Das Wohl des Kindes geht vor. Sollten einige der Normen, die das Übereinkommen vorschreibt, mit dem Wohl des Kindes in Widerspruch stehen, dann ist stets das Kind Maßstab der Entscheidung.

Ein anderer Grundgedanke lautet, dass das Interesse des Kindes dem der Erwachsenen übergeordnet sei, zum Beispiel wenn es nach einer Scheidung Probleme mit den Besuchstagen gibt.

Im Alltag entstehen jedoch oft Situationen, in denen die verschiedenen Interessen gegeneinander abgewogen werden müssen. Ein Beispiel:

Eine Familie beschließt umzuziehen. Der Vater hat in einer anderen Stadt einen Traumjob bekommen und die Mutter sieht dort ebenfalls neue Möglichkeiten für sich. Aber der achtjährige Sohn der Familie sagt entschieden nein. Ihm gefällt es in seiner Schule und mit seinen Freunden und er möchte bleiben. Wessen Interesse geht hier vor?

Ebenso muss abgewogen werden, wenn die Interessen des Kindes bei der Planung der Gesellschaft denen der Erwachsenen entgegenstehen. Kinder sind eine verletzliche Gruppe und deshalb ist die Übereinkunft über die Rechte der Kinder so wichtig. Aber es gibt viele verletzliche Gruppen, zum Beispiel alte Menschen, Kranke und Arbeitslose. Es bringt den Kindern nichts, wenn die verschiedenen Gruppen gegeneinander ausgespielt werden.

Und wer entscheidet, was das Beste für ein Kind ist? Die Eltern, die Kinder selbst, ein Sachverständiger, ein Gericht? Das Übereinkommen löst die Probleme nicht, stellt jedoch einige wichtige Grundthesen auf:

- Das Kind soll immer seine Meinung sagen dürfen, seine Ansichten sollen wichtig genommen und seine Integrität respektiert werden.
- Solange sie das Wohl des Kindes als vordringlich betrachten, sollen die Eltern entscheiden.
- Ein Gericht ist die einzige Instanz, die die Auffassung der Eltern und des Kindes beurteilen kann, was das Beste für das Kind ist.
- Die Rechtsprechung muss auf geltende Gesetze gründen und für den zu fassenden Beschluss gründlich recherchieren.
- Dieser Beschluss sollte immer von einer ganzheitlichen Beurteilung dessen ausgehen, was das Beste für das Kind ist.
- Es sollte immer das Recht geben, in die nächste Instanz zu gehen.

Das Prinzip vom Wohl des Kindes erscheint mir wie ein mächtiger Leuchtturm mit großer Reichweite. Wie die Navigation vonstatten geht, hängt von der aktuellen Position des Schiffes und von seinem Ziel ab, ebenso wie von Wetter, Strömungen und der Seekarte. Man erlangt keinen Hinweis auf mögliche Fahrrinnen, indem man nur auf den Leuchtturm zeigt. Aber das Leuchtfeuer ist da und ohne das ist es unmöglich zu navigieren.

Das Prinzip vom Wohl des Kindes kann wie ein Filter wirken, durch den man alle Landschaften des Selbst betrachtet, wenn man die Möglichkeiten zur Entwicklung untersucht. Für die Entwicklung eines sicheren Selbst ist nämlich eine Reihe von Voraussetzungen nötig, die mit dem Wohl des Kindes zu tun haben. Das Kind braucht Ruhe, Sicherheit und Kontinuität in einem einigermaßen stabilen und vorhersagbaren Milieu. Es gibt aber viele Hindernisse auf diesem Weg. Während der Schwangerschaft und während der ersten Monate nach der Geburt sind der Bauch der Mutter und der Schoß der Eltern die Umgebung, in der das Kind ausruht und die es braucht. Damit das Kind sich sicher fühlen kann, müssen auch die, die es umfasst halten, Geborgenheit und Ruhe fühlen. Sie müssen ihrer selbst und ihrer sozialen Situation so sicher sein, dass sie in der Gegenwart ausruhen und ihre Antennen auf das Kind richten können. Dann spürt das Kind, dass man auf es eingeht. Jedes Bedürfnis, jedes Signal wird aufgenommen und in der Zeit beantwortet.

Aber das System ist zerbrechlich und gerät leicht aus dem Gleichgewicht. Eltern, die vom Gefühl her gut vorbereitet sind, werden auch die Umstellung gut meistern, andere haben es schwerer. Familien mit zu früh geborenen Kindern brauchen große Unterstützung und zum Beispiel in den Krankenhäusern haben wir das oft nicht verstanden.

In ihrer Gedichtsammlung *Ett år med Liv* (»Ein Jahr mit Liv«) beschreibt Eva Thorstensson die Geburt ihrer Tochter. Liv kam durch einen Notkaiserschnitt sechs Wochen zu früh auf die Welt. Da wog sie 1240 Gramm und hatte außerdem einen angeborenen Herzfehler. Die Gedichte sind eine intensive Schilderung der Krise, in die die Mutter gerät, aber auch der Unfähigkeit des medizinischen Personals, die Ruhe zu schaffen, die es den Eltern möglich macht, dem Kind zu begegnen.

»Wie kann ich dich lieben,
wenn meine Sinne leer sind?

Wie kann ich es wagen, dich zu lieben,
wo ich doch nicht weiß,
wie lange du bleibst –

Wie kann ich dich lieben,
wenn du nur Schmerz mitbringst
und Unruhe –

Wie kann ich dich lieben,
wenn ich nicht spüre,
dass du mein Kind bist?«

Viele der Komplikationen, die während Schwangerschaft und
Säuglingsalter eintreffen können, sind schwerwiegend. Sie be-
deuten immer eine Krise für Kind und Eltern. Eine liebevolle
Betreuung, gegründet auf Wissen um die Bedürfnisse kleiner
Kinder, kann die Folgen mildern.

Ende der 70er Jahre arbeitete ich eine Weile auf der Frühgebo-
renenstation. Wenn die Eltern eines Frühchens mich manchmal
fragten, ob der Brutkasten, die Sauerstoffmasken und die Blutabnahmen bei ihrem Kind nicht lebenslange Traumata verursachen
könnten, konnte ich antworten:»Glücklicherweise glaube ich
nicht, dass das Kind sich an vieles aus dieser Zeit erinnern wird.«

Heute kann ich das nicht mehr sagen. Die Erinnerungsfor-
scher behaupten zwar, dass nur ganz wenige Kinder und Erwachsene bewusste Erinnerungen an ihre früheste Kindheit
haben. Aber gleichzeitig wissen wir, dass das Neugeborene
reagiert und sich aktiv zu allem verhält, was geschieht – das
Kind ist ein bewusstes Individuum, das am Leben teilnimmt.
Deshalb müssen wir davon ausgehen, dass es durchaus eine
Rolle spielt, was wir mit dem Kind machen.

Alles, was geschieht, wird in das Gehirn des Kindes gelegt –
auch die Dinge, die später für die Erinnerung unerreichbar
bleiben. Irgendwo in uns gibt es tiefe Abdrücke von allen Gefühlen und Stimmungen, die wir erlebt haben und die zu Bau-
steinen unserer Persönlichkeit wurden.

Wenn ich heute gefragt werde, wie ein kleines Kind einen
Krankenhausaufenthalt und alle damit verbundenen Strapazen
erlebt, antworte ich deshalb:»Ich glaube, dass dies eine schwere und anstrengende Zeit für das Kind sein wird und dass es
davon beeinflusst werden wird. Deshalb versuchen wir alles so

sanft und schmerzfrei wie möglich zu tun. Dieses Kind erlebt jetzt seine Zeit der Prüfung, ein anderes später. Die meisten Kinder machen während ihrer Entwicklung Zeiten der Unruhe und Schwierigkeiten durch. Alles, was einem Kind geschieht, hinterlässt seine Spuren. Hat das Kind aber die Möglichkeit, danach wieder sorglos zu sein, dann wird man auch die entstandenen Schäden irgendwie heilen und reparieren können. Nichts ist für immer verloren!«

Kinderärzte sind unterschiedlicher Ansicht, wie weit man bei der Anpassung der Medizin an die Bedürfnisse des Kindes gehen kann. Bei Blutabnahmen zum Beispiel muss das Schmerzempfinden des Kindes gegen die Nebenwirkungen, die mögliche Schmerzmittel mit sich bringen würden, abgewogen werden. Solche Diskussionen muss es immer geben, der Ausgangspunkt aber muss klar sein: das Recht des neugeborenen Kindes, mit demselben Respekt gegenüber seiner körperlichen und seelischen Integrität behandelt zu werden wie ein älteres Kind oder ein Erwachsener. Das Wohlergehen des Kindes verlangt das, ebenso wie die Eltern des Kindes Unterstützung brauchen, um trotz schwieriger äußerer Umstände ihrem Kind eine Atmosphäre der Sicherheit zu vermitteln.

Frühe Trennungen, zum Beispiel bei Frühgeburten oder Kaiserschnitten, nehmen Kindern und Eltern die Sicherheit. Dennoch sind gewaltsame und traumatische Erlebnisse manchmal unvermeidbar, wenn das Leben des Kindes auf dem Spiel steht. Oft genug kann man dem allerdings vorbeugen; wenn zum Beispiel der Vater dabei ist, kann er während solcher kritischer Momente eine wichtige Rolle spielen, vor allem für das Kind. Wie einen teuren Schatz trage ich die Erinnerung an die Geburt unserer Zwillinge in mir. Sie kamen mittels eines geplanten Kaiserschnittes auf die Welt, und nachdem sie kurz ihre Mutter begrüßt hatten, war ich mit ihnen allein, während der Arzt den Schnitt nähte. In dieser Zeit lernten wir einander gut kennen, die Kinder und ich.

Es gibt natürlich dramatischere Trennungen. Überall auf der Welt werden Säuglinge ausgesetzt. Manche Kinder werden gleich nach der Geburt von ihren Müttern getrennt, um zur

Adoption freigegeben zu werden. Früher meinte man, dass dies die schonendste Methode für das Kind sei. Ein so kleines Kind hätte noch keine Verbindung zu seiner Mutter geknüpft, und die neuen Eltern würden auf diese Weise dem Kind vollwertige psychologische Eltern sein können.

Aber so einfach ist es nicht. Das Kind knüpft schon während der Schwangerschaft ein ganzes Netzwerk von Verbindungen und Abhängigkeiten und in den ersten Stunden nach der Geburt wird dieses Netz noch einmal verstärkt. Das Kind begreift zwar noch nicht, dass es sich in einem Verhältnis zu einem Menschen befindet, aber es ist doch den verschiedenen Äußerungen der Mutter verbunden. Das Kind liebt ihren Herzschlag, ihre Stimme, ihre Hände, ihren Geruch und ihren Rhythmus. Und das ist viel! Die Abdrücke sind bereits deutlich, sie werden immer da sein, wie ein Anker in der Tiefe. Auch wenn die Kette abgesägt wird, liegt der Anker doch immer noch da. Und viele Jugendliche lieben es dann, auf Tauchexpedition zu gehen!

Ich meine nicht, dass frühe Adoptionen immer vermieden werden sollten. Manchmal sind sie notwendig. Aber man muss mit offenen Augen darangehen. Der Anker muss ernst genommen werden und die Adoptiveltern sollten sich auf Meeresforschung verstehen.

Auch frühe Scheidungen sind sicher manchmal notwendig, unter anderem mit Blick auf das Wohlergehen des Kindes. Aber sie bleiben nicht ohne Folgen. Und das Kind sollte immer das Recht haben, zu beiden Elternteilen Kontakt zu halten.

Gewöhnlich nennt man das erste Lebensjahr eine Art Verpuppungsstadium. Das ist allerdings nicht mehr korrekt, wenn man von der aktuellen Forschung über die Kompetenz des kleinen Kindes ausgeht, die vielmehr betont, wie aktiv, verantwortlich und mitfühlend schon das sehr kleine Kind ist.

Das Kind braucht Raum und Schutz. Wenigstens einer der Eltern sollte immer da sein, um die Signale zu erfassen, die das Kind sendet. Einen Säugling zu haben ist wie ein Ausflug mit einer ganzen Kinderschar zum Badestrand. Man muss ständig Blick- und Hörkontakt halten, denn ist man einmal einen Moment lang unaufmerksam, kann schon ein Kind verschwunden sein.

Das verlangt den Eltern innere Ruhe ab. Hormonforscher haben in den letzten Jahren festgestellt, dass Frauen, die mit ihrem Säugling zu Hause sind, ein inneres Hormongleichgewicht besitzen, das sie für diese Aufgabe besonders tauglich macht. Ihre Empfindlichkeit für Stress von außen sinkt, während sie gleichzeitig für die Signale des Kindes hellhöriger werden. Ich persönlich bin überzeugt davon, dass dasselbe auch für Väter gilt, die mit ihren Säuglingen zu Hause bleiben, aber hier hinkt die Forschung hinterher.

Eltern müssen nach innen gewandt sein, um sich ihrem Kind und seinen Bedürfnissen ausreichend widmen zu können. Das hat allerdings nichts mit Isolierung oder Verdummung zu tun, sondern ist vielmehr ein Ausdruck für die Weisheit der Natur und trägt auch zu der eigenen persönlichen Entwicklung der Eltern bei. Mit einem Säugling zu Hause zu sein ist sowohl intellektuell wie auch gefühlsmäßig eine Bereicherung, auch wenn das nicht immer so zu sein scheint.

Es verlangt eine bestimmte Reife, in einem solchen Zustand ruhen zu können, ohne sich eingezwängt zu fühlen. Die Unruhe der jungen Jahre legt sich, der Horizont der Zeit wird weiter und die Eltern können Trost in der Einsicht finden, dass es sich um eine kurze und begnadete Zeit handelt, einen Schwindel erregenden Augenblick in einem langen Leben.

Ich treffe oft Eltern, die sich in der ersten Zeit mit einem Neugeborenen schwer zurechtfinden. Sie fühlen sich eingesperrt und belagert und können nicht einsehen, dass die Zeit als Eltern eines Neugeborenen nur vorübergehend ist. Solche Eltern lassen sich leicht stressen und werden kaum Ruhe und Raum vermitteln können.

Ein anderes Problem ist die depressive Stimmung. Viele von uns leben in einem Grenzland zwischen Wohlbefinden und psychischer Labilität. Solange wir noch dies oder jenes weitermachen, kommen wir klar, aber wenn wir anhalten, sucht uns die Angst heim. Die Stille, die die erste Zeit der Elternschaft verlangt, kann dann als Bedrohung empfunden werden.

Eine ungefähr fünfundzwanzig Jahre alte Journalistin interviewte mich einmal über Elternschaft. Nach dem Interview legte sie ihre Notizen weg und sagte: »Ich lebe mit einem Mann zusammen und wir wollen Kinder haben. Ich wäre aber gern etwas besser vorbereitet – wie wird man das?«

Ich fragte sie, ob sie ihre Kindheit lebendig und zugänglich in sich spüre und wie es ihr damit gehe und ob sie noch bestehende Unklarheiten im Verhältnis zu ihren Eltern inzwischen beseitigt habe. Es sollte zunächst einen ersten klaren Abschluss der eigenen Kindheit geben, der von demjenigen, der man heute ist, gutgeheißen wird, bevor man selbst Kinder bekommt. Das gilt, obwohl dieser Abschluss sicher während des Lebens noch öfter revidiert werden wird.

Die Journalistin sah überhaupt nicht überzeugt aus. Kann man sich überhaupt auf Elternschaft mittels mentalen Trainings vorbereiten?

Die frühe Elternschaft kann auch durch äußere Verhältnisse gestört werden. Probleme mit dem Studium, Arbeitslosigkeit, Finanznot oder Schwierigkeiten in der Beziehung können die Verbindung zum Kind stören, auch wenn die Eltern die persönliche Reife haben und sich ein Kind wünschen. Hier ist die Unterstützung der Angehörigen und der Gesellschaft gefragt, um eine brüchige Elternschaft zum Blühen zu bringen.

Ich begegne viel zu vielen Eltern, die allein sind! Sicher haben Vater und Mutter im besten Fall ja einander, aber die Unterstützung der Umgebung ist viel zu schwach. Die Eltern verbrauchen viel zu viel Kraft darauf, den Alltag funktionierend zu machen. Außerdem verursacht Einsamkeit Unruhe. In der Wohnung mit einem schreienden Kind auf dem Arm herumzuwandern kann jeden fertig machen. Ist man aber in einer Umgebung aufgehoben, wo es andere Eltern gibt, die selbst ein Schreikind hatten, dann sieht alles schon ganz anders aus. Elterngruppen können für viele einsame Eltern der Einstieg in ein gutes und notwendiges Netzwerk sein.

Es ist auch eine Frage der Einstellung, ob man sich in aller Ruhe seinem Kind zuwenden kann. Ich habe in den letzten Jahren sehr viele Eltern getroffen, die ganz klar verkündet haben, dass sie sich zwar ein Kind angeschafft hätten, dass sie aber nicht bereit wären, sich von dem Kind in ihrer persönlichen und beruflichen Entwicklung behindern zu lassen. Solche Eltern fühlen sich provoziert, wenn ich davon spreche, dass man seine Antennen nach innen wenden muss. Sie wollen die Außenwelt nicht einmal für eine Woche ausschließen, es sollen immer alle Kanäle offen sein und sie möchten mit ihrem Kind mitten im Durchzug stehen. Alles muss so bleiben wie früher und das Kind hat sich an das schnelle und atemberaubende Leben anzupassen.

Ich merke, dass es mir schwer fällt, mit solchen Eltern klarzukommen. Oft sind sie intellektuell beweglich und schlagen mir ohne Schwierigkeiten alle Argumente aus den Händen. Wir sprechen einfach nicht dieselbe Sprache. Sicher empfinden sie mich als einen altmodischen, konservativen und unterdrückenden »Experten«, während ich sie für Menschen halte, die einen schlechten Kontakt zu ihrem auftauchenden Selbst haben. Wenn ich versuche zu erklären, dass es ein inneres Leben gibt, das zu entdecken man ruhig sein und zuhören müsse, dann sehen sie in mir eine Art Mystiker, der gerade irgendeinem einsamen Kloster entsprungen ist.

Vielleicht ist das auftauchende Selbst ein Hindernis im modernen Leben. Vielleicht begeben wir uns in eine Zeit, in der Stille, menschliche Tiefe und schaffende Phantasie unnötiger Ballast sind. Eigentlich möchte ich so nicht denken, aber manchmal verfolgt mich dieser Alptraum.

Wenn das Kind größer wird, nimmt die Bedeutung des Zuhauses und der Eltern als nächster Umgebung ab und wird ersetzt durch Kindergarten, Schule, Computer und Freunde. Stress, Überforderung, unzählige Aktivitäten und Informationsüberfluss stören nun die Suche des Kindes nach Ruhe.

Die Möglichkeiten, in einem aktiven und hektischen Leben Oasen der Ruhe zu schaffen, sind begrenzt. Dafür ist eine bewusste Pädagogik wichtig, die solche Dimensionen des menschlichen Lebens versteht und zugleich auch den Raum bietet, Ideen zu verwirklichen. In einer Kindergartengruppe mit zwanzig Kindern und zwei Kindergärtnerinnen wird es, auch wenn man es möchte, schwer sein, die Voraussetzungen für Momente der Stille zu schaffen.

Ich fürchte mich nicht vor Tempo, Überraschungen oder frechen Ideen, auch nicht vor Fernsehern oder Computern. Als einer meiner Söhne siebzehn Jahre alt war, gerieten wir in eine Diskussion über eines seiner komplizierten Computerspiele. Ich fand, dass dort auf dem Bildschirm alles zu schnell ginge, ich kam einfach nicht mit und fragte ganz naiv, ob der Mensch überhaupt dafür geschaffen sei, solche raschen Bildsequenzen zu erfassen und darauf zu reagieren. Mein Sohn erinnerte mich daran, dass dieselbe Frage auch gestellt worden sei, als Mitte des 19. Jahrhunderts die ersten Eisenbahnreisen unternommen wurden. Damals untersuchten Ärzte die Passagiere, um herauszubekommen, ob sie Schaden nehmen würden, wenn sie mit Tempo 40 dahinzuckelten.

Also, ich habe keine Angst vor dem Tempo, sondern ich fürchte nur, dass nicht genügend Pausen eingelegt werden könnten. Das hektische Leben kann den Kontakt auch des Jugendlichen mit seinem auftauchenden Selbst stören. Halbwüchsige lassen sich mehr als andere Menschen von der Tiefe anziehen. Manchmal geschieht das mit Hilfe von Musik, manchmal durch Malen und immer häufiger durch die offene Suche nach einer geistigen Heimat.

Die Umgebung bildet hierbei manches Hindernis, oft liegen die Schwierigkeiten aber auch in dem Jugendlichen selbst. Es ist gefährlich, in tiefem Wasser zu tauchen. Manchmal findet man Dinge, die noch niemand dort gefunden hat und die ebenso faszinierend wie erschreckend sein können. Da können versunkene Wrackteile aus der frühesten Kindheit zutage kommen und das Leben auf den Kopf stellen.

Der junge Mensch kommt in Träumen und Phantasien mit solchem Material in Berührung. Er braucht einen soliden Rückhalt, jemanden, der bereit ist zuzuhören. Beide – der Jugendliche und der Zuhörer – müssen eine gute Portion Mut mitbringen, wenn das Forschungsprojekt nicht vorzeitig abgebrochen werden soll.

Wenn wir im Erwachsenenalter den Raum der inneren Stille aufsuchen, dann sind die Hindernisse oft dieselben wie früher. Aber etwas ist dazugekommen: die Kinder! Genauso, wie Eltern ihren Kindern den Kontakt mit dem auftauchenden Selbst erschweren können, können auch Kinder die Suche ihrer Eltern nach Ruhepunkten im Alltag stören. Das empfinden zumindest alle jene Eltern, deren Engagement für ihre Kinder sie zur Erschöpfung treibt und ihnen das Gefühl vermittelt, ständig unzureichend zu sein.

Viele meinen, die Lösung bestehe darin, sich neben Familie und Arbeit ein eigenes Leben zu gönnen. Das kann funktionieren, aber ich habe viele Eltern getroffen, denen zusätzliche Jobs, Freizeitaktivitäten und Ausflüge allein nur noch mehr Stress und darüber hinaus ein ständig schlechtes Gewissen verursacht haben.

Ich glaube vielmehr, dass es am besten ist, die Situation anzuerkennen, wie sie ist, und sich gemeinsam mit den Kindern Momente der Ruhe zu suchen. Die Gutenachtgeschichte, eine Zugreise in den Ferien, gemeinsames Backen in der Weihnachtszeit. Zu akzeptieren, dass jedes Familienmitglied das Recht hat, seine Tür hinter sich zu schließen. Einmal eine Stunde vor den Kindern aufzustehen und nichts zu machen. Manchmal einfach in Gedanken versunken zu sein.

Die selbst gewählte und kreative Einsamkeit ist eine Voraussetzung für den Kontakt mit dem auftauchenden Selbst. Für viele ältere Menschen und auch für zahlreiche junge ist die Einsamkeit jedoch aufgezwungen. Dann kann sie kaum mehr kreativ wirken, sondern wird behindern und viele Teile unseres inneren Lebens in Ödland verwandeln. Die Seen des auftauchenden Selbst frieren ein. Der Kreislauf hört auf.

Das Lebensthema der Landschaft des auftauchenden Selbst ist die Frage, ob wir teilhaben oder außen vor stehen, ob wir ein Teil der Menschheit und des Daseins sind, ein Körperteil im gemeinsamen Organismus, ein Blatt am Baum des Lebens, oder ob wir außerhalb jeden Zusammenhanges umherreisen, auf den Spuren der »Enterprise« nach fremden Galaxien suchen.

Das auftauchende Selbst hängt mit unserem Glauben zusammen. Manche Menschen fassen die lauen Winde des auftauchenden Selbst, die kurzen Augenblicke im Leben, in denen wir Sinn und Zusammenhang spüren, als eine Erinnerung an die Gegenwart Gottes im Lebensalltag auf. Andere glauben, dass alles zu einer kosmischen Gemeinschaft gehört, ohne Sinn, ohne persönliche Ansprache von einem Schöpfergott, aber doch mit Zusammenhang. Wieder anderen scheinen Chaos und zufälliges Zusammentreffen vorzuherrschen.

Vielleicht wird man sich in der Landschaft des auftauchenden Selbst nie richtig zu Hause fühlen, denn sie verändert sich ständig. Irgendetwas bewegt sich auf ihrem Grund. Vielleicht ist unter allem ein schwarzes Loch, das uns anzieht. Und dennoch rauschen die Wälder!

ich lebe wie ein kind
das leben der sonne zugewandt
und glaube dass die schnecken flügel haben
ich schlafe wie ein Kind
das gesicht der ewigkeit zugewandt
wo gott geschichten erzählt
ich denke wie ein kind
und nenne die dinge beim namen
meine zeit richtet sich nicht nach dem wind

Jon Milos, *Vad tänker Gut på i detta ögonblick* (»*Woran denkt Gott in diesem Augenblick?*«)

Liebe mich so, wie ich bin

Die Landschaft des Kern-Selbst

Von den Gesichtern der anderen lesen wir unseren Wert ab.

Margareta Melin

*S*eit einigen Tagen schon versuche ich mich daran zu erinnern, was *es für ein Gefühl war, diese Landschaft zum ersten Mal zu betreten. Das erste Bild, das mir einfällt, entstammt einer viel späteren Zeit meines Lebens und scheint zunächst nichts mit der Sache zu tun zu haben. Ich war einige Tage lang ohne Stadtplan in der Stadt Aden herumgewandert und hatte versucht, mir eine Vorstellung von ihrer Struktur zu machen. Der Ort liegt um einige erloschene Vulkane herum zerstreut, es gibt dort Bergschluchten und Krater sowie einen unregelmäßig verlaufenden Meeresstrand mit seltsam geformten Halbinseln. Die Stadt birst vor Leben, überall Menschen und Trubel.*

Als das Flugzeug abhob, flogen wir zunächst über Häuserdächer. Und plötzlich nahm alles Form an. Da war der Hafen, die Raffinerie, Crater, Little Aden und ich konnte sogar das alte englische Hotel ausmachen. Aus der Entfernung betrachtet wurde alles deutlich, die Straßen ordneten sich, die Karte nahm Gestalt an.

So muss es gewesen sein. Eine Struktur begann hervorzuwachsen. Diese Hände gehören zu diesem Mund, zu dieser Stimme, diesem Geruch, dieser Brust – aus einer Ansammlung intensiver aber zersplitterter Fragmente wuchs eine Gestalt: Mama!

Andere Splitter fliegen umher wie Sternennebel, die keinen anderen Zusammenhang als ihren gemeinsamen Ursprung haben. Aber da bildete sich ein neuer Kern! Andere, etwas größere Hände, eine tiefere Stimme, eine andere Art der Bewegung, ein anderer Rhythmus: Papa! Die Namen sind immer noch Arbeitstitel, sie haben noch keine

Bedeutung für mich. Die Menschen sind für mich wichtig. Es gibt sie.

Sowie ich das erkannt habe, beginne ich zu vergleichen. Bin ich so wie sie? Vieles stimmt überein. Mund, Augen, Haut, Stimme, Gebärden. Menschen. Ich führe keine systematisch vergleichende Untersuchung durch, sondern mehr ein intuitives Verstehen. Sie sind mir ähnlich! Ich bin nicht allein!

Viele Monate lang gab es nur mich und die Welt, mich und alle diese starken Eindrücke, alles, was zu mir sprach, als wäre ich auserwählt, alles zu besitzen und zu beherrschen. Und jetzt habe ich ein Du entdeckt! Und nicht nur eines, sondern mehrere! Du siehst mich, du hörst mich, du kommst zu mir und bestätigst mich. Und indem du mir auf diese Weise begegnest, erhalte ich zusätzlichen Wert, den Wert eines richtigen Menschen. Es gibt mich und ich lebe. Gemeinsam mit dir.

Von diesem Moment an wird alles anders sein. Ich werde mich immer fragen, wo du gerade bist, ob du mich siehst oder nicht. Es wird in mir die ständige Sehnsucht nach einem Du geben, die Angst, dass die Kerne, die ich zu sehen glaubte, wieder von Nebel umhüllt werden könnten.

Als ich das nächste Mal in Aden landete, wusste ich meist, wo ich mich gerade befand. Aber ich stellte fest, dass ich mich dennoch verirren konnte. Dieses Wort war zuvor von keinerlei Bedeutung gewesen.

Wenn das Kind ein halbes Jahr alt ist, geschieht etwas, das sein Weltbild mit einem Schlag völlig verändert. Es tritt eine Struktur hervor, die das Kind bisher nur ahnte. Aus allen Sinneseindrücken, die ununterbrochen auf das Kind einströmen, beginnt es nun auszuwählen und zu verbinden. Das Bedürfnis, etwas zusammenzufügen, das Chaos zu einer erkennbaren Struktur zu ordnen, ist ein urmenschliches.

Die »Kerne«, die sich formen, die Gestalten, die aus dem Nebel treten, sind zunächst Menschen, und zwar diejenigen, die das Lebensmilieu das Kindes darstellen. Der Arm, der trägt, die Augen, die dem Blick begegnen, der Gesang, der das Jauchzen beantwortet, die Brust, die Milch gibt – alles das gehört zu einem Menschen.

Vielleicht liegt hier der Grund zu allem, was wir Menschlichkeit oder Humanität nennen, dass nämlich das erste Ordnen von Eindrücken durch die Nähe von Menschen möglich gemacht wird und dass so gleichzeitig die Aufmerksamkeit des Kindes auf andere Menschen gerichtet wird.

Das Kind erlebt auf der Schwelle zur Landschaft des Kern-Selbst also zwei Dinge. Zum einen erkennt es, dass es eine Ordnung und einen Zusammenhang gibt, es bildet sich eine Struktur heraus. Zum anderen entdeckt es ein Du, einen Mitmenschen, einen Partner, jemanden, der es sieht, ihm begegnet und es bestärkt.

Das Kind vergleicht das Du, das da hervortritt, mit sich selbst, es sieht die Ähnlichkeiten und diese machen es glücklich. So wie Robinson Crusoe, als er Freitag auf der Insel begegnet. Es ist ja nicht so, dass Robinson und Freitag die einzigen Menschen auf der Insel sind, es gibt ja noch die wilden Kannibalen. Robinson rettet Freitag davor, von ihnen getötet zu werden, und durch die Kraft der engen Gemeinschaft, die sie pflegen, können sie die Wilden auf Abstand halten. Wir als Leser lernen keinen der Kannibalen näher kennen, sie sind eine bedrohliche Gruppe, kaum als Menschen zu erkennen.

Das Menschenbild, dem Daniel Defoe in seinem klassischen Abenteuerroman Ausdruck verleiht, ist typisch für das 18. Jahrhundert. Eine ähnliche Sichtweise prägte bis vor kurzem die Beschreibung des kleinen Kindes.

Nach Margaret Mahlers Entwicklungstheorie lebte der Säugling in einer symbiotischen Beziehung zu seiner Mutter, ohne andere Menschen begreifen zu können, auch den Vater nicht, der nichts anderes als eine gefährliche Bedrohung für das Verhältnis zwischen Mutter und Kind bedeutete. Die Symbiose hatte nach Mahler den Effekt, dass das Kind die Mutter nicht als eigene Person erkennen konnte, es erlebte sich als mit ihr zusammengewachsen.

Der englische Kinderpsychiater Michael Rutter untergrub

diese Sichtweise, indem er darauf hinwies, dass einige Säuglinge sich stärker an den Vater binden, auch wenn die tägliche Pflege von der Mutter geleistet wird. Das war eine unerwartete und schwer zu erklärende Beobachtung, aber sie wurde irgendwie in die geltende Entwicklungstheorie eingefügt. Aus irgendeinem Grund, sagte man, entstehe die symbiotische Bindung zwischen Vater und Kind und der Vater werde dann zum »primär Pflegenden«.

Die moderne Entwicklungspsychologie, die sich auf Beobachtungen von Kindern im Zusammenspiel mit ihren Eltern gründet, hat einen gut Teil der alten Theorie über Bord geworfen. Es gibt nichts, was dafür spricht, dass das Kind ein symbioseartiges Verhältnis eingeht. Das Kind ist von Anfang an ein selbständiges, aktiv am Zusammenspiel teilnehmendes Individuum. Sowie es sein Kern-Selbst zu begreifen beginnt und sich die »Kerne« in der Umgebung verdichten, knüpft es an jeden einzelnen an. Das Kind sieht und liebt die, die es dort findet – solange man ihm mit Liebe begegnet.

Auch Daniel Stern scheint in seinen Schriften davon auszugehen, dass das Kind sich besonders stark an eine Person bindet, meist diejenige, die die tägliche Pflege leistet. Aber er weist darauf hin, dass das Kind sich gleichzeitig mit den übrigen in der Umgebung verbindet, und er weist den Gedanken nicht zurück, dass die Bindung zu Mutter oder Vater gleich stark sein kann, wenn diese sich die Pflege des Kindes teilen. Andere Forscher haben sich auf die Beziehung des kleines Kindes zu Geschwistern konzentriert und herausgefunden, dass diese schon sehr früh für die Entwicklung des Kindes von Bedeutung sind.

Wenn wir heute Eltern raten, sich den Erziehungsurlaub – und damit von Anfang an Verantwortung und Freude – zu teilen, dann tun wir das folglich aus gutem Grund.

Die Entdeckung eines Du macht die Verbindung möglich und sinnvoll. Hier handelt es sich nicht um eine passive Abhängigkeit, sondern um einen aktiven Prozess, ein Sichnähern, ein gegenseitiges Geben und Nehmen. Das Kind ist immer noch vollkommen von seinen Eltern abhängig, wenn es um

Essen, Pflege und Schutz geht. Aber gefühlsmäßig und sprachlich ist es bereits gut entwickelt und sendet auf vielen Kanälen. Im Umgang mit einem Säugling hat man Teil am Leben und an der Erfahrung eines anderen Menschen.

Die Entdeckung eines Du öffnet Türen zu einem ganz neuen Typ der Beziehung, zu einem Ich-Du anstelle von Ich-Es. Der Unterschied ist am besten von dem Philosophen Martin Buber in seinem Buch »Ich und Du« beschrieben worden:

»Wer Du spricht, hat kein Etwas zum Gegenstand. Denn wo Etwas ist, ist anderes Etwas, jedes Es grenzt an andere Es, Es ist nur dadurch, dass es an andere grenzt. Wo aber Du gesprochen wird, ist kein Etwas. Du grenzt nicht.

Wer Du spricht, hat kein Etwas, hat nichts. Aber er steht in der Beziehung.«[5]

Buber schrieb dies bereits zu Beginn der 20er Jahre. Er meinte schon damals, die abnehmende Fähigkeit der Menschen, in einen respektvollen und lebendigen Dialog eintreten zu können, festgestellt zu haben. Ihn beunruhigte, was er die »Politisierung des Lebens« nannte, wo die Zugehörigkeit zur Gruppe wichtiger war als die Begegnung zwischen zwei Menschen. Er zeigt auf, wie Werbesprache, politische Propaganda und Informationswesen den Menschen die tiefe Sprache raubte, die man für eine echte Begegnung braucht.

Die Grundvoraussetzung für eine Ich-Du-Beziehung ist ein starkes und ehrliches Erleben sowohl des Ich wie auch des Du als freie, unabhängige und ebenbürtige Gestalten. Hierhin gelangt man nicht durch Argumentation, sondern dieses Erlebnis muss in der tiefsten Schicht des Gefühls verankert sein, mit den Wurzeln im Boden des Kern-Selbst.

Die ersten Voraussetzungen für das Erleben eines Du sind, dass das Kind sich, wenigstens eine Zeit lang, von einer vorbehaltslosen Liebe umfangen fühlt. Eine Liebe, die dem Kind entgegenfließt, die niemals zu versiegen droht und die nie mit Forderungen verbunden ist:

»*Ich wache in der Nacht auf und schreie. Da kommst du zu mir, du nimmst mich aus dem Bett, du trägst und wiegst mich, du singst und tröstest. Wenn ich hungrig bin, gibst du mir etwas zu essen, wenn ich nass und schmutzig bin, ziehst du mir neue Kleider an. Ich muss nie warten. Du kommst immer, ich kann mich auf dich verlassen. Manchmal, wenn ich viel schreie, merke ich, dass du müde bist. Du trägst und trägst, wiegst und trägst. Deine Hände werden härter, du legst mich wieder ins Bett, du gehst hinaus und schließt die Tür. Eine kleine Weile bleibst du fort und lässt mich schreien, vielleicht gehst du kurz durchs Haus, vielleicht trinkst du ein Glas Wasser und wäschst dir das Gesicht ab. Es dauert nicht lange, die Tür geht auf, du bist wieder da und trägst mich aufs Neue. Du legst mich in den Wagen, ich darf hin und her über die Schwelle fahren, das schaukelt und hüpft, dann nimmst du mich wieder auf den Arm, du gibst mir die Brust (ich habe Schluckauf) und legst mich dann nah bei dir in dein Bett. Schließlich schlafen wir beide vor Erschöpfung ein. Du bist nicht perfekt, aber du tust dein Bestes. Du lässt mich nie allein, du lässt mich nie dort liegen und lange schreien, du versuchst nicht, mich zu verändern, mich zu erziehen. Du akzeptierst mich so, wie ich bin, obwohl ich dich manchmal an die äußerste Grenze der Erschöpfung treibe. Am nächsten Morgen lächelst du mich an, als hätte die Nacht keine Spuren in deiner Seele hinterlassen.*«*

Winnicott hat den Begriff *a good enough mother*, »eine ausreichend gute Mutter«, »ausreichend gute Eltern« geprägt. Solchen Eltern gelingt die Einstimmung auf das Kind. Sie ruhen so sehr in sich selbst und leben gefühlsmäßig so nahe bei dem Kind, dass sie sich mit ihm identifizieren und seinen wirklichen Bedürfnissen nachfühlen können. Im ersten Jahr tun sie, was sie können, um sich von den Bedürfnissen des Kindes leiten zu lassen. Das gelingt ihnen nicht immer, sie sind kein *super parent*, aber oft genug schaffen sie es.

In dieser Zeit ist nichts wichtiger als das Kind. Ausreichend gute Eltern lassen andere Anforderungen links liegen. Arbeit, Freizeitaktivitäten, Freunde und eigene Eltern müssen warten. Sie verschwinden nicht aus dem Leben der Eltern, aber sie haben nicht mehr dieselbe Bedeutung wie vorher. Die Bedürfnisse des Kindes sind das Wichtigste. Die Eltern versuchen nie das Kind zu verändern, damit es besser in bereits vorhandene Strukturen passe. Sie verstehen, dass ohnehin nichts wieder so sein wird wie früher und dass das Kind dasselbe Recht hat, die Gestaltung der neuen gemeinsamen Struktur zu beeinflussen. Eine solche Haltung gegenüber einem Säugling erscheint anspruchslos, und das ist sie auch. Die Ansprüche kommen mit der Zeit. Der tiefere Sinn, wenn man ein kleines Kind mit einer solchen anspruchslosen Liebe umgibt, liegt darin, es einmal erleben zu lassen, was die Worte »Ich liebe dich so, wie du bist« wirklich bedeuten. Wenn das Kind nie eine solche Liebe erlebt hat, wie soll es sie dann später wiedererkennen und daran glauben, wenn es ihr einmal begegnet? Wenn das Kind stattdessen eine von Ansprüchen getrübte Liebe erlebt – »Natürlich liebe ich dich, aber es wäre doch schön, wenn du nachts ein wenig besser schlafen würdest (besser essen würdest, weniger Ekzeme hättest, mir etwas ähnlicher wärest, nicht so viel schreien würdest, schon laufen könntest)« –, dann wird es bei jeder Liebeserklärung nach den untergründig geäußerten Ansprüchen suchen.

Wenn das Kind das Säuglingsalter hinter sich gelassen hat, wachsen die Ansprüche und Erwartungen. Aber jedes Kind muss jeden Tag wieder neu entdeckt werden, bestätigt und geliebt auch für das, was es ist, nicht nur für das, was es tut.

Als Vater habe ich oft darüber nachgedacht, was es für meine Kinder bedeutete, wenn Erwachsene, die uns begegneten, nach ihren Namen gefragt, Blickkontakt gesucht und ein paar Worte mit ihnen gewechselt haben, nicht aufdringlich, sondern auf selbstverständliche und interessierte Weise.

Erwachsene verhalten sich Kindern gegenüber sehr unterschiedlich. Einige interessieren sich nur für familiäre Ähnlichkeiten: »Du siehst ja genauso aus wie dein Papa, als er so alt war wie du!« Andere wieder suchen das Besondere im Kind: »Was für schöne Augen du hast!« Das Kind schlägt den Blick nieder und hofft, nicht auch noch »Ach, da schämt sich aber einer!« hören zu müssen.

In der Begegnung mit Erwachsenen wird die Schüchternheit angelegt, die das Kind in sich tragen wird. Es gibt eine natürliche Scham, mit der wir uns schützen, wenn jemand in uns hineinschauen will, wir aber nicht bereit dazu sind. Es gibt aber auch die ängstliche Scheu, die ihre Wurzeln in der Furcht hat, erst durchschaut und dann verhöhnt oder zurückgewiesen zu werden. Es gibt auch Kinder, denen die Schüchternheit fehlt. Einige wenige von ihnen ruhen in sich, aber die meisten sind Kinder, die nie das Gefühl bekamen, gesehen zu werden. Und warum sollte man scheu sein, wenn einen doch niemand sieht?

Ein gut gewachsenes Kern-Selbst braucht die Hecke der Schüchternheit, um sich vor kalten Winden zu schützen. Trotzdem sind einige Erwachsene der Meinung, dass Kinder nicht schüchtern sein sollten. Sie wollen sie kontrollieren und in sie hineinschauen, so dass keine Pflänzchen heimlich Wurzeln schlagen können.

Schon bevor das Kind ins Schulalter gekommen ist, hat der Kampf um das Kern-Selbst begonnen. Das ist ein Dreiakter, der unser ganzes Leben lang gespielt werden wird. Drei Hauptakteure lassen sich ausmachen: Das Innere, der Traum, die Umwelt.

Das Innere. In jedem Menschen ruht die Vorstellung von etwas wirklich ursprünglich Echtem. Eine Stimme, die ruft: »Sei der, der du bist, und kein anderer! Sei ehrlich zu dir selbst!« Diese Stimme wird inspiriert von den Landschaften des ursprünglichen und des auftauchenden Selbst; aber wenn sie Kraft und Stärke gewinnen soll, muss sie auch ein wenig Nährboden an einem geschützten Plätzchen im Garten des Kern-Selbst genießen können.

Alle Lebenskrisen, in die wir früher oder später geraten, haben mit der Suche nach dem innersten Kern der Persönlichkeit zu tun, einer Suche, die unzählige literarische Ausdrucksformen gefunden hat. Shakespeare lässt Polonius im »Hamlet« sagen:

»Dies über alles: sei dir selber treu,
Und daraus folgt, so wie die Nacht dem Tage,
Du kannst nicht falsch sein gegen irgendwen.«

Es gibt ein wahres und ein falsches Selbst und Shakespeare, wie viele andere vor und nach ihm, ermahnt uns, das wahre zu suchen.

Der Traum. In jedem Menschen gibt es aber auch den Traum von Veränderung, den Traum, ein anderer zu sein,»jemand« zu werden. Wir wollen nicht vom Wind umhergetrieben werden, wir brauchen Orientierungspunkte und Leitsterne, das Gefühl, dass wir fahren und selbst die Richtung bestimmen. Und wir möchten, dass unser Weg und unsere Richtung beachtet werden, nicht nur die exakte Position in einem Moment.

Die Umwelt. Der dritte Akteur in diesem Theaterstück ist die Umwelt oder vielmehr das, was wir als die Erwartungen, Hoffnungen und Forderungen der Umwelt auffassen. Die Umwelt besteht zunächst aus Eltern und Familie, dann aus Kindergarten, Freizeitorganisationen, Schule, Freunde …

Die Umwelt ist sich oft nicht darüber im Klaren, welche Rolle sie auf unserer inneren Bühne spielt. Wenn wir ihr vorwerfen, bestimmte Erwartungen an uns zu hegen, dann wird sie dies oft leugnen. Manchmal kann es allerdings schwer sein, auseinander zu halten, was wirklich die Umwelt ist und was lediglich Teile des Inneren sind, die auf die Leinwand der Umwelt geworfen werden.

Skizzieren wir nun ein paar Szenen aus den verschiedenen Akten des Stückes. Die erste Szene stammt aus dem Schluss des ersten Aktes, während der ersten Schuljahre. Ein neunjähriger Junge sucht sich selbst. Das Innere ruft, dass er doch nicht sein Spiel und seine Kreativität vergessen solle. Er fühlt sich zu Tieren und den kleinen Geschwistern hingezogen und spürt gleichzeitig, wie groß die Welt geworden ist. Die Erde beherbergt Tausende von Tierarten, der Weltraum ist unendlich. Der Computer kommt als ein mächtiges Instrument zu Hilfe, das Gefahren bannen kann. Das Innere warnt den Jungen davor, sich festlegen und anpassen zu lassen:»Behalte dein leichtes

Gepäck! Sei bereit aufzubrechen! Bewege dich frei, lass niemand anderen deinen Weg bestimmen!«

Der Traum ist wechselhaft, formt aber manchmal deutliche Vorbilder. Jetzt gerade ist das Matthias Sammer. Nach der Schule geht der Junge mit einem Ball in den Garten. Er ist allein, aber bevölkert doch das ganze Spielfeld. Matthias Sammer schießt alle entscheidenden Tore. Er ist kraftvoll und bestimmt, bewahrt immer einen kühlen Kopf in den entscheidenden Situationen. Der Neunjährige ruft uns zu:»Liebt mich so, wie ich bin. Aber liebt auch den in mir, der ich sein will!«

Der Traum ist ein Gegengewicht zur Umwelt. In der letzten Zeit lässt er immer öfter von sich hören. Der Vater will, dass der Junge aufhört zu träumen und beim Essen nicht so über dem Tisch hängt. Die Mutter will, dass er wieder so wird wie immer. Die Lehrerin möchte, dass er lauter spricht. Der Trainer sagt, er solle mehr an sich arbeiten. Und die Freunde wollen ihn so und so haben.

Ein Neunjähriger mit einem sicheren Kern-Selbst kann die verschiedenen Akteure so miteinander in Einklang bringen, dass jeder genügend Platz hat. Er befriedigt das Innere, indem er sich dem Spiel und der Freiheit hingibt. Er lässt den Traum leben, lässt sich aber nicht davon vereinnahmen. Wenn der Vater oder der Trainer rufen:»He, Sammer!«, dann macht ihm das Kummer. Was hat das mit seinem Traum zu tun? Er weiß sehr gut, dass er nicht Matthias Sammer ist. Er hört auch auf die Umwelt, nimmt Eindrücke von ihr entgegen, aber nicht zu viele. Die Mutter kann einmal ihren Willen bekommen, ebenso wie die Lehrerin, aber insgesamt muss man nicht so ernst nehmen, was sie sagen. Er ist oft mit Freunden unterwegs, aber wenn er ihrer müde ist, geht er einfach nach Hause.

Im zweiten Akt begegnen wir einem achtzehnjährigen Mädchen. Es macht eine Krise durch, die sich in Depressionen und Essstörungen äußert. Das Innere hat immer lauter aus der Tiefe gerufen:»Suche mich! Du hast mich verloren! Dein ständiges Lächeln, deine Sucht, beliebt zu sein, dein Fleiß in der Schule, deine Fixierung auf deinen Körper – das alles rührt aus einem falschen Selbst her! Du bist nicht so, wie du denkst!«

»Wer bin ich denn?«, fragt das Mädchen. »Gibt es etwas Echtes, etwas, das nur ich bin?« Es hat ein Dialog begonnen, aber sobald das Innere sich vernehmen lässt, weiß das Mädchen nicht mehr, auf welche Stimme sie hören soll.

Der Traum ist zersplittert und führt in unterschiedliche Richtungen. Die Vorstellung von einer internationalen Karriere und großen Gefühlen ist stark in Frage gestellt. Da ist nun ein konkurrierender Traum von Aussteigen, Ruhe, Kindern und Tieren, Musik, Nähe, Stimmungen und weniger stürmischen Gefühlen. »Liebe mich so, wie ich bin, aber auch für das, was ich sein will.«

Die Umwelt ist sehr aufdringlich: »Noch ein Jahr auf dem Gymnasium, beiß die Zähne zusammen! Du hast alle Voraussetzungen! Mach erst mal die Schule fertig, dann wirst du weitersehen.« Aber auch andere Stimmen sind da: »Steig ein Jahr aus, das habe ich jedenfalls gemacht! Geh nach Amerika!« Oder: »Mach eine Therapie. So kannst du nicht weitermachen.« Viele machen sich Sorgen, alle wissen es besser.

In den übrigen Akten sehen wir Varianten desselben Themas. Das Innere ruft aus der Tiefe, manchmal schwach, manchmal stärker. Der Traum wird immer wieder verändert. Und die Bitte: »Liebe mich so, wie ich bin!« erhält neue Aspekte, manchmal auch Bitterkeit: »Liebe mich für das, was ich hätte werden können, wenn ich nur gewollt hätte!« Oder: »… wenn ich nur gekonnt hätte!« Oder: »… wenn man mich nicht daran gehindert hätte!«

Allmählich wird der Scheinwerfer des Traumes nicht mehr in die Zukunft gerichtet, sondern in die Vergangenheit: »Liebe mich so, wie ich bin. Aber auch für das, was ich war, vergiss nicht, dass ich einmal …!«

Auch die Umwelt verändert sich mit der Zeit. Erwartungen und Forderungen werden andere, aber vor allem verändert sich unsere Auffassung von der Umwelt und damit auch unsere Abhängigkeit von ihr. Im günstigen Fall geschieht eine Gegensätzlichkeit: Ein älterer Mensch ist vielleicht körperlich immer mehr auf die Hilfe der Umwelt angewiesen, aber seelisch und geistig hat er sich von ihr freigemacht. Das Innere und der Traum vereinigen sich letztendlich.

Dieses ganze Theaterstück spielt sich auf der Bühne des Kern-Selbst ab. Was wir das wahre Selbst nennen, ist keineswegs für alle Zeit festgelegt. Es verändert sich ständig, beeinflusst durch das Stück, das gespielt wird. Es geht von dem Innern aus, nimmt aber auch Aspekte des Traumes und der Umwelt auf. Im Raum zwischen den Akteuren können wir das wahre Selbst ahnen, es handelt sich also nicht um einen Kompromiss, sondern um einen verdichteten Raum. Winnicott nannte dies einen »besonderen, ausgewählten Raum«:

»Ich glaube, dass man ganz allgemein feststellen kann, dass, auch wenn ein Kompromiss im Alltag meist möglich ist, es für jeden Menschen einen besonderen, ausgewählten Raum gibt, in dem es keine Kompromisse geben darf. Dabei kann es sich um Wissenschaft, Religion, Poesie oder Spiel handeln. In diesem besonderen, ausgewählten Raum ist kein Platz für Kompromisse.«

»Die Vertragsstaaten achten die in diesem Übereinkommen festgelegten Rechte (...) ohne jede Diskriminierung (...).«
Übereinkommen über die Rechte des Kindes, Artikel 2, Absatz 1.

In der Präambel zum Übereinkommen über die Rechte des Kindes wird unter anderem auf die Grundsätze hingewiesen, die in der Charta der Vereinten Nationen verkündet wurden, nämlich »die Anerkennung der allen Mitgliedern der menschlichen Gesellschaft innewohnenden Würde und der Gleichheit und Unveräußerlichkeit ihrer Rechte, die Grundlage von Freiheit, Gerechtigkeit und Frieden in der Welt bildet«.

Das ist das Fundament. Die Vereinten Nationen gingen von den Grundgedanken der großen Weltreligionen aus, die den Wert des Menschen als absolut charakterisieren. Alle Menschen haben denselben Wert und damit auch dieselben grundlegenden Rechte. Die Vereinten Nationen verknüpfen die Begriffe »Wert« und »Würde« des Menschen. Ohne den Wert des Menschen gibt es auch kein menschenwürdiges Leben. Und es wird gesagt: Kinder sind auch Menschen! Sie sind Mitglieder der menschlichen Gesellschaft und deshalb steht ihnen derselbe Wert zu wie allen anderen. Sie sollen dieselben Rechte haben wie die Erwachsenen, ohne Unterschied.

Aber es ist auch so, dass Kinder aufgrund ihrer Verletzlichkeit zusätzlich zu den für Erwachsene geltenden Rechten noch besondere Rechte brauchen. Deshalb entwarf man das Übereinkommen über die Rechte des Kindes.

Dem Grundgedanken des gleichen Wertes der Menschen sollte viel mehr Bedeutung zukommen, als das heute der Fall ist, sowohl in unserem Nachdenken über Kinder als auch in der täglichen Arbeit in der Kinderpflege und nicht zuletzt in der Schule.

Ein aktuelles Beispiel ist Mobbing auf dem Schulhof. Jeder Fall von Mobbing sollte Anlass für eine handfeste Belehrung in Sachen Menschlichkeit sein. Besonders wichtig ist, dass man nicht, wie es heute oft geschieht, dem Opfer selbst die Schuld gibt. Wer man ist, woher man kommt, wie man aussieht, welche Ansichten man hat, wie provozierend man auftritt – man hat doch immer das grundlegende Recht, vor Mobbing geschützt zu werden. Konflikte müssen auf andere Weise gelöst werden.

In solchen Gesprächen mit Kindern und Jugendlichen entsteht die Möglichkeit, auf die Verknüpfung von Recht und Verantwortung hinzuweisen. Wer ein natürliches Recht hat, der ist auch verantwortlich dafür, dass dem anderen das gleiche Recht gewährt wird: »Du hast das Recht, für das, was du bist, beachtet, gesehen und respektiert zu werden – welche Verantwortung erwächst dir daraus in deinem Umgang mit anderen Kindern und Jugendlichen?« Oder: »Du hast das Recht, niemals gequält zu werden – was für eine Verantwortung erwächst dir daraus, wenn du siehst, dass jemand anders ein Opfer von Mobbing wird?«

»Du sollst deinen Nächsten lieben wie dich selbst«, steht in der Bibel. Das ist vielleicht die einfachste und schlichteste Zusammenfassung der Gedanken über den gleichen Wert aller Menschen. Aber damit ein Kind oder ein Erwachsener diese Aufforderung nicht nur als leere Worte oder mechanische Regel begreift, ist ein gesundes Selbstwertgefühl und die Fähigkeit, ein Du überhaupt zu erkennen, vonnöten; das heißt, man muss einem anderen Menschen in einer Ich-Du-Beziehung begegnen können. Wenn nicht genügend Menschen ein gut entwickeltes Kern-Selbst in sich tragen, dann bricht das Fundament für die Rechte des Menschen zusammen.

Damit ein Säugling ein Du in den Eltern entdecken kann, muss ein solches Du erst einmal zugänglich sein. Ein Kind, das im Kinderheim aufwächst, sucht nach jemandem, mit dem es sich verbinden kann. Wenn es unter dem Personal niemanden findet, der die verlorenen Eltern ersetzen kann, dann gerät das Kind gefühlsmäßig in eine Wüste. Waisenkinder erleiden oft ernsthafte Störungen in der Entwicklung ihres Kern-Selbst, ihr Selbstwertgefühl ist unterminiert und es fällt ihnen später schwer, in einer engen Ich-Du-Beziehung zu leben.

Aber es ist nicht genug, dass ein Elternteil sich immer in der Nähe des Kindes aufhält. Er muss auch in seinen Gefühlen ausreichend reif sein. Wenn Winnicott von »good enough parents« spricht, dann tut er das in der schmerzhaften Gewissheit, dass es tatsächlich Eltern gibt, die nicht ausreichend gut sind, jedenfalls nicht, wenn man die Bedürfnisse des Kindes als Maßstab nimmt.

Meist ist es so, dass so ein Elternteil selbst ein schlecht entwickeltes Kern-Selbst hat, dass es ihm also schwer fällt, im Kind ein wirkliches Du zu sehen. Margareta Berg Brodén, eine Psychologin, beschreibt in ihrem Buch *Mor och barn in ingemansland* (»Mutter und Kind im Niemandsland«), was sie »abgeschirmte Mütter« nennt:

»Das Kind wird durch seine Beziehungen zu anderen Menschen und ein Kind, das nicht in Beziehung ist, wird verloren und unwirklich. Das alte Wort, dass Existenz bedeutet gesehen zu werden, wird erschreckend deutlich, wenn man den Gegensatz sieht, zum Beispiel bei dem Kind einer abgeschirmten Mutter. Es ist, als würde es das Kind in der Welt der Mutter nicht geben. Diese Mütter leiden unter emotionalen Behinderungen, die dazu führen, dass sie sich ihrer Kinder nicht annehmen und sie nicht wirklich oder persönlich machen. Es fehlt ihnen offenbar ein inneres Bild von dem Kind. Deshalb wird das Kind nicht identifiziert, sondern stellt sich der Mutter als ein neutrales Objekt dar. Die fehlende Bestätigung lässt das Kind in einem Niemandsland zurück.«

Wer selbst als Kind nicht gesehen und respektiert wurde, dem fällt es schwer, seinen Kindern auf andere Weise zu begegnen. Damit dies dennoch möglich wird, muss man sich Zeit zur Heilung und Wiederherstellung nehmen. Den Eltern muss in ihrem späteren Leben die Chance gegeben werden, die Verlassenheit ihrer Kindheit zu verarbeiten und als gesehener und respektierter Menschen anderen Menschen zu begegnen.

Wer nicht imstande ist, ein wirkliches Du in seinem Kind zu sehen, der betrachtet es als »neutrales Objekt«, eine Puppe oder einen kleinen Hund, etwas, das vor allem das Bedürfnis der Eltern nach Kontakt und Bedeutsamkeit zu erfüllen hat. So lange das Kind »brav« ist, funktioniert das ganz vortrefflich, aber wird es fordernd und stellt größere Ansprüche (und das tut jedes Kind früher oder später), dann wird es problematisch. Die Eltern fühlen sich unterdrückt und sind manchmal ungeheuer wütend darüber, dass das Kind so viel Platz einnimmt und sich im »Privatleben« der Eltern so breit macht.

Eltern mit einem nur schwach entwickelten Kern-Selbst sehen zunächst einmal ihr eigenes Spiegelbild im Kind. Ähnelt das Kind dem Elternteil in hohem Maße, dann macht das keine Schwierigkeiten. Ist es aber sehr anders und weist Seiten auf, die Vater oder Mutter nicht wiedererkennen können, dann ist das problematisch. Das Kind wird schnell als Konkurrent und Kritiker empfunden, denn den Eltern fällt es schwer einzusehen, dass ihr Leben von jemandem, der anders ist, bereichert werden kann.

Sollten Eltern also lieber mit dem Kinderkriegen warten, bis sie reif genug sind? Das könnte man denken, aber Reife in Bezug auf das Kern-Selbst hat nicht so viel mit Alter zu tun, wie man meinen sollte. Ich habe schon siebzehnjährige alleinerziehende Mütter getroffen, die sich ihrer selbst ganz sicher waren und sich in jeder Hinsicht als »ausreichend gut« für ihre Kinder erwiesen. Und ich habe fünfunddreißigjährige Eltern getroffen, denen es größte Probleme bereitete, ihr Leben umzustellen und eine Verbindung zu ihren Kindern herzustellen.

Auf der anderen Seite braucht man manchmal einfach Zeit. Ein junger Mensch, der mit einem schwachen Selbstwertgefühl ins Erwachsenenleben eintritt und Schwierigkeiten mit engen Beziehungen hat, tut sicher gut daran, mit Kindern zu warten. Er muss erst einige Reparaturarbeiten leisten, und die sollte nicht das Kind übernehmen müssen.

Viele Eltern brauchen Hilfe, um ihre Gefühle richtig entwickeln zu können. So brauchen zum Beispiel Eltern mit psychischen Erkrankungen oder einem Hintergrund des Missbrauchs besondere Unterstützung, um mit ihrer Elternschaft zurechtzukommen. Aber auch viele andere Eltern, vor allem solche, die als Kinder selbst nicht richtig beachtet und gesehen wurden, sollten die Möglichkeit erhalten, etwas über sich zu lernen und ihre Erfahrungen mit anderen zu teilen. Man muss nur natürliche Orte der Begegnung schaffen. In anderen Ländern treffen sich die Frauen nachmittags am Brunnen. Bei uns sprechen sicher einige Eltern während der Kaffeepause bei der Arbeit über ihre Probleme. Aber ich glaube, dass wir auch in Krankenhäusern, Kindergärten und Schulen eine neue Form der Elternbegegnung brauchen, wo nicht nur das Personal Form und Tagesordnung bestimmen sollte.

Tatsächlich war die Medizin der Entwicklung des Kern-Selbst beim Kind schon oft im Wege. Wir wissen heute, dass die Verbindung zwischen Eltern ein gegenseitiger Prozess ist, der von beiden Teilen Sensibilität und Flexibilität verlangt. Das Kind ist aktiv und führt den Prozess an. Durch ein sinnreiches Signalsystem teilt es den Eltern mit, welche Bedürfnisse es hat, und hilft ihnen so, alles richtig zu machen. Aber damit die

Eltern die Signale unverfälscht empfangen und sogleich beantworten können, darf es nicht zu viele Störsender geben.

Ich habe manches Mal die Ratschläge, die wir auf der Kinderstation verteilt haben, als kräftige Störsender empfunden, die es den Eltern oft unmöglich machten, auf ihre Kinder zu hören. Wenn das Kind rief:»Ich habe Hunger!«, dann haben wir gesagt: »Halten Sie einen strikten Rhythmus von vier Stunden ein!« Wenn das Kind geweint hat:»Ich möchte hochgehoben werden, bitte trage mich!«, haben wir gesagt:»Nehmen Sie es nicht sofort hoch, wenn es mal weint. Lassen Sie es ein wenig schreien, dann schläft es schon wieder ein.« Wenn das Kind deutlich gemacht hat:»Ich will nicht schlafen!«, dann haben wir folgenden Rat gegeben:»Legen Sie es ins Bett und gehen Sie hinaus. Lassen Sie es jedes Mal fünf Minuten schreien. Allmählich wird es sich daran gewöhnen und seinen Rhythmus finden.« Wenn das Kind nachts aufwachte und gestillt werden wollte, haben wir gesagt: »Geben Sie ihm stattdessen einfach Wasser!«.

Es hat sich seither viel verändert. Aber was den Schlaf und den täglichen Rhythmus angeht, werden immer noch dieselben, das Kind kränkende Ratschläge erteilt. Einen Säugling, der nicht schlafen will, fünf Minuten lang allein schreien zu lassen, dann nach kurzem Trost wieder fünf Minuten und wieder und wieder, das ist eine nach wie vor akzeptierte und praktizierte Behandlung von»Einschlafschwierigkeiten«. Für das Kind sind fünf Minuten eine Ewigkeit, es fühlt sich total allein gelassen und resigniert schließlich. Deshalb wird diese Methode als»effektiv« angesehen.

Für das Kind ist es schicksalhaft, dass sein Signal:»Ich kann nicht schlafen, ich will aufstehen!« nicht beantwortet wird. Die Tatsache, dass die Eltern nicht antworten, heißt für das Kind so viel wie:»Ich mag dich nicht, wenn du so schreist! Schlaf jetzt, dann liebe ich dich!« Oder vielmehr:»Ich bin nicht bereit, dich so zu lieben, wie du bist! Ich möchte, dass du anders bist!«

Die vorgeschriebenen Untersuchungstermine für Kinder unterstreichen zudem, wie wichtig es ist,»normal« zu sein. Natürlich sollten Länge, Gewicht und Kopfumfang zwischen bestimmten Maßen liegen, ich glaube, das kann man akzeptieren.

Aber wenn dieses Normalitätsdenken plötzlich auch für Entwicklung, Motorik und Verhalten gelten soll, dann entstehen Risiken, die wir im Gesundheitswesen bisher nicht richtig eingesehen haben. Eltern mit einem schwachen Selbstwertgefühl machen womöglich unsere Betrachtungsmaßstäbe des Kindes zu ihren eigenen und sind dann besorgt über »Abweichungen«, anstatt die gesunde, einzigartige und vielleicht etwas seltsame Persönlichkeit eines lebendigen Kindes zu akzeptieren.

Auch Kindergärten und Tagesstätten sind schon allzu lange von dieser reglementierenden Art, den Bedürfnissen der Kinder zu begegnen, geprägt. Die Kinder müssen zu bestimmten Zeiten spielen und essen. Alle Kinder unterhalb einer bestimmten Altersgrenze sollen auch zu einer festgelegten Zeit einen Mittagsschlaf halten, ungeachtet der Tatsache, ob sie eine Ruhepause in liegender Stellung überhaupt nötig haben. Und beim Bringen und beim Abholen vermittelt das Personal den Eltern unverhohlen bestimmte normative Vorstellungen, wie Kinder sich in einem bestimmten Alter zu verhalten hätten.

Auch hier hat sich viel verändert. Dennoch treffe ich immer wieder Eltern, die sich den Angestellten einer Tagesstätte oder den Lehrern einer Schule unterlegen fühlen und fürchten, dass der Eigenart ihres Kindes nicht ausreichend Rechnung getragen wird. Und noch immer treffe ich auf Personal, das mir mit ironischen Worten schildert, wie Eltern sie auf die besonderen Bedürfnisse ihrer Kinder aufmerksam machen wollten.

In den Gesprächen, die ich mit Jugendlichen geführt habe, ist mir oft der Satz begegnet:»Kein Mensch schert sich darum, wer ich bin, alle sehen nur, was ich mache!« Es ist die Leistung, die zählt!

Wir leben in einer aufs Tun fixierten Gesellschaft, in der es nur wichtig ist, hart zu arbeiten, sein Bestes zu geben und erfolgreich zu sein. Sicher rührt das aus Zeiten, wo alle viel arbeiten mussten, damit die Gesellschaft überhaupt existieren konnte. Eine solche Einstellung ist ja nicht nur schlecht, sie ist die Voraussetzung für unseren relativen Wohlstand gewesen.

Aber es ist schwer zu sagen, welche Richtung diese Entwicklung nimmt. Auf der einen Seite treffe ich im Gespräch mit Eltern und anderen, die mit Kindern zu tun haben, immer häufiger auf Verständnis für die Landschaft des Kern-Selbst und das Recht des Kindes, es selbst zu sein. Auf der anderen Seite wird in der Politik eine Gesellschaftsform angestrebt, in der sich nur noch Leistung lohnen soll.

Allerdings sollte man sich davor hüten, sich auf den allzu vereinfachenden Gegensatz von »Tun« und »Sein« zu konzentrieren, sondern eher die Bedingungen des Tuns betrachten, die im günstigen Fall eine Folge des Seins sind. Ein Kind, das ein gut entwickeltes Kern-Selbst hat, das gesehen und beachtet wurde und das sich für die Menschen und die Welt interessiert, wird auch ein aktives und kreatives Kind sein. Es fängt an aus reiner Lust und Interesse Dinge zu tun und zu leisten. Ein solches Kind wird natürlich die Bestätigung der Umwelt zu schätzen wissen, nicht aber abhängig davon sein.

Ein Kind mit schwankendem Selbstwertgefühl wird vielleicht versuchen, sich mit rastloser Aktivität und der Jagd nach Erfolg zu behelfen. Genauso oft ist ein solches Kind aber auch passiv. Die Angst davor zu scheitern ist eine stärkere Kraft in ihm als der Wunsch nach Gelingen. Dieses Kind verbringt viel Zeit in seinem »Sein«, ohne jedoch damit glücklich zu werden.

Alle diese Kinder sagen: »Ich möchte für das, was ich bin, geliebt werden, nicht für das, was ich tue«, allerdings mit völlig unterschiedlichem Unterton. Das sichere Kind, das viel leistet, meint vielleicht folgendes: »Was du siehst und wofür du mich lobst, entstammt meinem tiefsten Selbst. Ich habe Angst, dass du das vielleicht nicht siehst. Meine Kreativität macht mich nackt und verletzlich, ich öffne mein Innerstes deinem Blick. Indem du beurteilst, was ich tue, beurteilst du mich, vielleicht ohne es zu merken. Wenn du nicht ehrlich bist, tust du mir weh. Ich möchte, dass du meine Integrität respektierst. Ich möchte einen Dialog mit dir, deshalb zeige ich dir meinen schönsten Garten. Aber ich habe Angst, dass du alles falsch verstehst, meine schönsten Blumen pflückst, sie auf dem Markt feilbietest und mich dann ermahnst, mehr Blumen zu züchten. Wenn ich nicht mehr will, gehst du weiter. Du wolltest nur meine Blumen, nicht meinen Garten, nicht mich.«

Das unsichere Kind meint hingegen:»Was du siehst und wofür du mich lobst, das bin nicht ich. Ich habe das gemacht, das stimmt, aber ich bin es nicht. Ich habe mich gequält und angestrengt, damit du mit mir zufrieden bist. Und wenn du mich jetzt lobst, bekomme ich eine Heidenangst. Du freust dich über die Fassade, nicht über das, was dahinter ist. Meine Bitte an dich lautet, hinter die Fassade zu schauen und dennoch bei mir zu bleiben. Ich träume davon, alles niederzureißen, mich nicht mehr anzustrengen, mich da ausruhen zu können, wo ich eigentlich sein will, und dennoch geliebt zu werden. Obwohl ich nicht so bin, wie du denkst.«

Eigentlich sind es nur Nuancen, die die beiden Einstellungen unterscheiden.

Man braucht Mut, um die Tore zum Garten des Kern-Selbst zu öffnen. Wir leben in einer Zeit der hungrigen Wölfe, verletzliche Menschen werden ausgenutzt und verbraucht. Es ist keineswegs klar, ob sich Offenheit lohnt, zumindest nicht auf kurze Sicht. Trotzdem ist sie notwendig.

Die Schüchternheit ist eine wichtige Verteidigung gegen Einblicke von außen. Heute braucht man sie mehr denn je. Wenn allerdings die Schutzmauer so hoch und kompakt wird, dass sie alle anderen ausschließt, auch diejenigen, die sich einem mit Respekt und ehrlichem Interesse nähern, dann wird es gefährlich. Es kann in dem Garten so dunkel werden, dass die Blumen sterben. Ein solches Kind braucht Hilfe. Irgendjemand muss ein Loch in die Mauer schlagen, aber vorsichtig, so dass sie nicht einstürzt.

Ein allzu schüchternes Kind wird unsichtbar und man kann es deshalb nicht mehr ausmachen. So wie Ninni in Tove Janssons Geschichte »Das unsichtbare Kind«. Ninni war von einer alten Tante erschreckt worden, die sich um sie kümmerte, ohne sie zu mögen. Die Tante war eiskalt und ironisch. Ninni wurde unsichtbar, aber von der Muminfamilie entdeckt und aufgenommen. Als sie sich dort etwas eingelebt hatte und wirklich gebraucht wurde, wurde sie auch wieder sichtbar.

Anna-Clara Tidholm erzählt in ihrem Buch *Allihop* (»Alle«) von dem sechsjährigen Jungen Evert Englund:

»Wenn die anderen Kinder drinnen spielen, malt Evert mit Wachsmalstiften. Wenn die anderen Kinder draußen spielen, steht Evert da und schaut sich irgendetwas an.
›Komm und hilf uns, Sand auszubaggern!‹, rufen die Kindergärtnerinnen ihm zu. Aber Evert tut so, als würde er nicht hören. Die wollen ihn nur herlocken. Er weiß, dass die anderen Kinder keine Hilfe brauchen. Und außerdem kennt er sie nicht. Und überhaupt will er am liebsten allein sein. Wenn Evert im Kindergarten ist, ist er der einsamste Mensch auf der ganzen Welt.«

Als im Kindergarten Fasching gefeiert wird, versucht Evert so lange wie möglich, drum herum zu kommen. Aber schließlich hat er eine Idee: Er stülpt sich einen Eimer über den Kopf und geht los.

»›Tschüss, ich gehe jetzt‹, sagt Evert.
›Aber, als was gehst du?‹, fragt seine Mama.
›Ich gehe als Niemand‹, sagt Evert. ›Tschüss.‹
Frida fragt, ob Evert als Eimer gehen will.
›Nein, ich gehe als Niemand‹, sagt Evert.«

Schließlich kommt die Demaskierung:

»Wer ist das Gespenst? ›Jenny!‹, rufen alle.
Und wer ist Batman? ›Fredrik!‹, rufen alle.
Und wer versteckt sich im Eimer? ›Evert!‹, rufen alle.
›Evert! Evert! Evert!‹
›Das hättet ihr nicht gedacht, oder?‹, sagt Evert.«

In der Landschaft des Kern-Selbst wird das Lebensthema der Gemeinschaft oder Einsamkeit geformt. Es geht dabei nicht um irgendeine Gemeinschaft, sondern um eine tiefgehende, eine echte Ich-Du-Beziehung mit allen Möglichkeiten und Risiken, die sie mit sich bringt.

Aber es geht auch nicht um irgendeine Einsamkeit. Nicht um die gute Einsamkeit, die man selbst als einen notwendigen Gegenpol zur Gemeinschaft wählt, sondern um die lähmende Einsamkeit, die bedeutet, dass man nie ein wirkliches Du ausmachen und treffen kann. Macht und Erfolg können den Verlust eines solchen Du nie ersetzen.

»Liebe mich so, wie ich bin!« ist eine der ehrlichsten menschlichen Bitten, die auch eine Verantwortung birgt. Ich übernehme es, dir zu zeigen, wer ich bin, so dass ich geliebt werden kann. Ich lehne die Tür zu meinem Garten nur an. Ich bitte dich herein und möchte, dass du mit Andacht und Respekt betrachtest, was du siehst. Du sollst mich nicht verhöhnen oder ausnutzen, nicht über mich lachen oder mich erniedrigen.

Und ich bitte dich, auch deine eigene Tür zu öffnen. Ich will dich sehen! Unter denselben Bedingungen. Ich möchte die Begegnung, das Gespräch, die Gegenseitigkeit.

Welch ein Geschenk ist es, dir alles schön
und sauber machen zu können! Diese Möglichkeit zu haben.
Du musst nicht nass und schmutzig,
vergessen, hungrig, allein gelassen dort liegen.
Es gibt weiche Dinge
und Milch, warmes Wasser, Öl,
was immer du brauchen könntest, ist da.
Ein Mensch ist da.
Da beginnt der Wert des Menschen.

Asta Bolin, *Du i världen* (»Du in der Welt«)

Weit weg und ganz nah

Die Landschaft des subjektiven Selbst

Zu wandern bedeutet, im Aufbruch verankert zu sein und in der Veränderung zu ruhen. Dem Wanderer steht in der Welt immer etwas Neues offen.

Rolf Edberg

*D*ie Entdeckung jagte mir Angst ein. Es fiel mir schwer einzuse-hen, dass die neue Situation, die plötzlich eingetroffen war, mir auch neue Möglichkeiten bieten sollte.

Ich sah nur die Konturen eines abgewendeten Gesichts. Es war schrecklich, sie, die mich immer anlächelte, die auf alle meine Rufe antwortete und die mir alles gab, worum ich bat – sie wendete sich ab. Nicht immer, aber doch oft genug, so dass es mich in meinem In-nersten erschauern ließ. Ich stand nicht mehr im Zentrum ihrer Auf-merksamkeit, sie begann Grenzen zu setzen, von denen ich noch gar nicht wusste, dass es sie gab. »Nein«, sagte sie, »ich will nicht, ich schaffe es nicht, du darfst nicht.«

So kam ich der Unterschiedlichkeit auf die Spur. Mama, Papa, mein neugeborener Bruder – sie waren in meiner Nähe, sie waren Menschen wie ich. Aber sie waren doch unterschiedlich, sie waren andere! Manchmal wollte ich etwas, was sie nicht mehr zuließen. Manchmal wollte einer von ihnen etwas, und zu meinem Erstaunen stellte ich fest, dass ich keine Lust dazu hatte. Dennoch gab es eine Gemeinschaft zwischen uns, wir hatten eine gemeinsame Geschichte. Ich erkannte sie wieder, alle unsere Begegnungen lagen wie Licht-punkte in meiner Seele. Wir konnten einander immer noch begegnen. In manchen Momenten verdichtete sich unsere Gemeinschaft, unser Sein und Tun wurde vereint, wir waren zusammen. Und allmählich fing ich auch an, an eine gemeinsame Zukunft zu glauben. Obwohl sie weggingen, obwohl sie ihre Gesichter abwendeten, war ich langsam davon überzeugt, dass sie zurückkommen würden. Sie kamen immer wieder zurück, aber der Schmerz, ehe ich das wirklich einsehen und akzeptieren konnte, drohte mich in Stücke zu reißen.

Ich weiß nicht mehr, wann ich den Beschluss fasste, er wuchs langsam in mir, und eines Tages stand er ganz klar vor mir: Ich musste meinen eigenen Weg gehen! Ich konnte nicht in der ständigen Angst, allein gelassen zu werden, verharren, konnte mein Leben nicht der Bewachung ihrer Gesichter und Bewegungen widmen. Ich musste mein Leben leben, die Unterschiedlichkeiten und unsere verschiedenen Schicksale akzeptieren. Ich musste aufbrechen, aus der Abhängigkeit hinaus in die frische Luft!

So wurde meine unstillbare Sehnsucht nach einem Lebensraum zwischen Nähe und Freiheit geboren. Das Dilemma schien unlösbar. Meine Kindheit und meine Jugend wurden von einem ständigen Sehnen nach Selbständigkeit und dem Geist der Freiheit, nach der Weite der Landschaft bestimmt. Dort angekommen, bekam ich Heimweh, sehnte mich nach Nähe und Vertrautheit, nach Wärme und Gemeinschaft. Würde ich draußen in der Wildnis ein Lagerfeuer finden, das mir genügend Wärme spenden und mich vor den wilden Tieren beschützen würde? Das fragte ich mich damals und habe bis heute keine Antwort gefunden.

Wir vergessen leicht, welche dramatischen und schwer zu bewältigenden Entdeckungen mit jeder Entwicklung verbunden sind. Das Betreten der Landschaft des subjektiven Selbst ist ein solcher schwerer Schritt, der zwangsläufig von Schmerz und Trauer begleitet ist. Er geschieht im Laufe des ersten Lebenshalbjahres. Das Kind bemerkt plötzlich, dass es passieren kann, dass die Menschen, die bisher immer da waren, sich auch anderen Dingen widmen und es nicht mehr im Mittelpunkt des Familienlebens steht, sondern am Rande. Das Kind wird zu einem von vielen Mitgliedern in der Familie, in der alle beachtet sein wollen und ihre Freiheit suchen.

Es klingt, als sei dies eine selbstverständliche Entwicklung, aber das Kind fasst sie zunächst, wie der Betrogene in einer Affäre, als einen großen Betrug auf. Das eben erst angelegte Kern-Selbst wird einer ersten großen Prüfung ausgesetzt. Wird das Kind sein Selbstwertgefühl bewahren, obwohl es nicht mehr im Mittelpunkt sein darf?

Ein sicheres Kern-Selbst ist deshalb die Voraussetzung dafür, dass die Entwicklung des subjektiven Selbst gelingen kann. Je mehr das Kind in der Anfangszeit beachtet und bestätigt worden ist, desto sicherer steht es, wenn ein neuer Wind zu blasen beginnt. Je mehr das Kind vom Gesicht der Eltern gesehen hat, um es als ein starkes inneres Bild zu verinnerlichen, desto besser kann es damit umgehen, dass sich dieses Gesicht jetzt manchmal abwendet und auf jemand anderen richtet. Die große Herausforderung besteht darin, den Unterschied zwischen einem kurzen Verschwinden und dem auf immer verlorenen Schatz zu verstehen. Wer wird damit fertig?

Das Betreten der Landschaft des subjektiven Selbst bedeutet auch ein Abschiednehmen von der Schwarzweißperspektive und ein Bejahen der Ambivalenz, der Gegensätzlichkeit des Lebens. Früher war alles einfacher. Die Eltern waren das Gute – der Hunger, das Bauchweh und die allzu lauten Geräusche waren das Böse. Aber nun verändert sich alles. Mama sagt:»Nein, du musst warten!«, Papa sagt:»Das machen wir jetzt so!«, und das Kind lernt, dass im vertrautesten Freund auch der ärgste Feind verborgen ist. Genau der Mensch, zu dem das Kind die engste Beziehung hat, steht ihm nun im Weg. Welche Schlüsse soll es daraus ziehen, abgesehen davon, dass es seine Eltern sowohl lieben als auch hassen muss?

Die Antwort liegt auf der Hand: Das Kind beschließt aufzubrechen. Wenn die Strömungen unberechenbar werden, muss man sich ein eigenes Fahrwasser suchen. Somit wird die Entdeckung der Ungleichheit und der Interessenkonflikt, der daraus folgt, zum Anfangspunkt der Befreiung, den man nach Margaret Mahler den Separations-Individuations-Prozess nennt. Es ist kein Zufall, dass dieser Prozess mit einer Zeit im Leben des Kindes zusammenfällt, in der es beginnt, sich im

Raum bewegen zu können. Das Kind ist in mehrfacher Beziehung dabei, laufen zu lernen.

Die Befreiung selbst aber enthält auch eine Reihe von eingebauten Gegensätzen. Das Kind entdeckt bald, dass es viele Bedürfnisse hat, die sich nicht miteinander vereinbaren lassen. Es möchte Abhängigkeit und Freiheit, Nähe und Distanz – gleichzeitig!

Ein Vater hat Erziehungsurlaub genommen und ist bei seinem zehn Monate alten Jungen. Der Vater steht in der Küche und backt, der Junge krabbelt um seine Füße herum. Bald begibt sich der Kleine in ein angrenzendes Zimmer. Der Vater bleibt in der Küche. Wie lange wird der Junge sich fortwagen? Es dauert nur ein paar Sekunden, da ist er schon zurück. Als er in der Tür auftaucht, zieht sich ein breites Lachen über sein Gesicht. Papa ist da! Schon ist er wieder verschwunden. Die Prozedur wird wiederholt.

Der Junge dehnt seine Auflüge in das andere Zimmer immer weiter aus. Das Gummiband wird lang gezogen. Schließlich bleibt er so lange fort, dass sein Vater das Backbrett verlässt und nach ihm schaut – ein Gummiband zieht nämlich an beiden Enden!

Der Junge hat zwei gegensätzliche Bedürfnisse, deren Befriedigung er erprobt. Er möchte bei seinem Vater sein, wissen, wo dieser sich gerade befindet, seine Nähe spüren, seinem Blick begegnen. Aber er möchte auch hinaus in die Freiheit, einen neuen Raum erforschen. Er sucht das Abenteuer hinter der nächsten Ecke, dort, wo niemand richtig sehen kann, was er gerade tut.

Die Pendelbewegung ist die Lösung, die der Kleine für das Dilemma gefunden hat. Er leistet Widerstand gegen den Vater und begibt sich in die Fremde. Dort angekommen kehrt er um und strebt nach Hause zurück. Sein ganze Aktivität erfährt ihre besondere Bewegungsenergie durch dieses unermüdliche Pendel. Es ist entweder nach außen gerichtet oder nach innen, nur einen ganz kurzen Moment lang ist die Bewegung jeweils im Gleichgewicht.

Die Pendelbewegung des Jungen zwischen Küche und Zimmer ist ein Modell dafür, wie wir auch im späteren Leben den zwangsläufigen Konflikt zwischen unserem Bedürfnis nach Abhängigkeit und unserer Sehnsucht nach Freiheit zu bewältigen versuchen. In unserer Kultur haben wir, vor allem in den letzten Jahren, den Aspekt der Freiheit betont. Eine eigene Wohnung, eine eigene Arbeit, ein eigenes Leben – das Eigene ist anstelle des Gemeinsamen zur Norm geworden. Sich selbst zu verwirklichen ist wichtiger geworden, als ein Leben mit einem anderen Menschen zu verwirklichen. »Abhängigkeit« ist zu einem negativen Begriff geworden, »Single« hingegen das Wort für Freiheit und Modernität.

Vertreter anderer Kulturen und Auffassungen, die in unser Land gekommen sind, haben dieses Streben nach dem Recht des Individuums, sein Leben nach eigenen Bedingungen einzurichten, mit großen Augen betrachtet. Vielleicht sind wir ja schon auf dem Weg zurück – immer öfter höre ich Menschen die Notwendigkeit von engen Beziehungen bejahen, ungeachtet der Tatsache, wie sie es mit Familie und Wohnung halten. Für Kinder und Jugendliche ist das gut. Auf dem Weg in die Welt hinaus braucht man jemanden, zu dem man auf Distanz gehen und zu dem man auch wieder zurückkehren kann.

Während gewisser Phasen in unserem Leben sind wir ganz klar auf dem Weg, entweder hinaus oder zurück. Der Einjährige, der gerade laufen gelernt hat, ist berauscht von seiner Sehnsucht und der neu gewonnenen Freiheit. Er macht keine Kompromisse! Aber die Rückschläge kommen bald. Das Kind fällt und tut sich weh, die Welt ist groß, überall lauern Gefahren. Im Alter von achtzehn Monaten suchen dann viele Kinder wieder die ganz enge Beziehung zu den Eltern. Sie sind wieder klein und quengelig, hängen am Rockzipfel und möchten am liebsten getragen werden. Das Abgeben im Kindergarten dauert länger, ein Besuch beim Kinderarzt wird zur Prüfung für Kinder, Eltern und Personal.

Margaret Mahler nannte diese Phase die »Zeit der Nähe«. Sie sah darin eine natürliche Reaktion auf die ersten, allzu unreifen Befreiungsversuche des Kindes. Die Rückkehr zu den Eltern war eine notwendige Voraussetzung für die erfolgreiche Fortsetzung des Individuationsprozesses.

Heute sprechen wir nicht mehr in dieser Weise von »Phasen« und fassen die Anhänglichkeit, die Kinder in diesem Alter zeigen, als einen ungewöhnlich starken Ausschlag des Pendels auf, der auch in späteren Jahren immer wieder vorkommen wird. Nähe und Distanz gehören zum Leben.

Die Pendelbewegungen verlaufen manchmal schnell und heftig, dann wieder gemächlicher. Auch die Amplitude verändert sich. Im Alter von sechs Jahren wie auch im Jugendlichenalter schlägt das Pendel so gewaltig aus, dass das gesamte Uhrwerk auf die Probe gestellt wird. Dann wieder kann die Richtung des Pendels schwer auszumachen sein. Unterschiedliche Bewegungen wechseln einander ab. Der unzweifelhafte Ausbruch des Sechsjährigen wird durch heftige Bewegungen im Innern ersetzt, die oft von einem scheinbar ruhigen Äußeren kaschiert werden. So kann ein Zehnjähriger sich scheinbar in einer Zeit der Nähe befinden, er hat Angst im Dunkeln, sucht Gesellschaft und hängt an der Familie. Bewusst oder unbewusst bearbeitet er ein Stück Erde in der Landschaft des subjektiven Selbst, das in den Bereich der Nähe gehört. Es sind die Blumen von diesem Gärtchen, die wir sehen und über die wir uns freuen. Aber in aller Stille hat er gleichzeitig begonnen, im anderen Teil der Landschaft ein Stück Erde zu bearbeiten, doch er möchte noch nicht zeigen, was er pflanzt – wilde Gewächse zum Bestellen großer Felder. Woher hat er das Saatgut?

In der Jugendzeit geht es wieder hinaus, aber die Bewegungen verlaufen kreuz und quer. Dem endgültigen Aufbruch aus der Familie folgt schließlich eine Zeit, in der die Eltern selten von ihrem Kind hören. Die ersten Jahre als Erwachsener sind – so sollte es zumindest sein – eine Zeit der Selbständigkeit und der Erprobung der Grenzen der Freiheit. Viele Eltern machen sich in dieser Zeit Sorgen. Was geschieht hier? Ist der Auftrag Elternschaft wirklich erfüllt?

Das ist nur selten der Fall. Nach einigen Jahren kehren die meisten nach Hause zurück, vielleicht um ihre Wurzeln zu suchen und ihre Eltern nach aufgetauchten Kindheitserinnerungen zu befragen, manchmal auch, um Hilfe bei der Kindererziehung zu suchen. Die Ursachen können unterschiedlich sein und manchmal scheint es sich nur um Vorwände zu handeln. Nähe ist eine Tatsache, die manchmal Freude, manchmal auch Schmerz hervorruft.

Später im Leben sind die Pendelausschläge nicht mehr so groß. Die meisten von uns geraten immer wieder in Zeiten, in denen die Sehnsucht nach Freiheit und die Aufbruchstimmung dominieren, vor allem in Denken und Fühlen, manchmal auch in Taten. In der Zwischenzeit suchen wir immer wieder die Nähe und die Gemeinschaft mit anderen. Die Kunst dabei besteht darin, die Bewegungen des Pendels nicht zu behindern, wenn auch das Schwingen zwischen den beiden Polen in unserem subjektiven Selbst anstrengend und schmerzvoll sein kann. Sonst besteht die Gefahr, dass man manche Felder in sich brachliegen lässt, um das Leben einfacher zu machen. Es ist jedoch eine trügerische Ruhe, die wir auf diese Weise erlangen, denn sie steht in enger Nachbarschaft zur Bitterkeit.

Gegen Ende des Lebens nehmen die Bewegungen ab. Manche Menschen empfinden sich schon lange vor ihrem Tod als weniger abhängig von Nähe und Gemeinschaft, vielleicht weil sie enttäuscht sind, vielleicht weil sie sich schon einem größeren Kreislauf und einer höheren Gemeinschaft zugehörig fühlen. Andere wieder möchten im Sterben die Hand eines anderen halten können.

Eine Voraussetzung dafür, dass ein Kind sich ein sicheres subjektives Selbst erarbeiten kann, ist, dass es von hellhörigen Erwachsenen umgeben ist, die spüren und verstehen, wo sich das Kind gerade befindet und wieviel Nähe oder Abstand es in einem bestimmten Moment braucht. Vielleicht könnte man von einer Art Musikalität sprechen, die von der Folgsamkeit und dem Respekt abhängt, von dem Willen und der Fähigkeit, die Grenzen, die das Innerste jedes Kindes und jedes Erwachsenen umgeben, zu entdecken und zu achten.

In einem Artikel von 1941 beschreibt Winnicott eine gewöhnliche Szene beim Kinderarzt. Eine Mutter sitzt mit ihrem einjährigen Jungen auf dem Knie dem Arzt gegenüber. Zwischen dem Jungen und dem Arzt ist ein Tisch, auf dem ein glänzender Metallspatel liegt. Die Mutter und der Arzt sprechen miteinander.

Der Junge beginnt sich für den Spatel zu interessieren und streckt seine Hand danach aus. Kurz bevor er danach greift, zögert er und zieht die Hand ein paar Sekunden lang zurück. Winnicott nennt dies den »Moment des Zögerns«. Der Junge führt in diesem Moment zwei wichtige Sicherheitskontrollen durch. Zunächst schaut er den Arzt an: »Darf ich das da nehmen?« Der Arzt nickt kaum merkbar und spricht weiter mit der Mutter. Dann schaut der Junge auch die Mutter an: »Was sagst du dazu? Könnte das gefährlich sein? Darf ich das da nehmen?« Der Junge interpretiert die Tatsache, dass die Mutter weiterhin mit dem Arzt spricht, als Erlaubnis, nimmt den Spatel und stopft ihn sich in den Mund. Nachdem er ihn eine Weile untersucht hat, versucht er ihn auch der Mutter in den Mund zu stecken. Dann beginnt er ein Spiel, in dem er den Spatel auf den Boden fallen lässt.

Winnicotts »Moment des Zögerns« ist von entscheidender Bedeutung für die Fähigkeit des Kindes, sich seiner Umgebung auf vertrauensvolle Weise zu nähern. Die »musikalischen« Eltern (oder Ärzte) erkennen das und passen sich dem Rhythmus des Kindes an. Das Kind zu drängen, indem man ihm den Spatel in die Hand drückt, bevor die Sicherheitskontrollen durchgeführt sind, ist fast Gewalt. Den Spatel wegzunehmen, wenn man sieht, dass das Kind zögert, ist fast Betrug. Winnicott meint, dass ein nicht geringer Teil der psychischen Probleme, die wir bei Kindern feststellen, ihren Grund in einer solchen mangelnden Sensibilität seitens der Erwachsenen haben.

Als Eltern oder als Menschen, die mit Kindern arbeiten, werden wir täglich mit Situationen konfrontiert, in denen wir, oft nur im Bruchteil einer Sekunde, entscheiden müssen, wie nahe wir dem Kind kommen können, oder ob wir es in Frieden lassen sollen. Wir handeln intuitiv, aber müssen doch manchmal begründen, warum wir was tun.

Ein achtjähriger Junge kommt von der Schule nach Hause. Er ist müde und hat Schnupfen. Es war ein schlechter Tag, die Schule war »ätzend«. Er ist hungrig und möchte etwas zu essen. Die Mutter ist zu Hause, auch sie hat ein wenig Fieber und fühlt sich schlecht.

»Mach dir ein Brot, wir essen bald!«

»Ich will jetzt etwas Richtiges zu essen!«

Die Mutter hat nicht die Kraft, sich durchzusetzen. Es finden sich noch einige Reste im Kühlschrank, die sie in der Mikrowelle aufwärmt. Der Junge hängt über dem Tisch, stochert ein wenig im Essen herum und schiebt dann den Teller mit den Worten von sich: »Kannst du nicht kochen? Im Fernsehen gibt es Kochsendungen!«

Die Mutter wird wütend und lässt eine Tirade ab, wie sie von Kopfschmerzen geplagte Personen mittleren Alters manchmal innerhalb der eigenen vier Wände zum Besten geben. Der Junge hat Tränen in den Augen, steht vom Tisch auf, reißt den Stuhl um, geht in sein Zimmer und schlägt die Tür hinter sich zu. Die Mutter geht in der Küche auf und ab und schimpft leise, wird dann aber von dem quälenden schlechten Gewissen ergriffen, das zur modernen Elternschaft gehört, und entschließt sich, die Sache richtig zu stellen.

Der Junge liegt auf dem Bett mit einem Kissen über dem Kopf, die Mutter setzt sich vorsichtig und sagt:

»Du, es tut mir Leid, ich wollte das nicht sagen …«

»Geh raus und mach die Tür zu!«

»Aber hör doch, es tut mir Leid. Komm jetzt.«

»Hau ab, habe ich gesagt. Ich will in Ruhe gelassen werden!«

Der Junge weint. Was bedeutet Musikalität in solch einer Situation? Bleiben oder gehen?

Eine weitere wichtige Voraussetzung dafür, dass ein Kind in aller Ruhe das subjektive Selbst zu erforschen wagt, ist Vorhersagbarkeit. Das kleine Kind muss wissen, dass der Erwachsene da ist, sowohl räumlich als auch geistig. Das hat mit dem Ziehen von Grenzen zu tun.

Die Diskussionen um diese Frage haben in den letzten Jahren unterschiedliche Richtungen genommen. Bruno Bettelheim, der kürzlich verstorbene amerikanische Kinderpsychiater, ist in seinem Buch »Ein Leben für Kinder«, das er in hohem Alter schrieb, geradezu schockierend unmodern. Er rät uns, mit dem Ziehen von Grenzen vorsichtig zu sein, damit wir das Kind nicht unnötig einschränken. Kinder brauchen Ermahnung, sie müssen selbst ausprobieren, auch einmal Misserfolge haben und so selbst herausfinden, was geht und was nicht. Wenn wir zu viel über die Kinder bestimmen, dann lernen sie schnell, was *wir* über bestimmte Dinge denken, werden jedoch niemals das *innere Regelsystem* aufbauen, das sie später im Leben dringend brauchen. Das hat viel mit Selbstachtung zu tun:

»Wenn wir ein Kind zurechtweisen und erst recht wenn wir ihm befehlen, was es zu tun hat, beeinträchtigt das sein Selbstwertgefühl, indem es ihm seine Mängel bewusst macht. Selbst wenn es gehorcht, bringt ihm die Zurechtweisung keinen Nutzen. Sie ist der Bildung einer unabhängigen Persönlichkeit nicht förderlich. Die seinem Verhalten zugrunde liegenden Grundsätze oder Vorstellungen werden sich nur ändern, wenn es selbst merkt, dass eine Änderung ihm das einbringt, was es im tiefsten Innern anstrebt: nämlich Selbstachtung.«[6]

Bettelheim sagt, dass Eltern ihre Kinder stattdessen lieben und ihnen als Eltern nahe sein sollen. Leben Sie mit Ihren Kindern und benutzen Sie klare Ich-Botschaften. Sagen Sie:»Ich glaube ...«, nicht:»Du sollst ...«. Und, was am allerwichtigsten ist, zeigen Sie Ihren Kindern durch ihre eigenen Handlungen, was Liebe, Großzügigkeit und Ehrlichkeit ist. Alles andere wird sich fügen! Bettelheim hegt eine große Wut gegenüber der früher vorherrschenden autoritären Erziehungsmethode, aber es wäre falsch zu glauben, dass er deshalb allgemeine Grenzenlosigkeit predigte. Er setzt sich vielmehr für *natürliche Grenzen* ein, die auf Nähe und Respekt gegründet sind.

Bettelheims sehr viel jüngerer finnischer Kollege Jaki Sinkkonen sieht die Sache jedoch anders. In seinem Buch *Till små pojkars försvar* (»Zur Verteidigung kleiner Jungen«) greift er Bettelheim heftig an, da dieser sich so sanft und verständig zeige, wie es in heutiger Zeit nicht mehr angebracht sei. Sinkkonen sagt, dass das Kind in unserer verwirrenden Welt, in der die unterschiedlichsten Botschaften einander kreuzen, Konsequenz, klare Grenzen und eine handfeste Wegweisung brauche, die gern durch Körperkontakt vermittelt werden dürfe. Er entwirft eine Methode der Grenzsetzung, in der Eltern lernen sollen, mit störrischen Kindern Kontakt aufzunehmen, indem sie sie mit Gewalt im Arm halten, auch wenn sie dabei heftigen Widerstand leisten.

Hinter Sinkkonens Ideen steht die Reaktion auf das, was er die Überforderung der Eltern nennt. Er meint, dass alles Gerede davon, Vorbild sein zu müssen, seine Kinder zu lieben, verständnisvoll zu sein und, nicht zuletzt, »ausreichend gute Eltern« sein zu müssen, jeden Menschen fertig machen könne. Mutter beziehungsweise Vater zu sein bedeute heutzutage, ständig mit seinen Defiziten und dem Gefühl der Unzulänglichkeit konfrontiert zu sein. Niemand fühlte sich »ausreichend gut«. Deshalb müsse man Eltern sagen, dass sie so gut sind, wie sie sind. Und sie brauchten einfache, handfeste Ratschläge, die leicht zu befolgen sind.

Was hätte Bettelheim darauf geantwortet? Vielleicht hätte er darauf hingewiesen, dass Winnicotts Begriff »good enough parent«, eingesetzt worden war, um auf die Gefahr hinzuweisen, die der Anspruch, ein »super parent« sein zu wollen, mit sich bringt. Nun wird er plötzlich als Überforderung aufgefasst. Was sagt das über unsere Zeit? Vielleicht hätte Bettelheim auch gesagt, dass er sich gut vorstellen könne, ein Kind manchmal festzuhalten, dass das aber nicht als Standardmethode angewendet werden dürfe. Mit dem Alter wächst die Skepsis gegenüber »Methoden«, und Bettelheim war über achtzig Jahre alt, als er sein Buch veröffentlichte. Vielleicht rührt diese Skepsis aus einer größeren Lebenserfahrung.

Auch Janusz Korczak und Winnicott argumentieren ähnlich wie Bettelheim. Korczak schreibt in seinem Buch »Das Recht des Kindes auf Achtung« mit großer Ironie über die Kindererziehung seiner Zeit:

»Welche Rolle spielt der Erzieher bei uns (...)? (...) Ein Viehhirte, der aufpassen muss, dass seine Herde keinen Schaden anrichtet, die Erwachsenen bei der Arbeit und bei der fröhlichen Erholung nicht stört. (…) Ein Kramladen für Befürchtungen und Warnungen, ein Marktstand für moralische Trödlerware, ein Ausschank für denaturiertes Wissen, das befangen macht, verwirrt und einschläfert, anstatt aufzurütteln, zu beleben und zu erfreuen.«[7]

Ich habe selbst Kinder getroffen, eigene und die von anderen, die überhaupt keine durch Erwachsene gesetzten Grenzen brauchten. Wenn ein Erwachsener seine Stimme erhebt und einige Aufforderungen ausstößt, sehen solche Kinder höchstens erstaunt aus:»Das ist ja furchtbar, wie du schreist. Warum redest du so mit mir? Ich mache ja doch, was ich will.« Und sie gehen fort, machen, was sie wollen, ecken manchmal an, kommen aber doch erstaunlich gut zurecht, auch wenn sie überhaupt nicht der Richtung folgen, die wir als Eltern meinten ihnen weisen zu müssen.

Dies sind sichere Kinder, die schon früh viel Liebe erfahren haben. Sie sind selbständig, vertrauensvoll, aber auch sensibel. In uns Erwachsenen lesen sie mit großer Genauigkeit, sie wissen exakt, was wir denken, schon bevor wir den Mund aufmachen. Wenn wir Ermahnungen aussprechen, beschweren sie sich:»Du glaubst wohl, ich kapiere gar nichts, oder?« Jede Ermahnung fassen sie als eine Verletzung ihrer Integrität auf.

Aber ich habe auch schon Kinder getroffen, eigene und die von anderen, die unglücklich und verwirrt waren, wenn wir ihnen nicht deutlich ein Fahrwasser gezeigt haben, zumindest in bestimmten Phasen. Grenzen müssen immer individuell gesetzt werden, vor allem wenn wir meinen, dass es für die Kinder geschehen soll, nicht zu unserem eigenen Vorteil.

Was meinen wir, wenn wir davon reden, Grenzen zu setzen? Diese Frage muss präzisiert werden. Manche Menschen setzen das Ziehen von Grenzen mit der Autorität der Erwachsenen gleich. Das ist eine stark vereinfachte Sichtweise. Ich habe zuvor von *natürlichen Grenzen* gesprochen, die man mit Hilfe klarer Ich-Botschaften, mit Nähe und Respekt für das Kind durchsetzt. Als Zusatz hierzu sollten wir auch den Begriff *gemeinsame Grenzen* einführen, eine Form der Grenzziehung im Geiste der UN-Deklaration. Ein gutes Beispiel hierfür ist das friedliche Zusammenleben zwischen zwei Nachbarländern.

Zwischen zwei Nationen entsteht ein Grenzstreit. Die Karte ist nicht ganz exakt, die Grenzsteine sind verwittert und die Bevölkerung hat unterschiedliche Auffassungen darüber, wo die Grenze zu ziehen sei. Die Staaten richten eine gemeinsame Grenzkommission ein. Man besucht die betreffende Gegend mit Unterhändlern, Landvermessern und Kartenzeichnern. Nach einigen Tagen hat man sich geeinigt, die Grenze wird markiert und auf einer Karte, die alle abzeichnen, genau festgehalten. Beide Parteien erklären sich bereit, die neue Grenze zu respektieren.

Dies setzt voraus, dass beide Nationen die Souveränität der anderen respektieren. Können Eltern und Kinder das auf ähnliche Weise? Sind es nicht die Eltern, die die Hauptverantwortung tragen und deshalb auch bestimmen müssen?

Die Kinder-Konvention zeigt einen anderen Weg auf. Kinder sind auch Menschen, sie sollen im Grunde dieselben Rechte haben wie Erwachsene und sie sollen so bald wie möglich in Gespräche hineingezogen werden, in denen über gemeinsame Spielregeln diskutiert wird.

Wenn Kinder das Alter und die Reife erlangen, in dem sie sagen können, was sie glauben, und für ihre Worte einstehen können, dann sollen sie auch mitbestimmen dürfen. Unsere Aufgabe als Eltern soll es sein, dafür zu sorgen, dass ein Gespräch stattfindet und dass die Regeln angewendet werden. Das ändert allerdings nichts daran, dass wir als Eltern immer noch die größte Verantwortung tragen: Wir dürfen niemals eine Übereinkunft mit den Kindern akzeptieren, die sich schlecht für sie auswirken würde.

Eine Übereinkunft ist eine Form der Grenzziehung. Man einigt sich gemeinsam darauf, wo die Grenzen verlaufen und wie die Regeln aussehen sollen. Man nimmt und gibt, versucht einig zu werden und sich an das zu halten, worauf man sich verständigt hat.

Das ist nicht einfach. Demokratie ist ein mühsamer Prozess, auch wenn wir an die Idee glauben. Lassen Sie mich diese Diskussion zusammenfassen, indem ich drei völlig unterschiedliche Prinzipien der Grenzziehung aufzeige: die Richtschnur, das Richtzeichen und den Grenzgang.

Das Prinzip der Richtschnur bedeutet, dass der Erwachsene über das Kind bestimmt. Um Klarheit zu schaffen, sagen die Erwachsenen, was zu gelten hat, und sie kontrollieren, ob die Kinder sich an die Regeln halten, die die Erwachsenen festgelegt haben.

Wer dem Prinzip der Richtschnur folgt, pflegt darauf hinzuweisen, wie wichtig es doch ist, dass Erwachsene heutzutage wirklich wagen, erwachsen zu sein und Verantwortung für die Erziehung der Kinder zu übernehmen. Sie halten Konsequenz für wichtig und meinen deshalb, dass Erwachsene sich untereinander einigen sollten, welche Regeln gelten müssen. Eltern sollten miteinander, mit dem Kindergartenpersonal und mit den Lehrern in der Schule reden. Kinder sollten einer überzeugten und gemeinsamen Haltung begegnen, damit sie wissen, was gilt, und die Erwachsenen nicht gegeneinander ausspielen können. In dieser Denkweise spielen Bestrafungen eine große Rolle. Sie sollten gerecht und konsequent sein. Kinder sollten wissen, dass bestimmte Verfehlungen vorhersagbare Folgen haben.

Die Richtschnur stammt aus dem Maurerhandwerk. Der Maurer spannt eine Richtschnur auf, damit die Mauer gerade wird. Diese einfache Schnur ist seit langem ein Symbol für Gesetz und Recht. Im Buch Jesaja kann man lesen: »Und ich will das Recht zur Richtschnur und die Gerechtigkeit zum Gewicht machen (…).« (Jes. 28, 17)

Jesaja gibt einen wichtigen Hinweis: Man braucht nicht nur eine Richtschnur, sondern auch ein Lot. Wer für die autoritäre Grenzziehung nach dem Prinzip der Richtschnur eintritt, darf das Lot nicht vergessen. Die Bestimmungen müssen in einer Ethik der Gerechtigkeit verankert sein, sonst artet das Ganze schnell in eine Tyrannei aus. Wer über Kinder bestimmen will, muss also einen Sinn für das Menschliche haben und offen für Diskussion und Anregungen sein.

Das Prinzip der Richtzeichen gilt bei der natürlichen Grenzziehung, für die sich unter anderen Bruno Bettelheim ausspricht. Ihre Anhänger sind oft von tiefer Skepsis gegenüber dem autoritären System überhaupt beseelt. Sie verweisen auf die eigene Kompetenz des Kindes und auf sein Recht, mit Respekt behandelt zu werden.

Eltern, Kindergartenpersonal und Lehrer sind unterschiedliche Menschen und müssen deshalb auch unterschiedlich auftreten. Ehrlichkeit und das offene Zeigen echter Gefühle ist das Wichtige. Die Erwachsenen sollten immer zeigen, wo und wer sie sind, um so lebende Richtzeichen für das Kind zu sein. Was wir als Erwachsene tun, hat viel größere Bedeutung als das, was wir sagen.

Diejenigen, die an das Prinzip der Richtzeichen glauben, sind oft sehr misstrauisch gegenüber Erwachsenen, die sich gegen die Kinder »verbünden« wollen. Außerdem glauben sie nicht an Bestrafungen, denn sie meinen, dass das Kind aus einer Strafe nichts lernt, sondern nur aus der unmittelbaren und klaren Reaktion des Erwachsenen auf das, was geschehen ist.

Das Richtzeichen ist ursprünglich ein Begriff aus der Seefahrt. Der Steuermann oder der Lotse navigiert mit Hilfe von verschiedenen Richtzeichen, die an Land stehen. Dabei sollte man aber sowohl die Kinder als auch die Erwachsenen an eine weitere wichtige Seemannsregel erinnern: Wenn ein Sturm aufzieht, muss der erfahrenste Steuermann das Ruder übernehmen. Auf einer Intensivstation wird heute ein Arbeitsstil gepflegt, der mit der natürlichen Grenzziehung verglichen werden kann: Alle wissen, was getan werden muss, und deshalb müssen keine Anordnungen gegeben werden. Tritt jedoch ein Herzalarm ein, dann verändert sich das Beschlusssystem innerhalb von Bruchteilen einer Sekunde. Ein autoritäres System tritt in Kraft, und der Erfahrenste übernimmt das Kommando.

Ähnliche Situationen können auch zu Hause, in der Schule oder in Jugendgruppen auftreten.

Das Prinzip des Grenzziehens gilt bei gemeinsamer oder demokratischer Entscheidung über Grenzen. Hier werden Kind und Erwachsene als gleichberechtigte Partner angesehen. Wir alle sind Menschen, die versuchen sollten, miteinander einig zu werden und einen Weg zu finden, um gemeinsam zu leben. Die Grenzziehung geschieht so lange wie möglich mittels gemeinsamer Vereinbarungen und Verträge. Alle sollen bekommen, was ihnen zusteht, es wird ein guter Kompromiss angestrebt. Erst wenn ein Kind einer solchen Grenzziehung nicht gewachsen ist, darf der Erwachsene unter gewissen Voraussetzungen bestimmen. Aber wann immer ein Erwachsener ein Kind zu etwas zwingt, muss das als Niederlage angesehen werden, und man wird angehalten, das nächste Mal eine besser verankerte Übereinkunft zu erzielen.

Die Grenzziehung ist ein Begriff aus der Landvermessung. Früher meinte man damit eine im Wald ausgehauene Schneise zwischen verschiedenen Landstücken. Eine Grenze sollte immer deutlich kenntlich sein, so dass keine Unklarheiten über ihren Verlauf aufkommen können. Jeder Waldbesitzer trägt Verantwortung dafür, dass die Grenze nicht zuwächst.

Früher wurden Grenzen durch Steine oder Grenzmale markiert. In Ecken, wo verschiedene Waldstücke aufeinandertrafen, wurde ein Grenzstein gesetzt. Man findet sie noch heute, oft von Moos überwachsen.

Wer an das Prinzip der Grenzziehung glaubt, weiß, wie wichtig es ist, dass Vereinbarungen eingehalten werden. Grenzen zu setzen darf dabei aber nicht heißen, jemanden zähmen zu wollen, es sei denn, wir geben dem Begriff »zähmen« eine weitergehende Bedeutung.

In »Der kleine Prinz« von Antoine de Saint-Exupéry gibt es einen hintergründigen Dialog, der ein neues und unerwartetes Licht auf das Mysterium der Landschaft des subjektiven Selbst wirft. Saint-Exupéry berichtet, dass er im Zusammenhang mit einer Notlandung in der Sahara dem kleinen Prinzen begegnete, der kurz zuvor vom Asteroiden B 612 auf die Erde gekommen war. Das Buch erzählt von der erstaunlichen Reise des kleinen Prinzen, der in der Wüste schon einen Fuchs getroffen hatte:

»›Komm und spiel mit mir‹, schlug ihm der kleine Prinz vor. ›Ich bin so traurig …‹
›Ich kann nicht mit dir spielen‹, sagte der Fuchs. ›Ich bin noch nicht gezähmt!‹ (…)
›Was heißt zähmen?‹
›Das ist eine in Vergessenheit geratene Sache‹, sagte der Fuchs. ›Es bedeutet: sich vertraut machen.‹
›Vertraut machen?‹
›Gewiss‹, sagte der Fuchs. ›Du bist für mich noch nichts als ein kleiner Knabe, der hunderttausend kleinen Knaben völlig gleicht. Ich brauche dich nicht und du brauchst mich ebensowenig. Ich bin für dich nur ein Fuchs, der hunderttausend Füchsen gleicht. Aber wenn du mich zähmst, werden wir einander brauchen. Du wirst für mich einzig sein in der Welt. Ich werde für dich einzig sein in der Welt …‹
›Ich beginne zu verstehen‹, sagte der kleine Prinz. ›Es gibt eine Blume … ich glaube, sie hat mich gezähmt …‹
›Das ist möglich‹, sagte der Fuchs. ›Man trifft auf der Erde alle möglichen Dinge …‹
›Oh, das ist nicht auf der Erde‹, sagte der kleine Prinz.«[8]

»Die Vertragsstaaten sichern dem Kind, das fähig ist,
sich eine eigene Meinung zu bilden, das Recht zu,
diese Meinung in allen das Kind berührenden Angelegenheiten
frei zu äußern, und berücksichtigen die Meinung des Kindes
angemessen und entsprechend seinem Alter und seiner Reife.«
Übereinkommen über die Rechte des Kindes, Artikel 12, Absatz 1

Der Artikel 12 ist die radikalste Bestimmung in dem Übereinkommen über die Rechte des Kindes. Er verleiht dem Kind das Recht, seine Ansichten darzulegen, und verlangt von allen Erwachsenen, dass sie Kinder und das, was sie zu sagen haben, mit allergrößtem Ernst beachten. Dieser Artikel verleiht einer Idee Ausdruck, die sich aus einem allgemeinen Menschenrecht ergibt, nämlich dem Recht, sich zu Fragen, die einen angehen, äußern zu dürfen. Das verlangt von uns anderen – Mitmenschen, Pädagogen, Politikern –, dass wir genau hinhören und uns in das hineinversetzen, was der andere sagen will, selbst wenn es diesem vielleicht schwer fällt, sich auszudrücken. So hat auch jedes Kind das Recht, angehört zu werden.

Es geht hier um die Fähigkeit, den anderen zu sehen und seine Andersartigkeit zu akzeptieren. Diese Fähigkeit erwächst aus der Landschaft des subjektiven Selbst, und um sie zu entwickeln, muss ein Mensch Kontakt zu seinem subjektiven Selbst haben.

Wiederholte schmerzliche Trennungen von dem Menschen, an den sich das Kind von klein auf gebunden hat, können für lange Zeit Vertrauen unmöglich machen. So hat die Pionierarbeit, die unter anderen John Bowlby und Anna Freud leisteten, die die Situation der Waisenhauskinder in der Nachkriegszeit untersuchten, einen Prozess angestoßen, der noch nicht beendet ist, zumal er immer wieder behindert wurde.

Man ist sich heutzutage darüber einig, dass Kinder nicht über längere Zeit ohne Eltern im Krankenhaus sein sollten, vor allem dann nicht, wenn sie noch im Vorschulalter sind. Als junger Kinderarzt habe ich in den 60er Jahren selbst zu denen gehört, die Eltern davon überzeugen wollten, dass es richtig sei, seine Kinder im Krankenhaus allein zu lassen. Als *Save the Children* zu Beginn der 70er Jahre eine Kampagne für die Rechte des Kindes im Krankenhaus führte, begegnete diese einem wütenden und aggressiven Widerstand von Seiten der Kliniken. Heute wird ein Kind nur dann ohne Kontakt zu den Eltern im Krankenhaus oder Kinderheim sein, wenn dies für die Sicherheit und seelische Gesundheit des Kindes unbedingt notwendig ist – es bleibt aber immer eine Notlösung. In früheren Zeiten dagegen sind Kinder auch hierzulande oft längere Zeit allein in ein Heim gegeben worden. Vielleicht bewegen uns deshalb die Berichte in den Medien so sehr, wo die schrecklichen Zustände von Kinderheimen in Osteuropa, im Baltikum und China beschrieben werden.

Die großen Hilfsorganisationen sind sich heute einig, dass Kinder aus Kriegsgebieten nicht evakuiert werden sollten, wenn nicht wenigstens ein Elternteil dabei sein kann, denn man weiß, dass Kinder, die wiederholt einschneidenden Trennungen ausgesetzt waren, keine engen Beziehungen zu anderen Menschen mehr aufbauen können. Die Angst, verlassen zu werden, nimmt bei ihnen überhand, es folgt daraus eine eifersüchtige Überwachung des anderen, schlimmstenfalls eine krankhafte Kontrollsucht.

Oft genug geschieht noch etwas anderes: Das Kind und später der Erwachsene verachtet sich selbst für seine Abhängigkeit und verliert damit auf einer tieferen Ebene den Kontakt zu seinen Gefühlen. Außen wirkt er normal, auch in einer engen Beziehung, aber unter der Oberfläche wird ständig ein Katastrophenplan entworfen für den Fall, dass er verlassen werden sollte. Das Bedürfnis nach Kontrolle über die Situation führt sogar oft dazu, dass derjenige, der die meiste Angst vor einem Betrug hat, der erste ist, der betrügt – quasi als vorbeugende Maßnahme. Und ein anderer Mensch bleibt dann auf der Strecke, ohne zu wissen, was geschehen ist: »Warum gehst du einfach? Wir können doch wenigstens erst einmal darüber reden!«

Die Frage ist, ob auch weniger dramatische Trennungen in der frühen Kindheit vergleichbare Folgen haben. In diesem Zusammenhang wird oft darüber diskutiert, ob es gut sei, die Kinder früh in einer Tagesstätte unterzubringen. Manche meinen, dass die Rastlosigkeit und die Selbstbezogenheit, die viele Kinder heute an den Tag legen, mit der frühen Trennung von den Eltern zusammenhängt. In Schweden, wo viele Mütter berufstätig sind und Kinder deshalb schon im Alter von sechs Monaten in eine Tagesstätte gegeben werden, ist inzwischen eine Studie durchgeführt worden. Demnach scheint es so, als würden diese Kinder, was soziale Kompetenz, verbales Ausdrucksvermögen und schulische Leistungen angeht, besser zurechtkommen als andere. Allerdings wird auch darauf hingewiesen, dass natürlich die Qualität der Tagesstätte und die Kompetenz und Kontinuität des dortigen Personals eine große Rolle spielen. Und letztendlich spielen die Zustände zu Hause und das soziale Milieu die größte Rolle für die Entwicklung der Kinder.

Es gibt also keine Anhaltspunkte, dass der frühe Eintritt in eine Tagesstätte oder der Besuch einer Tagesmutter schädliche Einflüsse auf die Entwicklung des subjektiven Selbst des Kindes haben. Man darf auch nicht vergessen, dass der Kontakt mit anderen Kindern – in der Tagesstätte oder der Tagesgruppe – ein wichtiges pädagogisches Stimulans und ein soziales Training für die Kinder bedeuten. Auf der anderen Seite ist es wichtig, dass ein Kind, das große Teile seines Tages in der Tagesstätte verbringt, nicht noch anderen vermeidbaren Trennungen ausgesetzt wird. Wenn ich danach gefragt werde, rate ich fast immer von zufälligen oder dem Kind unbekannten Babysittern ab, wie auch davon, dass die Eltern das Kind woanders unterbringen, um allein in Urlaub zu fahren. »Nehmen Sie das Kind mit!«, sage ich dann und habe mir damit den Unmut derer zugezogen, die meinen, dass ich wohl nicht verstehe, wie wichtig es für die gestressten modernen Eltern ist, einmal ohne Kinder zu sein.

Kehren wir kurz zurück zur »Musikalität« der Erwachsenen und Winnicotts Beispiel mit dem Spatel. Er meint, dass ein üblicher Fehler, den wir im Umgang mit Kindern begehen, darin besteht, dass wir das Kind unter Stress setzen, indem wir ihm

Dinge in die Hand geben, ehe es selbst bereit ist, sie anzunehmen. Damit aber berauben wir das Kind der Chance, selbst zu sehen und zu entdecken. Wir meinen stets zu wissen, was das Kind braucht und was für es gut ist. Deshalb warten wir nicht, bis das Kind selbst etwas entdeckt.

Meist ist es so, dass wir es einfach eilig haben. Wir haben ein eigenes Lebenstempo, das nicht an die Bedürfnisse des Kindes angepasst ist. Ist es überhaupt an unsere eigenen Bedürfnisse angepasst? Kann das Kind sich einmal selbst anziehen, dann drängen wir es, damit es den Bus nicht verpasst. Wir scheuchen es zum Fußballtraining, anstatt einen langen Spaziergang mit ihm zu unternehmen und über das zu reden, was am Tag passiert ist. Wir kaufen einen Fernseher für das Kinderzimmer, anstatt eine Gutenachtgeschichte zu lesen.

Aber es ist nicht nur so, dass wir keine Zeit haben. Wir neigen dazu, die Kinder vor uns herzutreiben. Anstatt wie ein Schäfer in aller Ruhe vorwärts zu gehen und darauf zu vertrauen, dass die anderen schon nachkommen werden, machen wir uns zu Treibern. Wir gehen hinterher und versuchen mit Rufen und Schlagen, mit Ermuntern und Bestrafen das Kind in die Richtung zu lenken, die wir für die richtige halten. Viele Kinder erleben ihre Eltern und andere Erwachsene als Trainer am Spielfeldrand: »Jetzt ran! Nun aber! Los jetzt!« Ist man nicht schnell genug, dann kann es sein, dass man ausgewechselt wird, zumindest als Gegenstand der Liebe des Erwachsenen. Wo aber verläuft die Grenze zwischen der Ermunterung und der Wegweisung, die alle Kinder brauchen, und der Steuerung durch den Erwachsenen, der dem Kind Sand in sein Getriebe streut und Stresskrankheiten verursacht?

Die »schwarze Pädagogik«, die am besten von Alice Miller, zum Beispiel in »Abbruch der Schweigemauer«, beschrieben wurde, kann als extreme Variante eines Erziehungsmodells aufgefasst werden, in dem der Erwachsene meint, immer alles am besten zu wissen. Das Kind wird hier als ein unwissendes, unentwickeltes Individuum angesehen, von Natur aus in Sünde geboren, selbstisch, gierig und böse. Die schwere Pflicht des Erwachsenen ist es, die Pflanze zurechtzustutzen, das Unkraut auszureißen und das Kind zu einem anständigen Erwachsenen zu formen.

In »Geschichte der Kindheit« diskutiert Philippe Ariès, wie diese Sicht des Kindes und die unterdrückende Erziehung, die daraus folgte, entstehen konnten. Er sieht den Anfang in Europa zu Beginn des Mittelalters. Aus der Zeit davor ist nicht viel dokumentiert, es weist aber viel darauf hin, dass Kinder damals besser behandelt wurden, da man größeren Respekt vor ihrem Wert als Menschen hatte.

Anthropologische Untersuchungen haben gezeigt, dass Nomadenvölker in den unterschiedlichsten Teilen der Welt ihren Kindern mit ganz anderem Respekt begegneten, als dies in unseren Breiten der Fall war. So hat es zum Beispiel nur ganz selten Schläge gegeben. In Indianerkulturen, unter den Eskimos und den Völkern Polynesiens gab es die Vorstellung von der »Heiligkeit« kleiner Kinder, die Schläge völlig undenkbar machten und tabuisierten. Ein Kind zu schlagen bedeutete, den Geist des Kindes aus dem Körper zu vertreiben. Und dieser Geist stammte, zumindest im Glauben der Eskimos und der Samen, von einem früher verstorbenen Ahnen.

In der frühen christlichen Kirche hatte das Kind auch eine starke Stellung. Jesus verwies oft auf das Vorbild der Kinder. Den Kindern gehörte das Himmelreich, ein Kind zu sein hieß, Kontakt zu Gott zu haben. Jesus meinte, dass es Kindern leichter falle als Erwachsenen, wichtige, existentielle Fragen zu verstehen.

Diese Sichtweise der Kinder als den engsten Vertrauten Gottes unter den Menschen, die man in dem Begriff »das göttliche Kind« zusammenfassen kann, lebte lange in der Ostkirche und hat auch den Grund zu Gibrans berühmtem Gedicht gelegt. Auch im frühen Islam gab es diese Vorstellung von der Heiligkeit des Kindes, die in einigen Texten des Korans belegt ist.

Es ist deshalb schockierend zu sehen, wie fundamentalistische Strömungen innerhalb des Christentums wie auch im Islam vom Mittelalter bis in unsere Zeit die Abwertung des Kindes und seiner Rechte zugunsten einer unterdrückenden und zerstörerischen Erziehung betrieben haben. Noch heute kann man in gewissen christlichen Kreisen einer halsstarrigen Begründung dafür begegnen, warum Eltern ihre Kinder schlagen sollten. Wie konnte das geschehen?

Moderne Untersuchungen weisen darauf hin, dass Schläge immer seltener werden, aber andere Studien, die auf Befragungen von Kindern gründen, machen deutlich, dass etwa zehn Prozent der Schulkinder immer noch angeben, von ihren Eltern geschlagen zu werden. Die schwerwiegende Misshandlung von Kindern ist noch lange nicht besiegt, vielmehr ist die Zahl solcher Fälle in den 90er Jahren gestiegen. Oft ist diese Misshandlung heute mehr ein Ausdruck allgemeiner Verzweiflung und Machtlosigkeit als einer Machtausübung im Zusammenhang mit der Erziehung. Es gibt einen wohldokumentierten Zusammenhang zwischen Schlägen und Kindesmisshandlung. Je mehr man sein Kind im Alltag schlägt, desto härter schlägt man zu, wenn man verzweifelt ist.

In der schwarzen Pädagogik sind Schläge nur eines von vielen Instrumenten, das Kind zu demütigen und seinen Willen zu brechen. Andere Methoden sind die Isolation des Kindes, indem man es einsperrt oder mental aushungert. Wieder andere Mittel, zum Beispiel verbale Kränkungen und Ironie, sollen erreichen, dass das Kind sich dumm, wertlos und mit Scham belegt fühlt.

Ich möchte meinen, dass die schwarze Pädagogik, zumindest als System, heute weniger gebräuchlich ist als früher. Wir begegnen heute weniger eingeschüchterten und neurotischen Kindern als noch in den 50er Jahren. Die Kinder, denen es schlecht geht, werden heute eher beachtet. Sie sind hyperaktiv und anstrengend. Die Kinder wehren sich heute mehr als früher, das ist ein Schritt in die richtige Richtung.

Als Arzt bin ich es gewohnt, Teststreifen anzuwenden, zum Beispiel solche, die schnell zeigen, ob der Urin eine Spur von Eiweiß, Zucker oder Bakterien aufweist. Ich habe aber auch einen solchen schnellen Test entwickelt, um festzustellen, ob eine Familie oder eine Einrichtung für Kinder Spuren von schwarzer Pädagogik enthält; ich nenne es den »SP-Test«. Man muss dabei auf Aussprüche achten, die ein Erwachsener in einer bestimmten Situation Kindern gegenüber tut. Wenn eine der nun folgenden Phrasen verwendet wird, färbt sich der Teststreifen dunkelblau, bei zweien braun, bei allen dreien pechschwarz.

1. »*Dass du aber auch niemals lernen kannst zu gehorchen!*« Wenn man lernt zu gehorchen, dann heißt das nichts anderes, als dass man lernt, das zu tun, was die Erwachsenen sagen, ohne dies in Frage zu stellen oder eine Motivierung zu verlangen. Hinter dieser Idee steht der Gedanke, dass die Erwachsenen immer alles besser wissen und dass es deshalb für alle das Beste ist, wenn das Kind tut, was die Erwachsenen sagen.

Gehorsam ist ein Begriff, der an militärische Disziplin erinnert, und er sollte niemals im Zusammenhang mit Kindern verwendet werden. Schon Pippi Langstrumpf predigte das Recht des Kindes auf zivilen Ungehorsam, wenn die Erwachsenen nicht richtig für die Kinder sorgen.

Will man herausbekommen, ob das, was man zu einem Kind sagt, respektvoll ausgedrückt ist, dann muss man sich nur vorstellen, man würde denselben Satz zu dem erwachsenen Partner sagen, mit dem man zusammenlebt. »Dass du aber auch niemals lernen kannst zu gehorchen!«, gehört wohl kaum zu den Phrasen, die man zwischen Erwachsenen hört. Warum also muss sich ein Kind so etwas anhören?

Es gibt einen Unterschied zwischen dem Ausruf: »Dass du aber auch niemals lernen kannst zu gehorchen!« und dem Satz: »Warum hältst du dich nicht an das, was wir vereinbart haben?«

2. »*Du solltest dich schämen!*« Jemanden mit Scham zu belegen ist ein dunkles Kapitel in unserer Kultur. Der Schandpfahl und das Sünderbänkchen in der Kirche, die »Ecke«, in der man in der Schule stehen muss, die Schambank im Kindergarten (eine besondere Bank, wo Kinder sitzen und sich schämen müssen, bis sie um Verzeihung bitten), die dunkle Kammer in manch einem Zuhause ...

Das Prinzip war hierbei, das Kind (oder den Erwachsenen) zu bestrafen, indem man es von den anderen isolierte, als Sünder ausmachte und der schmählichen Behandlung des Mobs aussetzte. Derjenige, der etwas falsch gemacht hatte, sollte sich so auf immer daran erinnern, er sollte Zeit haben, über seine

Untat nachzudenken, ein schlechtes Gewissen bekommen, seine Tat bereuen und wieder gutmachen. Der einzige Weg, wieder in die Gemeinschaft aufgenommen zu werden, war, den Strafenden demütig um Verzeihung zu bitten.

Das Belegen mit Scham ist eine Form der Machtausübung. Es ist der Strafende, der darüber entscheidet, was richtig und was falsch ist, wofür der vermeintlich Schuldige sich schämen und wie stark er gedemütigt werden soll. Eine Richtigstellung wird es dabei nie geben. Wenn das Kind sein »Entschuldigung!« gesagt hat, dann ist das lediglich der Beleg für die Unterwerfung.

Auch wenn der Ausspruch »Du solltest dich schämen!« nicht von irgendeiner Strafe begleitet wird, wirkt er kränkend. Er zeigt, dass man der Fähigkeit des Kindes, selbst etwas zu spüren, misstraut. Der Erwachsene meint, es genüge nicht, etwas gesagt und auf das Verhalten des Kindes reagiert zu haben. Er möchte vielmehr zeigen, dass er weiß, was das Kind in einem bestimmten Moment spüren sollte, und er möchte dieses Gefühl von außen in das Kind hineinlegen.

Der Erwachsene tritt wie ein Gärtner in der Selbstlandschaft des Kindes auf. Er meint, der Apfelbaum des Kindes trage schlechte Frucht, und versucht ihn durch Stecklinge zu verbessern, als ob das Kind seinen Garten nicht selbst bestellen könne.

Es gibt einen Unterschied zwischen dem Ausruf: »Du solltest dich schämen!« und »Jetzt bin ich wirklich wütend auf dich!«

3. *»Musst du dich mal wieder wichtig machen?«* Dieser Satz ist eine der typischen abwertenden Formulierungen. Dasselbe Testergebnis beim SP-Test rufen die Phrasen »Du hältst dich ja wohl für etwas Besonderes!«, »Werd bloß nicht aufmüpfig!«, »Kannst du überhaupt irgendetwas richtig machen?« hervor.

Ich glaube, solche abwertenden Formulierungen sind in nordeuropäischen Ländern besonders verbreitet. Es tut weh, wenn man sie hört. Ich bekam sie in meiner Kindheit, vor allem in der Schule, allzu oft zu hören. Noch immer kann ich den ironischen und selbstgefälligen Tonfall hören, den unsere Lehrer anschlugen, wenn sie so mit uns sprachen. Es ist, als hätten sich mir die Worte und die Art, wie sie ausgesprochen wurden, auf immer eingeprägt:»Glaub ja nicht, dass du etwas bist, du bist ein Dreck, nichts wert, und du wirst niemals etwas anderes sein!«

Es gibt einen Unterschied zwischen dem Ausruf:»Musst du dich mal wieder wichtig machen?« und dem Satz:»Nun musst du mal ruhig sein, damit ich auch etwas sagen kann!«

Ich möchte nun ein letztes Mal zu Winnicotts Beispiel mit dem Kind und dem Spatel zurückkehren, um einen anderen Fehler aufzuzeigen, den wir Erwachsenen gern begehen: Wir sind zu passiv und ziehen uns zurück. Wenn das Kind nicht gleich aufgreift, was wir ihm anbieten, fühlen wir uns zurückgewiesen und gekränkt.

Dies ist eine Haltung, die wir nicht nur Kindern, sondern allen Menschen gegenüber an den Tag legen. Wir sind zu »schüchtern« und wagen nicht, das Risiko einzugehen, uns einem anderen Menschen zu nähern, da unser Selbstwertgefühl gefährdet wäre, wenn er uns abweisen würde. Der Grund hierfür ist oft ein schwach ausgebildetes Kern-Selbst.

Hier spielen aber auch die Gesellschaftsform und der Zeitgeist, in dem wir leben, eine Rolle. Heute fühlen viele Menschen eine Unsicherheit, auch im Verhältnis zu anderen Erwachsenen. Wie soll ich mich einem anderen Menschen direkt und ehrlich nähern, ohne pathetisch oder peinlich zu wirken? Andere wirken so sicher, ihre Sprache ist so lässig, ihr Verhalten so modern. Und dann komme ich daher, unsicher und kein bisschen up to date, und sage, dass ich dich mag und dass ich mit dir über ein paar Dinge reden will, die ich wichtig finde – wie könnte ich das wagen?

Dieselbe Unsicherheit empfinden viele Erwachsene auch gegenüber ihren Kindern und vor allem gegenüber den Jugendlichen.»Die Eltern haben abgedankt«, heißt es, wenn man diejenigen beschreiben will, die sich allzu früh zurückziehen und weder Autorität noch Elternschaft auf andere Weise auszuüben wagen.»Wenn du allein zurechtkommen willst, dann ist es am besten, du tust das auch. Mach was du willst, wir werden schon sehen, wie es geht. Mir ist sowieso alles egal. Also mach mich bitte nicht verantwortlich.«

Allzu viele Kinder und Jugendliche werden auf diese Weise allein gelassen, und sie werden sich einige Zeit sehr schlecht fühlen, bis sie hoffentlich wieder festen Boden unter den Füßen spüren. Vielleicht sind wir, die wir so viele Jahre lang heftig gegen die schwarze Pädagogik und eine allzu autoritäre Erziehung protestiert haben, daran mitschuldig. Viele Eltern sind in einem Vakuum allein gelassen worden, wo die traditionellen Methoden, die sie anwendeten, verurteilt wurden, ohne dass man ihnen andere aufzeigte.

Es verändert sich jedoch einiges. Die meisten haben eingesehen, dass eine demokratischere Erziehung ein noch stärkeres gefühlsmäßiges Engagement seitens der Eltern erfordert, eine größere Nähe im Leben der Kinder und Jugendlichen und eine klare, natürliche Grenzziehung mit deutlichen Ich-Botschaften.

Um das zu schaffen, müssen Eltern mehr miteinander reden und auch einmal Hilfe in Anspruch nehmen. Cliquen, Jugendkultur und Drogen haben einen großen Einfluss auf unsere Jugendlichen und man muss dem eine Mobilisierung der Eltern entgegensetzen. Das heißt nicht, dass man auf den Kriegspfad gehen soll, sondern dass man sich als Mutter und Vater mehr Kraft und Mut verschaffen muss. Es sind die jungen Menschen, die von uns aus aufbrechen sollen, nicht umgekehrt.

Das Lebensthema der Landschaft des subjektiven Selbst ist die Nähe, ebenso wie die Distanz. Es geht hier um Abhängigkeit und Vertrauen und um die Heimkehr nach Hause, ebenso wie um Freiheit, Unabhängigkeit, Abenteuer und um das Überschreiten von Grenzen. Wir brauchen Nähe, um fühlen zu können, Distanz, um sehen zu können.

Um in der Nähe etwas sehen zu können, wählen wir ein Weitwinkelobjektiv, und ein Teleobjektiv, um aus der Distanz etwas deutlich erkennen zu können. Was wir aber besonders brauchen, ist die Zoom-Funktion. In der Bewegung selbst liegt das Geheimnis, in der Fähigkeit, jeden Moment zwischen unterschiedlichen Entfernungen wechseln zu können. Wenn die Sensoren einer Fledermaus nur »nah« oder »entfernt« registrieren könnten, würde das Tier im Dunkel der Nacht niemals Hindernissen und Gefahren ausweichen können. Nur wenn wir selbst in Bewegung sind, begreifen wir auch den Willen und die Richtung des anderen. Der Tänzer, der still steht, der Liebende, der nicht mehr liebt, der Fechter, der sich nicht mehr bewegt, sie werden die Absichten des anderen stets falsch interpretieren.

Wir brauchen Nähe, um fühlen zu können, Distanz, um sehen zu können, und die ständige Bewegung dazwischen, um richtig beurteilen, mit ganzem Herzen respektieren und befriedigt leben zu können.

Wenn dein kleines Boot
so lange im Hafen
vor Anker gelegen hat,
dass du das Gefühl hast,
es sei ein Haus,
wenn dein kleines Boot
Wurzeln zu schlagen beginnt
im Schlick am Kai,
dann ist es Zeit, Segel zu setzen!
Um jeden Preis musst du
die Seglerseele des Bootes
und deine eigene Pilgerseele retten.

Dom Helder Camara, – *mach aus mir einen Regenbogen*

Befreiende Sprache
Die Landschaft des verbalen Selbst

Ein Wort, an das ein Mensch sich hält,
kann ewig wirken.
Es kann bis ans Ende des Lebens Freude bereiten,
es kann auf immer unbehaglich stimmen.
Ja, es kann das Leben auf der Erde beeinflussen.
Also, gehe vernünftig mit den Worten um.

Alf Hendriksson

Die Tür stand schon lange einen Spaltbreit auf, aber eines Tages wurde sie vollends aufgestoßen. Wir hatten schon vorher ineinander hineingeschaut, hatten Verstecken gespielt und Laute, Blicke, Botschaften ausgetauscht. So lange ich mich erinnern kann, habe ich in Kontakt gestanden, zuerst mit einem unbestimmten Jemand, dann mit einem Jemand, der sich in mehrere auffächerte, die zu meinen Freunden und Vertrauten heranwuchsen.

Meine Blicke und Bewegungen wurden beantwortet, meine Rufe wurden aufgefangen, mein Lachen wurde mit einem anderen Lachen begrüßt. Aus dieser Erfahrung heraus wuchs allmählich der Glaube an die Möglichkeit eines Gesprächs, die Sehnsucht nach der Sprache und die Lust auf kommende Begegnungen.

Ich lauschte intensiv auf Worte und Sätze, Sprachmelodien und die spannungsvollen Pausen, die der Sprache Rhythmus und Struktur gaben. Sprache war Musik für mich, und als ich Laute und Gurgeln erprobte, die ich mit den einfachen Worten, die mein Mund formen konnte, unterbrach, empfand ich dasselbe Glück wie Jahre später, als ich zum ersten Mal mein Cello mit in die Orchesterprobe bringen durfte. Ich war dabei! Vom Inhalt des Gesprächs begriff ich nicht viel, ich war vollauf damit beschäftigt, die technischen Schwierigkeiten zu meistern. Die Sprache war ein Fluss, der mich umschloss, und ich ließ mich mit ihm treiben.

Dass die Tür plötzlich ganz aufging, beruhte auf einer Entdeckung, die ich gemacht hatte. Ich merkte, dass die Sprache nicht nur ein Mittel zum Austausch von Mitteilungen war, nicht nur ein Signalsystem, das es mir ermöglichte, Botschaften derjenigen zu beantworten, die in meiner Reichweite waren. Nein, die Sprache ging tiefer und sie war in mir wie eine schaffende Kraft!

Ich musste nicht länger die Ausdrücke anderer ausleihen oder Vokabellisten und Lexika um Rat bitten. Es gab eine Sprache für mich, eine persönliche Sprache, eng verbunden mit meinen innersten Gefühlen und meiner tiefsten Identität. Eine echte Sprache, meine eigene! Eine Sprache, die ebenso einzigartig war wie mein Gesicht oder meine Hand. Sie verlieh mir die ganz neue und unvorhergesehene Möglichkeit, mich einem anderen Menschen zu zeigen – und auch mir selbst. Ich erinnere mich an die nahezu ekstatische Freude, an die Entdeckung, dass die Einsamkeit, von der ich glaubte, dass sie meine innerste Existenz ausmachte, überbrückt werden konnte.

Später sollte ich den Möglichkeiten der Sprache oft misstrauen als einem Zauberkunststück, das wir anwenden, wenn wir uns anderen nicht nähern wollen, aber doch so tun müssen, als wollten wir es. Aber trotz dieser Enttäuschung des Erwachsenen werde ich nie das Gefühl vergessen, wie es war, als sich mir die Tür öffnete. In manchen begnadeten Momenten kann ich dieses Gefühl heute noch empfinden.

Es gibt einen Unterschied zwischen reden und sprechen. Mancher Vierjährige kann nicht gut reden, hat eine schlechte Aussprache und eine fehlerhafte Syntax. Dennoch kann er eine reiche Sprache haben. Andere wieder kennen viele Wörter und reden in gut aufgebauten Sätzen, haben aber dennoch eine armselige Sprache. Denselben Unterschied kann man auch bei Vierzigjährigen feststellen.

Mit einer entwickelten Sprache meine ich die Fähigkeit, wichtige Botschaften so zu formulieren, dass sie für einen selbst und den Zuhörer begreiflich werden. In Reggio Emilia in Italien, seit den 60er Jahren ein Zentrum moderner Pädagogik, haben die Pädagogen die These entworfen, dass ein Kind hundert Sprachen besitzt, aber nur einige wenige davon anwendet. Daraus folgt, dass ein Kind, ebenso wie ein Erwachsener, mit Hilfe von mehreren zusammenwirkenden Sprachen zeigt, was in seinen Gedanken und Gefühlen vor sich geht, und so sich selbst und anderen Botschaften übermittelt.

Daniel Stern legt in seiner Beschreibung des verbalen Selbst großen Wert auf das gesprochene Wort. Diese Sprache ist aber nur der Höhepunkt einer langen sprachlichen Entwicklung, die schon im Mutterleib begonnen hat. Im Dunkel der Gebärmutter erprobt das Kind zum ersten Mal die sprachlichen Ausdrucksmittel, die ihm durch Bewegung zur Verfügung stehen. Es dreht sich herum, tanzt, schlägt mit der Faust an die Gebärmutterwand, tritt gegen das Becken. Und es erhält Antwort! Die Mutter wechselt die Stellung, dreht sich im Schlaf auf die andere Seite, lacht oder hält die Hand auf den Bauch, um den nächsten Schlag abzufangen. Ein Gespräch hat begonnen.

Das Kind lernt also sehr früh, dass es sich lohnt, auf unterschiedlichen Kanälen zu senden. Oft kann es die Antwort vorhersehen, sie fällt jedes Mal gleich aus. Dann wieder reagiert die Mutter auf eine neue und unbekannte Weise. Diese Mischung von Vorhersagbarkeit mit einem gewissen Quantum an Unsicherheit braucht das Kind, um seine Neugier zu bewahren und die Sprache weiter auszuforschen. Würde die Mutter immer gleich auf die Signale des Kindes reagieren, dann würde das Kind ermüden. Würde sie hingegen immer unerwartet reagieren, wäre das Kind gestresst und verängstigt.

Nach der Geburt entdeckt das Kind neue Möglichkeiten der Kommunikation. Mit den Augen kann es den Blick von Mama und Papa einfangen und festhalten. Mit dem Mund kann es saugen und selbst die Antwort der Mutterbrust beeinflussen. Mit seinem Lachen kann es ein beantwortendes Lachen bei den

Eltern hervorrufen. Indem es schreit, kann es Hilfe und Aufmerksamkeit erlangen. Wenn es die Hand vor die Augen legt, wird der Erwachsene mit ihm Verstecken spielen. Das Kind merkt, dass Sprache Macht bedeutet. Mit dem Blick, der Mimik, der Stimme und den Bewegungen kann es die Erwachsenen beeinflussen. Es ist den Launen der Erwachsenen nicht mehr völlig ausgeliefert und ist auch nicht mehr nur ein passiver Empfänger der Signale seiner Umgebung. Das Kind nimmt am Gespräch teil und übernimmt für seinen Teil Verantwortung.

Die Forschung der jüngsten Zeit hat gezeigt, wie reich entwickelt die Sprache des Kindes bereits ist, bevor es sich der Worte bedient. Selbst Schreien und Lautmalerei als erste Ausdrucksformen einer verbal ausgerichteten Sprache sind sehr differenziert. Die ersten Worte sind dann sinnvoll konstruierte sprachliche Schlüssel mit vielen Untertönen und Zusatzbedeutungen, die die Eltern, die auf ihr Kind»eingestimmt« sind, zu interpretieren lernen. Das Gespräch, das jetzt stattfindet, lange bevor das Kind wirklich zu»sprechen« beginnt, ist sehr viel inhaltsvoller, als sich ein außenstehender Zuhörer das vorstellen kann.

Im Laufe der Zeit werden Eltern und Kinder sich einander nähern und die Instrumente ihrer Gefühle und ihrer Sprache aufeinander abstimmen. Dies ist ein wechselseitiger Prozess, den man mit dem Zusammenspiel vergleichen kann, wenn zwei Verliebte einander erforschen und intuitiv versuchen, die Wellenlänge des anderen zu erfassen.

Die Worte sind also nur die letztendliche Bekräftigung. Wenn das Kind im Alter von zwei Jahren beginnt, Worte zu lustvoll konstruierten Ein- und Zweiwortsätzen zusammenzubauen, dann präsentiert es keine neuen Botschaften. Was es zu sagen hat, ist ihm und seinen Eltern bereits wohl bekannt. Sie verstehen einander und lachen zusammen, wenn die Worte nicht ausreichen, um das auszudrücken, was sie bereits wissen.

Dennoch darf man die Eroberung der verbalen Sprache nicht unterbewerten. Es ist die gesprochene Sprache, die uns von allen anderen Lebewesen auf der Erde unterscheidet, sie gehört also zum ursprünglich Menschlichen in uns. Die gesprochene Sprache verbindet uns.

Aber sie trennt uns auch. Die Sprache zu erobern heißt auch, eine persönliche Sprache zu entwickeln, die keiner anderen gleicht. Die Sprache eines Menschen sagt viel darüber aus, wer er ist, und es gehört zu unseren wichtigsten Lebensaufgaben, eine solche persönliche Sprache zu entwickeln, in der die Worte einen erkennbaren Ausdruck dessen bilden, was sich in der Tiefe abspielt. Das brauchen wir, um echten Kontakt zu anderen herumirrenden Seelen aufnehmen zu können.

Die Worte dürfen jedoch nicht alles übernehmen! Wenn sich die verbale Sprache ausbreitet und den Raum für andere Ausdrucksformen, wie Berührung, Spiel, Tanz, Bewegung, Musik und Bild einschränkt, dann trocknet die Sprache ein und verliert ihren Duft. In der Begegnung mit anderen Sprachen werden die Botschaften mit Spannung erfüllt und die Brücke zum anderen Menschen erhält Tragkraft und Elastizität.

Eine lebendige und persönliche Sprache entsteht nicht von selbst, sie braucht ein sprachlich reiches Milieu, um wachsen zu können. Das Kind muss von Erwachsenen und älteren Kindern umgeben sein, die miteinander reden, und es muss Freude und Sinn darin finden, sich so auszudrücken, dass der andere sie versteht.

Am besten entwickelt sich Sprache im nahen und vertrauten Gespräch zwischen Kindern und Erwachsenen. Dafür muss man Zeit, Geduld und Neugier aufwenden. Der Erwachsene, der warten kann, bis ein sprachlich noch unvollkommen entwickeltes Kind eine Botschaft formuliert hat, weckt den Eifer des Kindes, seine Anstrengungen zu steigern, denn wenn jemand wirklich zuhört, dann lohnt es sich auch, größere Hindernisse zu überwinden.

Hierzu sind Nähe und Konzentration vonnöten. Es gibt Menschen, die auf einzigartige Weise einen Raum um sich und ihre Gesprächspartner schaffen können. Sie können anderen wirklich begegnen, strahlen Ruhe aus und scheinen alle Zeit der Welt zu haben, auch wenn sie sehr beschäftigt sind. Mit ihrer Körperhaltung und dem Blickkontakt fangen sie den anderen, berühren ihn, ohne sich aufzudrängen.

Mit einem solchen Menschen kann man gut reden. Man hat das Gefühl: Meine Worte sind nicht vergebens, sie werden aufgefangen und in seinem Garten angepflanzt. Ich bin sicher, immer noch in ihm zu sein, auch wenn ich gehe, und beginne schon darüber nachzudenken, was ich ihm das nächste Mal berichten werde, wenn wir uns sehen.

In der Umgebung eines solchen Menschen aufzuwachsen ist das größte Geschenk für ein Kind. Ein zwölfjähriger Junge sagte einmal: »Ich bin die meisten Erwachsenen so leid. Sie sind wie ein Haus, drinnen ist Licht an, aber es ist niemals einer zu Hause.« Wie können wir unsere Häuser bewohnt machen?

Zugänglichkeit und Nähe sind zwei notwendige Voraussetzungen für ein Gespräch. Aber es gibt noch eine dritte, vielleicht entscheidende: die Einstellung. Janusz Korczak schreibt: »Wenn ich mit einem Kind spiele oder spreche – dann haben sich zwei gleichwertig reife Augenblicke in meinem und in seinem Leben verbunden (...).«[9]

Diese Worte haben für mich immer große Bedeutung gehabt. Ich habe oft gedacht, wenn ich nur auf meine eigene Weise diese Erfahrung Korczaks umsetzen könnte, nicht als aufgeklebte Pose oder Phrase, sondern in meinem eigenen Wesen verankert, dann würden Kinder (und Erwachsene) kommen und mit mir über wichtige Dinge reden wollen. Das ist die Voraussetzung für eine Begegnung, in der sich Kind und Erwachsener für die Erfahrungen des anderen öffnen und sich für eine Veränderung bereit machen. Nach einer solchen Begegnung ist nichts mehr so wie vorher, sie birgt deshalb ein Risiko – und eine Chance.

Ein dreizehnjähriger Junge sagte zu mir: »Mit den meisten Erwachsenen lohnt es sich nicht zu reden. Die sind schon fertig. Die wissen, wie alles geht.«

Wer bestimmt den Reifegrad eines Augenblicks?

Sprache wächst auch durch Lesen. Viele Menschen, die auf wissenschaftliche Art mit Sprache gearbeitet haben, haben berichtet, welche große Bedeutung Bücher in ihrem Leben hatten.

Die Gutenachtgeschichten am Abend oder wenn ein Erwachsener laut aus einem Klassiker vorlas. Und das eigene Lesen, oft auch aus Büchern für Erwachsene.

In Nordeuropa besitzen wir eine besonders reiche Literatur für Kinder und Jugendliche. Die Bedeutung, die Astrid Lindgren für das Lesen, die Sprachentwicklung und die Vorstellungswelt von Kindern hat, kann gar nicht hoch genug geschätzt werden. Aber wir haben auch eine große Anzahl guter jüngerer Autoren, die vor allem für Kinder und Jugendliche schreiben. Einige meiner größten Erlebnisse mit Literatur hatte ich beim Lesen dieser Bücher gemeinsam mit meinen Kindern.

Auch das Schreiben bildet die Sprache aus, vor allem das persönliche Schreiben aus eigener Veranlassung. Ich wünschte, alle Kinder würden Tagebuch schreiben! Ein Tagebuch sollte schön aussehen und mit einem richtigen Vorhängeschloss versehen sein. Es ist ein privater Bereich, in den man niemals eindringen darf, ohne das Kind vorher zu fragen. Ein Tagebuch darf niemals fotokopiert werden. Es gibt kaum etwas, was mich so ärgerlich macht, wie wenn ich manchmal Kopien von dem Tagebuch eines Kindes in Akten des Sozialamtes oder des Krankenhauses finde. Man kann wichtige Sachverhalte auch erfragen, ohne auf diese Weise die Integrität des Kindes zu verletzen.

Die Sprache spielt eine wichtige Rolle für das, was wir »Verarbeitung« nennen, das heißt für den Prozess, in dem frühe Erinnerungen und neue Erlebnisse zu einer Einheit zusammenschmelzen. Dieser Begriff wird oft im Zusammenhang mit traumatischen Erfahrungen verwendet. Aber auch positive Erlebnisse – Verliebtheit, die Geburt eines Kindes, Erfolg im Beruf – müssen behandelt, bewertet und unserem Erfahrungsschatz und unserer sich ständig verändernden »Persönlichkeit« zugeordnet werden.

Erlebnisse dieser Art, positive und negative, geben immer Anlass zu einer gefühlsmäßigen Antwort: Verwunderung, Verwirrung, Freude, Sehnsucht, Angst, Wut, Trauer, Schuldgefühl. Die Antwort erfolgt direkt oder verzögert, nur selten ist sie klar, häufig sehr kompliziert. Die Freude enthält auch Sehnsucht und Schuldgefühle, die Trauer Verwirrung und Wut. Wie die

Mischung aussieht, das ist anfänglich schwer zu bestimmen, und wenn die Verarbeitung stattgefunden hat, ist die Zusammensetzung schon wieder eine andere. Gefühle bestehen selten über lange Zeit, sie ziehen wie Wolken über unseren Himmel. Das Gefühl sucht eine Sprache. Die Sprache wird zum Übersetzer und Vermittler. Wenn ich eine Sprache finde, die mich trägt, eine echte, persönliche Sprache, dann kann ich einem anderen Menschen eine Ahnung von dem vermitteln, was sich in meinem Innern abspielt. Ich gewinne dadurch zunächst zwei Dinge:

Wenn ich meine Gefühle einem anderen, der zuhört und versteht, mitteilen kann, erfahre ich Hilfe. Geteiltes Leid ist halbes Leid. Aber auch die Freude muss manchmal geteilt werden, damit man sie überhaupt aushalten kann. Meine Gefühle mitteilen zu können ist also eine Voraussetzung dafür, dass ich sie mit auf meine Reise nehmen kann, ohne sie zu verdrücken oder zu knicken.

Gleichzeitig geschieht noch etwas: Im Raum zwischen mir und dem, der zuhört, entsteht ein Spiegel, oder besser gesagt viele verschiedene Spiegel mit unterschiedlicher Brechung. Was ich ausdrücke und vermittele, erreicht seinen Empfänger, aber Teile davon fallen mit Hilfe der Spiegel auch auf mich zurück. Plötzlich sehe ich meine Gefühle vor mir, ungeformt und bestenfalls durch die Sprache deutlich gemacht. Ich ahne eine Struktur im bisher herrschenden Chaos. Die Sprache ist ein Sortierungsmechanismus für ein schwer zugängliches und vieldeutiges Gefühlsleben.

Ein Beispiel dafür ist der Brief, den ich an einen engen Freund schreibe. Ich versuche von etwas zu berichten, das geschehen ist und das mich tief berührte. Wenn ich den Brief später noch einmal lese, bin ich oft erstaunt. Natürlich tut es mir manchmal Leid, dass ich nicht besser ausdrücken konnte, was ich fühlte, aber ebenso oft bin ich auch überrascht: Habe ich das geschrieben? Fühlte ich so? Dass es mir gelungen ist, das in Worte zu fassen!

Damit alles das einen Sinn hat, braucht man Zuhörer, Ohren und Sinne, die die Botschaft erfassen. Ich erinnere mich an

125

eine Krisenzeit in meinem eigenen Leben, vor vielen Jahren. Da saß ich mitten in der Nacht in einem Schnellimbiss in Athen und schrieb einen Brief nach Hause an einen engen Freund. Am selben Tisch saß ein junger Amerikaner, der ebenfalls eifrig schrieb. Plötzlich sah er auf:»Schreiben Sie einen Brief?«, fragte er.

Ich nickte.»Und Sie?«

»Irgendwie schon. Ich schreibe an mich selbst. Tagebuch.«

»Ist das nicht eine einsame Sache?«

»Warum? Das Tagebuch ist mein bester Zuhörer.«

Und ich fragte mich, ob es das Tagebuch, ich selbst oder das kollektive Ohr der griechischen Sommernacht war, das in diesem Moment am besten zuhörte.

Die Sprache sucht nach Handlungsweisen. Wenn ich mit der Sprache etwas formuliere und meine Gefühle erkenne, dann muss ich entscheiden: Werde ich das jetzt tun? Ist es Zeit, aufzubrechen oder eine angebotene Hand zu ergreifen? Werde ich gehen oder bleiben? Soll ich laut schreien oder still sein?

Jede Handlung beinhaltet eine aktive Stellungnahme, so kann es manchmal größeren Mut und mehr Kraft erfordern, zu bleiben, als zu gehen. Wenn ich gehandelt habe oder es bewusst nicht getan habe, bin ich im Verarbeitungskreis eine Runde weitergekommen und dann muss ich stehen bleiben und neu überlegen. Wie sieht jetzt die Mischung der Gefühle aus, die ich bejahen und denen ich Sprache und Richtung geben soll? Es hat sich schon vieles verändert, die Wolke ist über meinen Himmel gezogen, aber sie ist noch da und formt neue Bilder.

Verarbeitung ist ein ständiger Prozess und die Fähigkeit, etwas zu verarbeiten, eine Lebenskunst, die allzu leicht gestört und blockiert werden kann.

»Das Kind hat das Recht auf freie Meinungsäußerung;
dieses Recht schließt die Freiheit ein, (...)
Informationen und Gedankengut jeder Art in Wort,
Schrift oder Druck,
durch Kunstwerke oder andere vom Kind gewählte Mittel
sich zu beschaffen, zu empfangen und weiterzugeben.
Die Ausübung dieses Rechts kann bestimmten, gesetzlich
vorgeschriebenen Einschränkungen unterworfen werden,
die erforderlich sind ...
Kein Kind darf willkürlichen oder rechtswidrigen Eingriffen
in sein Privatleben, seine Familie, seine Wohnung oder seinen
Schriftverkehr (...) ausgesetzt werden.
Die Vertragsstaaten stimmen darin überein,
dass die Bildung des Kindes darauf gerichtet sein muss, (...) dem Kind
Achtung vor seinen Eltern,
seiner kulturellen Identität, seiner Sprache
und seinen kulturellen Werten (...) zu vermitteln.«
Übereinkommen über die Rechte des Kindes, Artikel 13, 16 und 29

Das Übereinkommen über die Rechte des Kindes stellt Kinder in Bezug auf freie Meinungsäußerung und Sprache Erwachsenen gleich. Sie dürfen ebenso wie Erwachsene denken, sagen und schreiben, was sie wollen. Außerdem steht ihnen das Recht zu, sich künstlerischer Ausdrucksformen zu bedienen – niemand darf sie daran hindern. Ein Rektor darf die Schulzeitung nicht zensieren, die Zeichnungen eines Kindes dürfen nicht aus einer Ausstellung entfernt werden, weil sie als unzureichend oder »falsch« angesehen werden.

Damit tragen Kinder aber auch dieselbe Verantwortung wie Erwachsene. Wenn in der Übereinkunft von »Einschränkungen« gesprochen wird, dann handelt es sich um dieselben Einschränkungen, die auch Erwachsenen auferlegt werden können, so zum Beispiel, dass sie keine militärischen Geheimnisse weitergeben dürfen. In den meisten europäischen Ländern dürfen Drucksachen keinen volksverhetzenden Charakter haben –

Kinder müssen sich ebenso wie Erwachsene an das Gesetz halten.

Im Artikel 16 der Konvention wird vom Schutz des Privatlebens gesprochen. Niemand hat das Recht, die Briefe anderer zu öffnen oder in fremden Tagebüchern zu lesen. Auch Eltern dürfen die Briefe oder Tagebücher ihrer Kinder nicht lesen, ohne vorher zu fragen. Manchmal kann dieses Recht jedoch in Konflikt mit der Erziehungsverantwortung der Eltern kommen. So ist man zu dem Schluss gekommen, dass Eltern die Briefe ihrer Kinder öffnen dürfen, wenn sie den begründeten Verdacht hegen, dass diese Briefe ihr Kind zu schwerer Kriminalität anstiften oder einen Hinweis auf Missbrauch geben.

Die Vereinten Nationen gehen weit im Schutz des Privatlebens der Kinder. Ich glaube, dass das nötig ist. Als Kinderarzt habe ich schon viele Kinder von der übertriebenen Neugier und dem fehlenden Respekt seitens ihrer Eltern sprechen hören. Ein sechzehnjähriges Mädchen suchte mich einmal wegen persönlicher Probleme auf. Sie sah blass aus und ich nahm ihr Blut ab. Als ich sie fragte, ob ich ihr die Untersuchungsergebnisse per Post schicken dürfe, gab sie mir die Anschrift ihrer besten Freundin mit dem Kommentar: »Mama liest alle meine Briefe, bevor ich sie überhaupt gesehen habe.«

Die Vereinten Nationen betonen besonders das Recht des Kindes auf seine Muttersprache. So handelt zum Beispiel Artikel 30 von den Rechten der Minderheiten. Einem Kind, das Mitglied einer ethnischen, religiösen oder sprachlichen Minderheit ist oder zu den Ureinwohnern gehört, darf »nicht das Recht vorenthalten werden, (…) seine eigene Sprache zu verwenden«.

Kehren wir nun noch einmal zu dem »Verarbeitungskreis« zurück, den ich im vorigen Abschnitt beschrieben haben. Welche Hindernisse kann es für die Ausbildung einer reichen echten Sprache und der Fähigkeit, diese Sprache als eine Kraft in der Entwicklung anzuwenden, geben?

Manchmal sind die *Gefühle* selbst blockiert. Ein enger Freund ist in eine tiefe persönliche Krise geraten. Ich frage ihn:

»Ich habe gehört, was dir passiert ist. Wie geht es dir? Wie kommst du damit zurecht?«

Er antwortet:»Ja, danke, wie es mir geht ... du meinst, alle die Gefühle ... da muss ich später rangehen, jetzt ist es zu viel, so viel zu erledigen.«

Vielleicht muss er für die Kinder sorgen, vielleicht geht es um Polizeiverhöre oder Versicherungen, vielleicht um etwas ganz anderes. Mein Freund weiß, dass er viele Gefühle in sich trägt, aber er kann sie jetzt nicht zulassen. Vielleicht später.

Es kann klug und menschlich sein, Gefühle zurückzuhalten und die Gefühlsarbeit, die noch geleistet werden muss, aufzuschieben. Das darf aber nicht zu lange geschehen, denn dann können die Gefühle eingeschlossen und nur noch sehr schwer zugänglich sein, sie stumpfen ab, sind betäubt.

Dies kann Kindern, Jugendlichen und Erwachsenen zustoßen und ist auf lange Sicht immer quälend und unbefriedigend. Vielleicht war das Geschehene so überwältigend und lähmend, dass derjenige, den es betrifft, sich nicht an das Erlebte heranwagt. Die Gefühle haben sich über lange Zeit angesammelt und sind jetzt so groß und widersprüchlich, dass sie sich nicht mehr auf gewöhnliche Weise sortieren lassen. Allein der Versuch kann einem schon lebensgefährlich vorkommen, so, als würde man eine Gasflasche aus dem Feuer heben müssen.

Die Verschlossenheit kann ihre Ursache aber auch im Misstrauen gegenüber der Umgebung haben. Wer würde mich denn verstehen, wenn ich es versuchte? Wer kümmert sich um mich, wenn ich zerbreche? Was für einen Sinn haben Gefühle überhaupt in dieser zynischen und eiskalten Welt?

Je mehr wir in uns tragen, je größer unsere Enttäuschung wird, desto bedrohlicher wirken die Gefühle. Schließlich bleibt einem nichts anderes übrig, als die zu gut und zu tief verwurzelte Sprache zu kappen. Das Äußere macht so weiter wie bisher, aber die Basis der Gefühle ist fort.

Ein Kind hat eine direktere Verbindung zu seinen Gefühlen als ein Erwachsener. Die Überlagerungen sind bei ihm nicht so dick und es ist immer möglich, die Gefühle zum Leben zu erwecken. Es gibt Menschen, die behaupten, gewisse Kinder seien ohne die Fähigkeit zum Gefühlsleben geboren. Das kann und will ich nicht glauben. Ich glaube daran, dass jedes Kind die Möglichkeit hat, mit einem echten und starken Gefühl in Kontakt zu treten.

Allerdings können wir niemals ein Kind dazu zwingen, etwas zu fühlen. Wir können nur da sein und bei ihm bleiben, das Kind muss die Arbeit selbst leisten. Dafür braucht man Vertrauen und viel Zeit. Manchmal kann es ein ganzes Leben dauern, dieses Vertrauen zu erarbeiten, und wenn es gelingt, dann ist das ein sinnvoll verbrachtes Leben.

Manchmal sind die Gefühle da, aber die *Sprache* fehlt oder ist zu arm. Einer Freundin, die in Schwierigkeiten gekommen ist, stelle ich dieselbe Frage:»Ich habe gehört, was dir passiert ist. Wie geht es dir? Wie kommst du damit zurecht?«

Sie antwortet:»Ja, es ist ziemlich viel … ich weiß nicht, wo ich anfangen soll, wie ich es sagen soll … verstehst du, was ich meine?«

Sie misstraut meiner Fähigkeit, wirklich zuhören und verstehen zu wollen. Vor allem aber fühlt sie sich der Sprache gegenüber ohnmächtig. Gefühle sind genügend da, fast im Überfluss. Aber wie soll sie Worte dafür finden? Kann man sie nicht anders ausdrücken? Und wie?

Stellen wir uns vor, meine Freundin sei ein vierzehnjähriges Mädchen aus Bosnien. Ich weiß und begreife, dass sie Kriegserlebnissen mit ernsthaften persönlichen Verletzungen ausgesetzt war. Ihre Gefühle kann man wie eine starke Vibration im Raum spüren, aber es fehlt ihr an Ausdrucksmöglichkeiten.

Zunächst einmal spricht sie zu wenig Schwedisch. Sie kann mit Freundinnen reden und kommt in der Schule einigermaßen zurecht. Aber wenn sie auf die schweren Erlebnisse in ihrem Heimatland zu sprechen kommt, reicht die neue Sprache nicht aus.

So ist es oft. Eine echte Sprache hat ihre Wurzeln im Erdreich der Gefühle. Die Bearbeitung früher, gefühlsmäßig tief gehender Erlebnisse geschieht daher am besten in der Sprache, die gesprochen wurde, als die Erfahrungen gemacht wurden.

Diese Tatsache ist eines der stärksten Argumente dafür, dass Flüchtlingskinder die Möglichkeit haben müssen, ihre Muttersprache zu bewahren und weiterzuentwickeln. Es ist also nicht verwunderlich, dass es meiner Freundin, dem Mädchen aus Bosnien, schwer fällt, ihre Gefühle auf Schwedisch auszudrücken. Aber als sie zu ihrer Muttersprache übergegangen ist, muss sie feststellen, dass auch diese nicht richtig funktioniert. Es ist nicht nur der Widerwille, durch einen Übersetzer von ihren Erlebnissen zu berichten – die Sprache selbst reicht einfach nicht aus.

Viele Flüchtlingskinder haben schon bei ihrer Ankunft im fremden Land eine schlecht entwickelte Muttersprache. Manchmal liegt das daran, dass sie nur selten zur Schule gehen konnten, aber oft ist auch der vom Krieg verursachte Kommunikationsmangel innerhalb der Familie daran schuld. Das alltägliche, entspannte und vertraute Gespräch ist versiegt und von kurzen Mitteilungen im Telegrammstil über den Stand der Dinge ersetzt worden, die Gutenachtgeschichte musste der Nachrichtensendung Platz machen.

Übergriffe und Unterdrückung verkrüppeln auch die Sprache. Es ist, als würde sich die Sprache vor dem, was geschieht, ducken, als wolle sie das nicht formulieren, was eigentlich gar nicht geschehen durfte. Aus demselben Grund haben auch viele Kinder in unserem Land eine schwach entwickelte Muttersprache.

Meine bosnische Freundin und alle ihre Schwestern und Brüder zusammen mit allen verlassenen und bedrohten Kindern sollten Zugang zu anderen kompensatorischen und vervollständigenden Sprachen haben: Spiel, Musik, Bild, Drama. Aber das ist nur sehr selten der Fall. Eben die Kinder, die weitergehende Ausdrucksmittel am dringendsten benötigen, haben meist keinen Zugang dazu. Sie haben niemals die Chance gehabt, ihre eigene Sprache zu entwickeln. Natürlich sollten sie eine psychologische Behandlung ihrer posttraumatischen Stresssymptome erfahren, aber vor allen Dingen brauchen sie eine Pädagogik für Unterdrückte.

Manchmal sind Gefühle und Sprache vorhanden, aber die *Handlungsfähigkeit* ist eingeschränkt. Der Betroffene macht so weiter wie bisher, als ob nichts geschehen wäre, scheinbar von den Ereignissen unberührt. Meine Freundin ist diesmal ein neunjähriges Mädchen, das vor einem Monat seinen Bruder bei einem Fahrradunfall verloren hat. Die Eltern, die unter schwerem Schock stehen, machen sich jetzt Sorgen um ihre Tochter. Sie zeigt keinerlei Anzeichen der Trauer. Sie geht wie immer in die Schule und will nicht über das Geschehene reden. Auch in der Klasse hat sie nichts gesagt, verschlossen und etwas abweisend hat sie auf die Fragen der Lehrerin geantwortet. Mehr nicht.

Ich treffe mich mit ihr und wir machen einen Spaziergang zu der Stelle, an der ihr Bruder starb. Ich bitte sie, zu erzählen, was passiert ist. Als sie das tut, bin ich erstaunt, wie präzise und nuanciert sie berichtet. Alle ihre Gefühle sind da, sie muss nur Anlauf nehmen, und dann weint sie.

»Denkst du oft an deinen Bruder?«, frage ich.

»Ständig«, antwortet sie.

»Weinst du oft?«

»Nicht wenn Mama und Papa dabei sind, da wird ohnehin zu viel geweint. Sie haben mit sich zu tun. Abends, wenn ich schlafen soll, dann krieche ich unter die Decke, wenn mich niemand sieht, und da weine ich.«

Wenn eine Konkurrenz zwischen der Trauer der Erwachsenen und der des Kindes eintritt, dann lässt das Kind fast immer den Erwachsenen den Vortritt. Das liegt nicht daran, dass das Kind klüger und reifer wäre als die Erwachsenen, sondern hat seine Ursache in einer einfachen Überlebensstrategie.

Ein Kind, dessen Eltern völlig von ihren Gefühlen überwältigt sind, empfindet sich als verlassen und bedroht. Soll das immer so weitergehen? Das Kind entwickelt unbewusst den »Plan«, die Eltern erst einmal fertig werden zu lassen, damit sie sich hinterher dem Kind zuwenden können. Im Warten darauf müssen die eigenen Gefühle des Kindes, oder zumindest ihr Ausdruck, erst einmal zurückstehen. Nicht einmal Vertrauten will das Kind sich öffnen, denn das könnte ja die anderen beunruhigen und so den »Plan« gefährden.

Eltern und anderen Erwachsenen, die festgestellt haben, dass ein Kind zum Selbstschutz seine Gefühle verbirgt und seine Sprache unterdrückt, gelingt es oft, aus sich herauszugehen und das Kind zu sich zu holen. Wenn sie das nicht können, braucht das Kind professionelle Hilfe, jemanden außerhalb des engsten Kreises, der mit ihm spielt und singt und gemeinsam mit ihm darauf wartet, dass einer der Angehörigen die Kraft findet, sich dem Kind zuzuwenden. Eine Sprache, die nicht angewendet wird, kann versiegen.

Der Verarbeitungskreis muss laufen. Wir laufen ständig Gefahr, zu vereinfachen und zu verneinen, zu glauben, dass die Verarbeitung abgeschlossen sei. Die Sprache kann uns das vorgaukeln oder zumindest die Sprachschablonen, die mehr mit Selbstbetrug als mit Lebensweisheit zu tun haben. Wir sprechen davon, ein Trauma zu »überwinden« oder eine Trauer zu »durchleben«. Als ob es möglich oder gar wünschenswert wäre, derartige Ereignisse im Leben so abzuschließen. Wir sprechen vom »Trauerjahr«, als ob ein Jahr das richtige Zeitmaß wäre. Wir reden von dem dunklen Tunnel und dem Licht auf der anderen Seite, als könnte man die Trauer ebenso leicht weghängen wie die Trauerkleider. Wir sprechen von Exmännern und Exfrauen, als ob diese Menschen nichts mehr mit unserem gegenwärtigen Leben zu tun hätten. Manche Menschen verhalten sich auch so, als hätten sie Exkinder. Allzu leicht setzen wir einen Punkt, wo eigentlich ein Komma hingehörte.

Wir brauchen neue Bilder und eine neue Sprache, die uns an die Vielfältigkeit des Lebens und seine Zusammenhänge erinnern. In meiner inneren Landschaft gibt es ein Tal der Wirklichkeit, wo ich das Feld bestelle, ein Haus der Heimat, einen Winkel des Glücks, einen furchtbar großen und bedrohlichen Drachen in den Bergen – und eine Kapelle der Erinnerung. Diese Kapelle habe ich viele Jahre lang verfallen lassen und es nimmt wunder, dass sie überhaupt noch steht. Jetzt sieht sie langsam wieder schöner aus und ich habe mir zur Gewohnheit gemacht, ihre Tür nur angelehnt zu lassen. Ich muss zugeben, dass es mich Überwindung kostete, das zu tun.

Hier ist alle Trauer, die ich gesammelt habe, und sie nimmt viel Platz ein. Aber es sind auch die Verliebtheit und die Freude hier, die Scham und der Betrug, die Freundschaft und die Wut. In einer Ecke stehen einige Kisten, die ich noch nicht zu öffnen gewagt habe.

Wenn ich in der Kapelle sitze, spüre ich, wie die Stimmung sich mit dem Licht, das durch die Fenster fällt, verändert. Ich erinnere mich, wie ich in der Kirche meiner Kindheit saß und zu den mittelalterlichen Malereien im Gewölbe aufschaute. Sie veränderten sich ständig, sie lebten ihr eigenes Leben, immer wieder entdeckte ich neue Details.

So ist es auch hier. Der Wechsel der Jahreszeiten, das Wetter, alles, was draußen im Tal der Wirklichkeit geschieht, schafft auch in der Kapelle neue Tage und lässt neue und ständig veränderliche Bilder und Strukturen sich herausbilden. Gestern und heute gibt es nicht mehr, alles ist verwoben und hat seinen Wert. Die Sprache (oder die Stille?) hält alles zusammen, allerdings mit knapper Not, so, als könnte alles jeden Moment zusammenstürzen und in Stücke gehen.

Das Thema der Landschaft des verbalen Selbst ist es, ein Gleichgewicht zwischen Gespräch und Schweigen zu finden. Ein ständig währendes Gespräch führt zu nichts, es muss durch Pausen strukturiert werden. Die Stille ist der Kern, um das sich das Wasser des Gesprächs neu kristallisieren kann, um dann zu Leben spendendem Regen zu werden.

Nicht das Schweigen also ist der Feind der Sprache, sondern das Verstummen auf der einen und das oberflächliche Plaudern auf der anderen Seite. Gespräch und Schweigen sind zwei Seiten einer Münze.

Im Anfang war das Wort. Es war in der Gebärmutter der Stille, mit der Musik, dem Tanz und dem Rhythmus als Hebammen und Begleiter. Bruder des Lichts und des Bildes, Schwester des Spiels und der Berührung. Das Wort war.

Die Predigt fällt für heute aus,
weil ich einen Engel gesehen habe.

Ich habe sie schon früher einmal abgesagt,
aber niemals aus diesem Grund.
Vielleicht war ich mal erkältet,
hatte andere berufliche Verpflichtungen
oder musste zu einer Fortbildung.

Es ist nie ein Problem gewesen,
dass ich keinen Engel sah.
Wer Gott niemals gesehen hat,
dem fällt es nicht schwer, über Gott zu predigen.
Wer niemals Liebe erfahren hat,
kann gut einen Vortrag über die Liebe halten.

Aber nun, da ich einen Engel gesehen habe
und endlich weiß, wovon ich rede,
lasse ich die Predigt für heute ausfallen.

Karl-Gustav Hildebrand, *Som gräset* (»Wie das Gras«)

Spiel und Wirklichkeit

Die Landschaft des forschenden Selbst

Gerade im Spielen und nur im Spielen kann das Kind und der Erwachsene sich kreativ entfalten (...), und nur in der kreativen Entfaltung kann das Individuum sich selbst entdecken.

D. W. Winnicott

Ich muss schon viel früher gespielt haben, aber dennoch war es erst in Anderssons Wäldchen, wo das wirkliche Spiel geboren wurde. Es lag gleich hinter unserer Wiese, ein Hagebuttenstrauch und ein wakkeliges Holztörchen trennten es von unserem Grundstück. Dieses Törchen sehe ich vor mir, wenn ich mir den Eingang zu dieser neuen Landschaft vorstelle.

Im Wäldchen gab es den Aussichtsberg, einen großen Stein, den man nur über eine kaum erkennbare Treppe auf der Rückseite erklettern konnte. Von hier konnten wir die Welt überblicken und in einer Felsspalte verbargen wir die Utensilien unserer geheimen Gesellschaft.

Auf einer größeren Lichtung wurden die Weltmeisterschaften in verschiedenen Sportarten abgehalten, auf einer anderen Lichtung, direkt hinter dem Klo, begegneten wir einmal einem Luchs. Tief drinnen im Wäldchen lag unsere Hütte, die ein ums andere Mal von mythischen Eindringlingen aus dem Nachbardorf oder anderen fremden Welten besucht wurde. Gleich daneben schliefen nachts die Elche unter einem Baum.

Anderssons Wäldchen vibrierte vor Spannung und Leben. Hier verbrachten wir große Teile unserer Freizeit. Das Wäldchen bildete die Kulisse für die Landschaft des Spiels. Es fällt mir schwer, im Nachhinein zu unterscheiden, was sich in dem Teil der Wirklichkeit abspielte, den man Realität nennt, und was in dem anderen Teil der

Wirklichkeit geschah, den man Phantasie nennt. Aber das spielt keine Rolle. Alles ist in vielen Erinnerungen festgehalten, die in mir duften und singen und die den Kern meines kreativen Selbst ausmachen.

Das Wäldchen war niemals vollends erforscht, es gab immer noch etwas Neues zu entdecken. Wir betraten es jedes Mal wieder voller Neugier und freudiger Erwartung. Es konnte dort alles passieren, man wusste es nie vorher. Jeden Tag geschahen dort kleine Wunder in der Begegnung zwischen unserer Wissbegier und allem, was das Wäldchen zu bieten hatte.

Als Erwachsener habe ich Anderssons Wäldchen noch einmal besucht. Es ist geschrumpft und ein wenig gealtert. Der Aussichtsberg ist verwittert und wichtige Pfade sind zugewachsen. Aber es lebt immer noch Mystik in den Lichtungen.

Vielleicht sind es auch die Reste, die noch von meinen inneren Lichtungen übrig sind, auf die das Peilgerät reagiert, ich weiß es nicht. In dem Gebiet, das zwischen Außenwelt und unserem tiefsten Innern liegt, soll man wohl nicht alles verstehen, denn wo bliebe dann die Neugier?

Wenn das Kind zwischen zwei und drei Jahren alt ist, bricht es in eine gewaltige Aktivität aus. Mit scheinbar unerschöpflicher Energie widmet es sich seiner Umgebung. Alles muss untersucht werden! Die Küchenschubladen müssen ausgeräumt, der Wäscheschrank bis in den letzten Winkel begutachtet werden. Das Waschmittelpaket wird auf dem Fußboden ausgeleert und die Fernbedienung des Fernsehers einer Belastungsprobe unterzogen.

Es ist imponierend zu sehen, wie systematisch das Kind vorgeht. Nichts wird dem Zufall überlassen, alle Ergebnisse werden durch mehrfache Kontrollstudien untermauert. Das Kind forscht!

Gleichzeitig beginnt die Entdeckungsreise in das innere Universum des Kindes. Mit Hilfe von Spiel und Phantasie bearbeitet es alle Eindrücke der Außenwelt und formuliert sie zu inneren Bildern, Erfahrungen und Neuschöpfungen um.

Die Erforschung der äußeren und der inneren Welt verläuft

parallel, es sind zwei voneinander abhängige Prozesse. Wenn das Kind die Außenwelt nicht erobert, dann erhält es auch kein Material für die innere Bearbeitung, wenn aber der innere Prozess zum Stillstand kommt, dann stirbt auch die Neugier. Schließlich hat es keinen Sinn, etwas zu erobern, was man später nicht benutzt.

Zu Beginn der 50er Jahre beschrieb D. W. Winnicott das, was er *the transitional area*, den »Übergangsbereich«, nannte. Dieser Bereich ist zwischen dem Innern des Kindes und den Objekten, die die Außenwelt ausmachen, angesiedelt. Ursprünglich lag er zwischen dem Kind und der Mutter:

»Ich stelle als mögliches Konzept die These zur Diskussion, dass der Ort, an dem sich kreatives Spiel und Kulturerfahrung einschließlich ihrer differenziertesten Erscheinungsformen ereignen, *das Spannungsfeld* zwischen Kleinkind und Mutter ist. Damit meine ich den hypothetischen Bereich, der zwischen dem Kleinkind und dem Objekt (d. h. der Mutter oder einem Teil von ihr) während der Phase besteht (aber dennoch nicht bestehen kann), in der das Kind erstmals das Objekt als ›Nicht-Ich‹ ablehnt, d. h. also am Ende der Phase der Verschmelzung mit dem Objekt.«[10]

Dieser Text ist in seiner Vieldeutigkeit charakteristisch für Winnicotts Art, sich auszudrücken. Er geht von der damals vorherrschenden Vorstellung einer Symbiose, einer »Verschmelzung« zwischen Mutter und Kind aus. In dem Moment, da das Kind zu entdecken beginnt, dass seine Mutter eine andere Person ist (ungefähr am Ende des ersten Lebensjahres), entsteht zwischen Kind und Mutter ein leerer Raum, ein »Spannungsfeld«, ein Zwischenraum, der ausgefüllt werden muss, damit die fortschreitende Separation von Mutter und Kind möglich wird, ohne dem Kind zu schaden.

Hier erhält das »Übergangsobjekt« – das Stofftier, das Nuckeltuch oder der Schnuller – eine erste wichtige Funktion. Es schlägt die Brücke zwischen Mutter und Kind und macht so die Trennung erträglich.

Wenn die Mutter schließlich in den äußeren Kreis wandert und eines von vielen Objekten wird, auf die das Kind sich bezieht, wird der Zwischenraum ausgeweitet und zum Raum zwischen dem inneren Ich des Kindes und der Außenwelt umdefiniert. Während die Fähigkeit des Kindes, innere Bilder der äußeren Objekte zu schaffen und zu bewahren, wächst, werden die konkreten Gegenstände des Übergangs in zunehmendem Maße durch Spiel und Phantasie ersetzt. Das Kind braucht keine Gegenstände mehr, die es anfasst und an denen es riecht, es vermag sie nun in seinem Innern zu erschaffen.

Winnicotts Denkmodell um das Übergangsobjekt und den Übergangsbereich ist ein wirkungsvolles Werkzeug, wenn man das innerste Wesen des Spiels verstehen will. Wie ich bereits erwähnt habe, haben Stern und andere inzwischen die Symbiose in ihrer klassischen Form in Frage gestellt. Das spielt hier keine Rolle, denn Nähe und gegenseitige Abhängigkeit gibt es ja immer noch! Die enge Beziehung zwischen Eltern und Kind muss aufgebrochen werden und die Pendelbewegung, die ich in der Landschaft des subjektiven Selbst beschrieben habe, ist immer noch schmerzhaft.

Das Kind kann nur dann Trennungen von den Eltern ertragen, wenn es imstande ist, sich innere Bilder von der abwesenden Mutter oder vom Vater zu schaffen. Dafür braucht es Phantasie, die deshalb nicht nur eine schöpferische Kraft, sondern auch ein lebensnotwendiger Faktor ist. In der Phantasie ist das Kind nicht länger allein, wir träumen uns durch das Leben zu der Gemeinschaft, die wir vermissen.

In der Erzählwelt von Astrid Lindgren ist der Zusammenhang zwischen Phantasie und Überleben besonders deutlich. Lillebror in »Karlsson vom Dach« ist ein einsamer Junge, der die Abwesenheit seiner Eltern bewältigt, indem er sich in eine Phantasiewelt mit eigenen Gestalten und Abenteuern flüchtet. Wenn es nun wirklich nur Phantasiegestalten sind ... Es macht Astrid Lindgrens Größe aus, dass sie uns in diesem Punkt ein wenig verunsichert. Schließlich haben Lillebrors Eltern Karlsson vom Dach wirklich einmal gesehen! Und als Astrid Lindgren in einem Fernsehinterview, in dem von der Figur Karlsson vom Dach gesprochen wurde, einmal gefragt wurde, ob sie selbst auch solche Phantasiefreunde gehabt hätte, platzte sie erstaunt heraus: »Phantasiefreunde? Aber Karlsson gibt es doch wirklich!«

Das deutlichste Beispiel dafür, wie Astrid Lindgren die Phantasie zur Rettung bedrohter Kinder einsetzt, findet sich in der Geschichte »Sonnenau«. Hier erkennt man auch die Verwandtschaft der Phantasie mit Winnicotts »Übergangsbereich«. Die Geschichte handelt von zwei Geschwistern, Matthias und Anna, die früh verwaist sind. Sie kommen von dem schönen Bauernhof Sonnenau, müssen aber nun, von allen schikaniert, als Pflegekinder beim Bauern in Myra leben. Es geht ihnen schlecht und sie haben es sehr schwer.

An einem kalten Wintertag führt ein roter Vogel sie hinter die Berge zu einer Tür in einer Mauer. Auf der anderen Seite der Mauer ist Frühling:

»Und alle Lieblichkeit des Lenzes überfiel sie im klingenden Hui, tausend kleine Vögel sangen und jubilierten in den Bäumen, es plätscherte in allen Bächen, alle Frühlingsblumen leuchteten. Und auf einer Wiese, so grün wie die des Paradieses, spielten Kinder.«

Anna fragt, wohin sie gekommen seien.

»›Nach Sonnenau bist du gekommen.‹
›Auf Sonnenau, dort wohnten wir früher, ehe das graue Leben auf Myra begann‹, sagte Matthias. ›Aber so sah es dort nicht aus.‹
Da lachten alle Kinder.
›Dann ist dies wohl ein anderes Sonnenau‹, sagten sie.«

Die Kinder lassen Matthias und Anna mitspielen, bis jemand ruft:

»›Kommt herbei, alle meine Kinder!‹
Matthias und Anna ließen die Hände sinken und schauten auf von ihrem Mühlrad. ›Wer ruft dort?‹ fragte Anna.

140

›Das ist unsere Mutter‹, antworteten die Kinder. ›Wir sollen jetzt zu ihr kommen.‹

›Aber dass auch wir mitkommen, wird sie nicht wollen‹, sagte Matthias.

›Gewiss will sie das‹, sagten die Kinder. ›Sie will, dass alle Kinder zu ihr kommen.‹

›Aber sie ist ja nicht unsere Mutter‹, sagte Anna.

›Gewiss ist sie das‹, sagten die Kinder. ›Sie ist doch die Mutter aller Kinder.‹

Da folgten Matthias und Anna den anderen Kindern über die Wiese zu einem kleinen Häuschen und dort war die Mutter. Man konnte gleich sehen, dass es die Mutter war, sie hatte die Augen einer Mutter und ihre Hände waren für alle Kinder da, die sich um sie drängten.«[11]

Winnicott meint, dass die Phantasie im leeren Raum zwischen unserem Innern und dem ersehnten Objekt erschaffen wird, wie das Spiel, das künstlerische Schaffen, die Liebe und die wahre Wissenschaft. Auch die religiöse Suche beginnt hier, zumindest für den einzelnen Menschen.

Viele empfinden diese Sichtweise als allzu eng, sie meinen, die Psychoanalytiker reduzierten alle Gemeinschaftsereignisse und sogar geistige Erlebnisse auf die grundlegende Mutter-Kind-Beziehung.

Diese Kritik tut zumindest Winnicott unrecht. Er war ein sozial eingestellter Mensch, der in die Diskussion um die Lebensbedingungen von Kindern aktiv eingriff. Er war auch ein Suchender, dem die geistigen Dimensionen des Lebens keineswegs fremd waren. Aber am meisten interessierten ihn die Fragen: Wo beginnt es? Was bringt einen Menschen dazu, zu phantasieren und zu spielen? Warum träumt, liebt, forscht und schafft er? Wo entzündet sich seine Lust, das Leben zu erforschen?

Kinder spielen immer. Jeder Schritt, den sie tun, jedes Wort, das sie sagen, jeder Gegenstand, den sie berühren, betrifft sie mindestens in zweifachem Zusammenhang. Da ist das Äußere, das sie sehen und auf das sie reagieren, über das sie sich ärgern oder lustig machen. Und es gibt das Innere, es gibt die Phantasie. Da werden Gegenstände energiegeladen und magisch, Handlungen und Geschehnisse werden in ein Drehbuch eingefügt, dessen Sinnreichtum der außen stehende Betrachter nur ahnen kann. Eltern begreifen oft nicht, dass jeder Gegenstand und jede Bewegung im sichtbaren Spiel auch eine innere Variante hat, die sehr viel kunstvoller ist, als es das äußere Spiel vielleicht vermuten lässt.

Alles gehört zusammen, das ist die innerste Idee des Spiels. In Phantasie und Spiel beginnt das Kind (und auch der Erwachsene) Details zusammenzufügen, Strukturen zu bilden, Zusammenhänge zu schaffen. Das Spiel ist die Methode des Kindes, dem Chaos entgegenzuwirken, also der Besonderheit eines jeden Dinges gerecht zu werden.

Es ist deshalb ein Zeichen für eine spielfeindliche Einstellung, wenn jemand allzu geradlinig versucht, das Spiel zu kategorisieren. Ich will dennoch einige verschiedene Formen des Spiels aufzeigen, die jede auf ihre Weise zur Entwicklung des Kindes beitragen.

Einige Jahre lang hat man für das **Regelspiel** nur wenig Interesse gezeigt, denn es wurde mit dem von Erwachsenen gesteuerten, organisierten Spiel gleichgesetzt, was man wiederum nicht als richtiges Spiel ansah. Lediglich in gewissen pädagogischen Kreisen hatte das Regelspiel seine Berechtigung als Instrument für das effektivere Einlernen von grundsätzlichen sozialen Fähigkeiten.

In den letzten Jahren interessiert man sich wieder mehr für das spontane Regelspiel und es gibt Abhandlungen, die auf die Bedeutung von »Himmel und Hölle« und Murmelspiel für die Fähigkeit des Kindes, Regeln zu beherrschen und mit anderen zusammenzuarbeiten, hinweisen. Das Interessante an diesem Typus des Spiels ist, dass die Regeln ohne die Hilfe von Erwachsenen von einer Kindergeneration zur anderen weitergegeben werden. Die Regeln sind oft sehr weit entwickelt. Außerdem ist es faszinierend zu sehen, wie Kinder selbst neue und ungeheuer interessante Regelsysteme entwerfen können, so zum Beispiel beim Spielen mit Puppen. Und wie viele Kinder, vor allem Jungen, haben nicht schon schwierige Wettspiele gespielt?

Das gute Regelspiel hat meist eine stark demokratische Ausrichtung. Alle dürfen mitmachen, aber man muss sich an die Regeln halten. Die Kinder entwickeln hierbei ein eigenes System zur Interpretation der Regeln und zur Lösung von Konflikten. Am besten funktioniert dies meist, wenn die Kinder in Ruhe gelassen werden. Wenn Erwachsene dazukommen, um »mitzumachen«, gerät das Spiel aus dem Gleichgewicht und droht zu entgleisen.

Ist das wirklich so? Können Kinder Konflikte innerhalb des spielerischen Rahmens selbst lösen, ohne dass sogleich die Gesetze des Dschungels und das Recht des Stärkeren gelten? Müssen sich die Erwachsenen nicht in der Nähe halten, um den Kindern bei der Konfliktbewältigung zu helfen?

Diese Fragen werden mir besonders oft gestellt, wenn ich mich mit Leuten unterhalte, die in Kindergärten oder Tagesstätten arbeiten. Kann es ein, dass ein zu passives Verhalten der Erwachsenen dazu führt, dass die Kinder Gewalt anwenden, um ihr Recht durchzusetzen? Oder ist es umgekehrt: Können Erwachsene durch ständiges Eingreifen die Fähigkeit der Kinder, Konflikte selbst zu lösen, einschränken?

Ich besuchte einmal einen Vortrag des norwegischen Friedens- und Konfliktforschers Johan Galtung zu diesem Thema. »Wenn sich zwei Kinder um einen Apfel streiten«, sagte er, »dann haben die Erwachsenen drei verschiedene Strategien, um das Problem zu lösen. Die Strategie der Oberklasse bedeutet, dass man einen weiteren Apfel holt. Die Strategie der Arbeiterklasse bedeutet, dass man den Kindern den Apfel wegnimmt, und die Strategie der Mittelschicht bedeutet, dass man mit den Kindern redet und dann den Apfel teilt.«

Galtung meinte, alle drei Strategien seien aus pädagogischer Sicht verfehlt, die Kinder müssten eine eigene Lösung finden.

Kann es sein, dass die Verwirrtheit, die wir heute unter Jugendlichen vor allem im Zusammenhang mit Konflikten beobachten, damit zusammenhängt, dass wir als Eltern oder Erzieher ihnen im besten Glauben zu viel geholfen haben? Dass wir in ihr spontanes Regelspiel eingegriffen haben, ohne etwas eigentlich Neues hinzugefügt zu haben, das sie für ihre Entwicklung gebrauchen konnten?

Einer der Volksschullehrer, von dem ich am meisten gelernt habe, sagte einmal:»Ich versuche manchmal, mich unsichtbar zu machen. Die Kunst an meiner Arbeit ist es, ganz nah, mitten unter den Kindern zu sein und zu verstehen, was passiert – und sie gleichzeitig in Frieden zu lassen.«

Das Spiel, für das Winnicott sich am meisten einsetzte, war ein **freies, verarbeitendes Rollenspiel**. In dieses Spiel nimmt das Kind alles hinein, was geschehen ist, vermischt es mit Phantasie und baut eine innere Spiellandschaft auf, in der die Wirklichkeit zum Märchen wird und sich Träume zu einer greifbaren Realität, zur speziellen Wirklichkeit des Spiels materialisieren.

Das verarbeitende Spiel geschieht oft allein oder mit nur wenigen Kindern. Es ist phantastisch, einige spielbegabte Kinder zu beobachten, wenn sie ganz in ein solches Spiel vertieft sind. Oft geht es ganz still vor sich, so still, dass der Erwachsene hinschleichen muss, um sich zu vergewissern, dass auch alles in Ordnung ist. Aber durch den Türspalt kann man die Intensität erkennen, die förmlich um die Kinder herum leuchtet, und der Kluge zieht sich dann vorsichtig wieder zurück. Dies ist ein Spiel, das viele Stunden währen kann, ja sogar Tage, wenn man an die Spiele draußen in den Sommerferien denkt.

Das verarbeitende Spiel ist eine Sprache, die reich an Facetten und oft schwer zu deuten ist. Diese Sprache ist es, die Diagnostiker und Therapeuten benutzen, wenn sie Aussagen von Kindern und eine tiefer liegende Wirklichkeit zu interpretieren versuchen, und auch, wenn sie etwas korrigieren oder behandeln wollen, was falsch gelaufen ist. Die Schwierigkeiten und die Risiken dieser Arbeit sind sehr groß und ich habe viel Respekt davor. Kinder senden auf zahlreichen Kanälen gleichzeitig, sie verwenden Worte, Bilder, Mimik, Bewegungen, Spiel und Musik. Ihre Sprache ist immer mit Symbolen angereichert und auf eine kindlich sinnreiche Weise verschlüsselt.

Es versetzt mich in große Sorge zu sehen, wie oft das Spiel

der Kinder schlampig und übereilt interpretiert wird. Man braucht viele Jahre der Ausbildung und eine lange Erfahrung, wenn man den Anspruch erheben will, die Spiele der Kinder, ihre Bilder und ihre Aussagen verstehen und tiefgehend interpretieren zu können. Darüber hinaus muss man imstande sein, in aller Ruhe Unsicherheiten und Ambivalenzen über lange Zeit auszuhalten. Es gehört nämlich zur Strategie des Kindes, uns mehrere alternative Versionen zu übermitteln, damit es sehen kann, ob wir den fatalen Fehler machen, allzu schnell für uns zu entscheiden, welche davon »wahr« ist. Das Kind erinnert in dieser Hinsicht nicht wenig an den Poeten, den Künstler oder Komponisten, der verwundert und ein wenig belustigt den so tief schürfenden Interpretationen der Rezensenten seines Werkes lauscht.

In meinen Kursen für Erzieher und Ärzte, die mit krisengeschüttelten Kindern, zum Beispiel Flüchtlingskindern, zu tun haben, habe ich immer wieder gesagt:»Hört auf zu verstehen und hört auf zu interpretieren. Spielt stattdessen mit den Kindern. Spielt und habt Spaß zusammen!« Denn Spiel bedeutet nicht nur Regeln und Verarbeitung, es ist auch Lust und Kreativität! Spielen heißt, etwas mit Sachen anzustellen, mit Zeit, Rhythmus, Form und Material zu experimentieren, die äußersten Grenzen des Daseins zu testen und Zufall, Natur und Kreativität eine echte Chance zu geben, die allzu klaren Strukturen aufzubrechen.

Als einer meiner Söhne sechzehn Jahre alt war, sagte er:»Es ist etwas passiert, was mir nicht gefällt. Ich spiele nicht mehr so viel wie früher. Irgendwie habe ich keine Zeit dazu. Alles ist so leer. Ich sehne mich danach, wieder mehr zu spielen.« Er war hellsichtig und hat sich bis heute viel Spiel bewahrt.

Anderen ergeht es nicht so gut. Vielleicht stirbt das Spiel in ihnen nicht völlig, aber es wird armselig. Es verläuft ein tiefer Graben zwischen einer Schneeballschlacht und Squash, zwischen den geheimen Clubs der Zehnjährigen und den Männerbünden, zwischen dem Kaufladenspiel der Siebenjährigen und der Tupperparty der Dreißigjährigen. Ich kann den Unterschied nicht erklären, das kann man vielleicht nur im Spiel ausdrücken.

Ich glaube an andere und wichtige Überlebenschancen für das Spiel, entlang den Entwicklungslinien, die Winnicott skizziert hat. Natürlich gibt es ein liebes Spiel, das Liebesspiel heißt. Natürlich gibt es die Musik, die Kunst und die Poesie! Es gibt den Sternenhimmel, den Glauben und das ständige Infragestellen.

Es stellt sich auch die Frage, wieviel wir von den Kindern lernen können. Es gibt viele Untersuchungen über das Spiel der Kinder, aber nur wenige über das gemeinsame Spiel von Kindern und Erwachsenen. Wie spielen Acht- oder Zehnjährige mit Erwachsenen?

Aus meiner eigenen Kindheit habe ich einige Erinnerungen an missglückte Versuche solcher Spiele. Wenn Erwachsene ein Spiel mit der mehr oder weniger ausgesprochenen Bedingung: »Nun werden wir Spaß haben!« zu organisieren versuchen, dann entsteht nur selten ein wirkliches Spiel. Spiel braucht Spontaneität, Improvisation und Gegenseitigkeit, ein übereifriges Organisieren wird es leicht abtöten. Um ein Spiel entstehen zu lassen, muss man Zeit, Raum und Material zur Verfügung stellen, man muss abwarten, was geschieht, und sich im richtigen Moment zurückziehen – dies ist eine Kunst, die nur wenige Erwachsene wirklich beherrschen. Wenn gespielt werden soll, dann zu einer bestimmten Zeit, nach klaren Regeln und ohne abzubrechen – sonst wird nichts daraus. Aber es liegt im Wesen des Spiels selbst, dass es nicht effektiv sein soll.

Organisierte Freizeitaktivitäten, bei denen der Erwachsene plant und anleitet, trainiert und instruiert, haben durchaus ihre Berechtigung als Fertigkeitsübung, sie können aber niemals das Bedürfnis des Kindes nach Spiel befriedigen. Auch ein pflichtschuldiges »Spiel«, das der Beschäftigung der Kinder dienen soll, kann das nicht. »Kannst du nicht eine Weile mit den Kindern draußen spielen, während ich das Essen mache!« ist eine Aufforderung zwischen Eltern, die viele Kinder kennen und die sie kaum in Begeisterung versetzen wird. Ein mit der Zeitung bewaffneter Vater, der sich in der Nähe des Spielplatzes auf eine Bank setzt und darauf wartet, dass zwischen den Kindern ein Spiel entsteht, wird nur selten erhört. Und der, der einige Bälle auf ein Tor schießt, aber mit den Gedanken ganz woanders ist und nicht sieht, welche Anstrengungen der Neunjährige unternimmt, hätte vielleicht besser den Küchenfußboden gewischt.

Auf der anderen Seite gibt es Erwachsene, die sich auf eine übertrieben folgsame Weise in jeder Beziehung dem Kind unterordnen. Der Erwachsene übernimmt alle Rollen, die ihm das Kind zuweist, folgt allen Instruktionen – aber gibt doch nichts von sich selbst. So jemand kann ein guter Handlanger sein, wenn es darum geht, Gebrauchsanweisungen zu lesen oder komplizierte Lego- oder Playmobilkonstruktionen zusammenzubauen, aber er wird kaum am Spiel teilhaben.

Wenn Erwachsene und Kinder zusammen spielen sollen, dann müssen sich die Erwachsenen wirklich auf das Spiel einlassen. Das birgt immer ein Risiko. Ein wirkliches Spiel ist, wie wirkliche Liebe oder künstlerische Betätigung auch, nur möglich, wenn man etwas von dem hergibt, was man in sich trägt. Man muss im Spiel das Echte einsetzen.

Hier liegen ein eingebauter Gegensatz und ein Problem verborgen. Nur der Erwachsene, der etwas von sich selbst gibt, ist ein interessanter Spielkamerad für das Kind. Aber derselbe Erwachsene kann dem Kind auch etwas angsterregend oder »gefährlich« erscheinen. Verlässt ein Erwachsener seine kontrollierte Verhaltensweise und begibt sich mit dem Kind in ein verarbeitendes Spiel, ohne dass das Kind richtig begreift, was da geschieht, dann gerät es in ein Grenzland, das Möglichkeiten und Risiken birgt. Der Erwachsene sollte sich also bewusst machen, wie seine Art zu spielen von dem Kind aufgefasst werden könnte, er sollte bereit sein, das Kind mitten im Spiel anzusehen, für sein Wohl zu sorgen und das Spiel gegebenenfalls abzubrechen, wenn das Kind ihm dazu ein Zeichen gibt.

Geschieht das nicht, dann verliert das Kind sein Gleichgewicht und kommt zu Schaden. Viele Erwachsene vermeiden es, mit Kindern richtig zu spielen, weil sie dies erkannt haben. Sie haben Angst davor, die Kontrolle zu verlieren und nicht zu wissen, was dann passiert. Wenn sie doch spielen, dann oft im Zusammenhang mit Alkoholmissbrauch. Es haben mir schon viele Kinder erzählt, wie unangenehm es sein kann, wenn Erwachsene sich erst betrinken und dann zu allem Überfluss auch noch »spielen« wollen.

Ich möchte hier allerdings keinen Pessimismus über die Unzulänglichkeit von Erwachsenen verbreiten. Und ich möchte Erwachsenen natürlich nicht davon abraten, mit Kindern zu spielen! Im Gegenteil, Kinder sollten viel mehr als heute üblich die Gegenwart der Erwachsenen in ihrem Spiel spüren. Ich möchte aber noch einmal daran erinnern, dass das Spiel ein sehr wirkungsvolles Werkzeug ist, das tief in unseren Lebensprozess eingreift. Es heißt manchmal, das Spiel sei die Arbeit der Kinder, aber es ist viel mehr. Das Spiel gehört in den Übergangsbereich und fungiert als eine Brücke zwischen der äußeren Wirklichkeit und unserem tiefsten Innern.

Das Forscher-Selbst ist so gesehen ein Kommunikationssystem, vom Selbst eingerichtet, um die Kraft, die in der Landschaft des auftauchenden Selbst gebunden ist, zu befreien und in schaffende Kraft umzuwandeln.

Das Kind bewegt sich unbefangen in der Landschaft des forschenden Selbst, aber in den frühen Erwachsenenjahren schleicht sich doch Angst davor ein, was diese Kraft alles anstellen kann. Im hohen Alter aber geht diese Angst glücklicherweise wieder verloren, und die Menschen beginnen aufs Neue zu spielen.

Ich habe viel darüber nachgedacht, warum ältere Menschen einen besseren Kontakt zu ihrem inneren Kind wie auch zu Kindern in ihrer Umgebung zu haben scheinen. Sicher ist es ein wichtiger Faktor, dass sie diese Angst verloren haben, schließlich wird es ja im Laufe der Zeit immer offensichtlicher, dass das Leben sich nicht kontrollieren lässt. Allerdings muss man eine Reihe von gescheiterten Lebensprojekten hinter sich gelassen haben, um das einzusehen. Man braucht nicht mehr die absolute Kontrolle über sich selbst, weshalb also nicht anfangen zu spielen?

Ein älterer Mensch hat auch einfach mehr Zeit, um das Leben zu betrachten, nachdem die Kinder aus dem Haus sind und der Chef aufgehört hat, einen als vielversprechenden Anfänger zu sehen. Wenn unsere glanzvolle Zukunft hinter uns liegt, haben wir mehr Raum zum Spielen, wenn wir nur die Energie und die Fähigkeit haben, das wahrzunehmen.

Der brasilianische Bischof Helder Camara ist solch ein älterer Mensch, der das Spiel wiedererobert hat (wenn es diesem im besten Sinne kindlichen Mann überhaupt jemals verloren gegangen war). In einem seiner Texte beobachtet er eine Mutter und ihren Jungen. Die Mutter ist überzeugt davon, dass der Junge den Hausschlüssel verloren hat, und zwingt ihn deshalb, seine Hosentaschen auszuleeren.

Je mehr der Junge zutage fördert, desto irritierter zeigt sich die Mutter über all den »Kram«, während sich Helder Camara an die Hosentaschen seiner eigenen Kindheit und ihren magischen Inhalt erinnert:

»Die Mutter des Jungen sah die unwahrscheinlichsten und unerwartetsten Dinge der Tiefe seiner Taschen entquellen – nur nicht den Hausschlüssel. Als eine Schelle zum Vorschein kam, platzte es aus ihr: ›Endlich etwas, was ich begreife! Eine Schelle! Du verdienst es, dass man dir welche um den Hals hängt, an die Hand- und an die Fußgelenke, du Hanswurst!‹

Der kleine Bub wurde ganz traurig, hielt aber den Mund. Ich hatte die größte Lust, mich einzumischen. Ich hätte gesagt: ›Sie werden sehen, dass es sich um eine Zauberschelle handelt, die ein Fisch aus den tiefsten Tiefen des Meeres herbeigebracht hat. Sie werden sehen, dass es eine Schelle ist, die alle Traurigkeit verjagt und Freude anzieht.‹ Das wollte ich sagen – aber ich habe geschwiegen. Man hätte mich nicht verstanden. Es ist für die Großen so schwierig, das Einfachste einzusehen!«[12]

Unsere Kinder- und Jugendliteratur enthält viele Beispiele dafür, wie allein gelassene Kinder vertraute und spielende Erwachsene in der älteren Generation finden konnten. Onkel Melker in Astrid Lindgrens »Ferien auf Saltkrokan« ist ein bekanntes Beispiel.

Die Zeichnerin und Autorin Lena Andersson hat das Spiel und die Freundschaft zwischen Kindern und älteren Menschen zu einem Leitmotiv vieler ihrer Bücher gemacht. In *Linnéa i målarens trädgård* (»Linnéa im Garten des Malers«) sind Linnéa und der Nachbar Blomkvist durch ihr gemeinsames Interesse an der Kunst Monets vereint und sie fahren zusammen nach Paris, um sich die Bilder aus der Nähe anzusehen. Die Bücher über Stina schildern Stinas gemeinsame Zeit mit ihrem Großvater und die Begegnung mit dem exzentrischen und deprimierten alten Seemann Stortruten.

Eines der schönsten Beispiele für ein reiches und entwickeltes Spiel zwischen einem Kind und einem älteren Menschen findet sich in Tove Janssons *Sommarboken* (»Das Sommerbuch«), das davon handelt, wie Sophia und ihre Großmutter während eines Sommers zusammen eine Insel entdecken. Spiel, Phantasie und das gemeinsame Erforschen der Natur bringen sie einander nahe. Sie unterhalten sich über Gott und die Welt und das Spiel führt sie an die tiefsten Mysterien des Daseins heran. Bei einer Gelegenheit geraten die beiden in eine Diskussion über die Existenz des Teufels und der Hölle. Sophia glaubt sowohl an Gott als auch an den Teufel und die Hölle. Großmutter kann sich die Existenz eines Gottes vorstellen, ahnt jedoch, dass ihr Gottesbild anders aussieht als das von Sophia. An den Teufel und die Hölle aber kann sie auf keinen Fall glauben. Das Gespräch wird hitzig und ist auch eine kleine Abhandlung über die Rechte des Kindes:

»Ihre Großmutter wurde ärgerlich, setzte sich auf und sagte: ›Ich glaube heute genau dasselbe. Aber das hier ist ja nur ein Spiel.‹

›Das ist kein Spiel, es ist ernst, wenn man von Gott redet!‹

›Er würde niemals auf so etwas Dummes verfallen, wie eine Hölle zu machen!‹

›Doch, das hat er getan.‹

›Nein, das hat er nicht.‹

›Doch! Eine große, mächtige Hölle!‹ (…)

Großmutter kratzte so gut sie konnte mit ihrem Stock den Kuhfladen von ihrem Schuh, dann sagte sie: ›Mein liebes Kind, ich kann beim besten Willen nicht in meinem Alter damit anfangen, an den Teufel zu glauben. Du kannst glauben, was du willst, aber du musst lernen, tolerant zu sein.‹

›Und was ist das?‹, posaunte das Kind heraus.

›Das bedeutet, die Ansichten anderer zu respektieren.‹

›Und was heißt respektieren?‹, schrie Sophia und stampfte mit dem Fuß.

›Andere das glauben zu lassen, was sie wollen!‹, rief ihre Großmutter. ›Ich lasse dich an den Teufel glauben und du lässt mich damit in Ruhe.‹«

**1. Die Vertragsstaaten erkennen das Recht des Kindes auf Ruhe und Freizeit an, auf Spiel und altersgemäße aktive Erholung sowie auf freie Teilnahme am kulturellen und künstlerischen Leben.
2. Die Vertragsstaaten achten und fördern das Recht des Kindes auf volle Beteiligung am kulturellen und künstlerischen Leben und fördern die Bereitstellung geeigneter und gleicher Möglichkeiten für die kulturelle und künstlerische Betätigung sowie für aktive Erholung und Freizeitbeschäftigung.«**
Übereinkommen über die Rechte des Kindes, Artikel 31

Die Konvention über die Rechte des Kindes ist die erste internationale Übereinkunft, in der das Recht des Kindes auf Spiel anerkannt wird. Artikel 31 hat eine interessante Geschichte. In der ursprünglichen Vorlage zur Übereinkunft gab es lediglich einen Artikel, der das Recht des Kindes auf Ruhe und Freizeit behandelte. Dieser war im Wesentlichen als Zusatz zu dem jetzigen Artikel 32 gedacht, der schädliche Arbeit und wirtschaftliche Ausbeutung von Kindern verbietet. Das Wort »Spiel« kam nicht vor.

Die IPA-Organisation (International Association for the Child's Right to Play) spielte dann auf einer Zusammenkunft in Wien 1982 eine wichtige Rolle, indem sie das Treffen mit ihrem immer noch gültigen Programm eröffnete:

»Kinder sind die Zukunft der Welt. Durch alle Zeiten und in allen Kulturen haben Kinder gespielt.

Spiel ist neben Nahrung, Gesundheit, Wohnung und Ausbildung für die vollkommene Entwicklung aller Kinder unabdingbar.

Spiel ist intuitiv, freiwillig und spontan. Es ist natürlich und erforschend.

Spiel ist Kommunikation und Ausdruck, es verbindet Gedanken und Handlung.

Spiel berührt alle Aspekte des Lebens.

Spiel hilft allen Kindern, sich physisch, psychisch, emotional und sozial zu entwickeln.

Spiel ist eine Art, leben zu lernen, und es ist nicht nur ein Zeitvertreib.«

Mit dieser Deklaration regte die IPA einen Alternativvorschlag zu Artikel 31 an. Zunächst wurde vor allem über den Begriff »Spiel« diskutiert. Hatte er wirklich Platz in einer internationalen Konvention? Viele Regierungsvertreter standen dem Gedanken positiv gegenüber, andere wieder waren reserviert. Am ablehnendsten verhielt sich der britische Gesandte. Er war ein äußerst korrekter Vertreter seines Landes, der elegant und umständlich seine Meinung und die der britischen Regierung zu dieser Sache darlegte. Kinder hatten ja wohl schon immer gespielt, meinte er, welchen Sinn hätte es dann, vom Spiel als einem Grundrecht zu reden.

Diese Argumentation war entlarvend und bezeichnend für so viele Menschen, die das Spiel des Kindes nach wie vor als etwas Unnötiges, einen Zeitvertreib neben anderen ansehen. Man muss es deshalb als einen großen Fortschritt ansehen, dass die Vereinten Nationen festgelegt haben, dass jedes Kind das Recht hat, spielen zu können, auch wenn man seitens der IPA der Ansicht ist, dass Artikel 31 etwas deutlicher hätte formuliert werden können.

Die Vereinten Nationen verbinden Ruhe, Freizeit, Spiel und Erholung mit dem »kulturellen und künstlerischen Leben«. Die Staaten sollen nicht nur dafür sorgen, dass Kinder nicht durch

Ausbeutung oder harte Arbeit daran gehindert werden, sondern sie sollen sich auch aktiv dafür einsetzen, dass Kinder wirklich die Möglichkeit zum Spiel erhalten.

Der Absatz 2 in Artikel 31, in dem es um die Achtung der künstlerischen und kulturellen Betätigung der Kinder geht, mag mancher als eine Wiederholung des in Absatz 1 bereits Gesagten ansehen. Tatsächlich enthält er jedoch einige kleine Wörter, die alle, die mit Kindern zu tun haben, im Gedächtnis halten sollten: *volle, geeignete, gleiche.*

Das Kind soll das Recht auf *volle* Beteiligung am kulturellen und künstlerischen Leben haben. Dies muss so interpretiert werden, dass Kinder dieselben Rechte und Möglichkeiten haben sollen wie Erwachsene. Die Kultur der Kinder darf im Vergleich zu der der Erwachsenen nicht diskriminiert werden, und sie soll eine echte Möglichkeit für das Kind beinhalten, selbst teilzunehmen – also nicht nur die Kultur betrachten zu dürfen, die Erwachsene für Kinder geschaffen haben.

Die dem Kind bereitgestellten Möglichkeiten sollten außerdem *geeignet* sein, das soll heißen, im Einklang mit den Bedürfnissen des Kindes erdacht worden sein. Ein Milieu, in dem sich Kinder aufhalten und spielen, sollte also dem entsprechen, was für das Kind geeignet ist.

Dass diese Möglichkeiten *gleich* sein sollen, heißt, dass kein Kind ausgeschlossen sein darf. Dies ist eine Grundregel der Übereinkunft und in diesem Fall muss die Gesellschaft darauf achten, dass alle Kinder dasselbe Recht auf Kultur und Freizeitaktivitäten bekommen. Die Chance, dabei zu sein, darf nicht nur auf dem Papier stehen.

Wir sind in dieser Hinsicht schon recht weit gekommen. Wir haben ein weit verzweigtes Netz von Bibliotheken und Bücherbussen, und die Unterstützung des Breitensports hat es vielen möglich gemacht, dabei zu sein, um nur einige Aspekte zu nennen. Aber die Kürzungen in öffentlichen Etats in den letzten Jahren gefährden diese Arbeit stark. Es gibt eine Tendenz zu großen wirtschaftlichen Gräben innerhalb der Gesellschaft und das hat auch Konsequenzen für die Kinder. Auf manchen Gebieten wird zunehmend eine Zweiteilung nach wirtschaftlichen Möglichkeiten deutlich – nur die Kinder aus privilegierten Familien können dabei sein. Das gilt nicht nur für kulturelle Unternehmungen, sondern in ebensolchem Maße für den Sport, vor allem die Sportarten, die mit großen Kosten für die Familien verbunden sind (Eishockey, Ballett, Reiten, Golf).

Widerspricht eine solche Entwicklung den Maßgaben der Übereinkunft? Ja, prinzipiell schon. Die Gesellschaft hat auf jeden Fall die Aufgabe, dieser Entwicklung mit allen verfügbaren Mitteln entgegenzuwirken.

Welche Rolle spielen nun die Materialien für die Entwicklung des forschenden Selbst des Kindes? Jeder, der schon einmal Kinder beim Spiel beobachtet hat, weiß, dass Platz und Raum wichtig sind. Wenn sich mehrere Kinder in einer engen Mietwohnung drängen, entstehen eher Konflikte als Spiele. Werden dieselben Kinder auf eine große Wiese oder in einen Wald gelassen, dann beginnen sie zu spielen. Dabei ist dann auch der Zugang zu passendem Material wichtig.

Allerdings ist diese Forderung nach mehr Platz, mehr Material und mehr Aktivität auch etwas zu einfach, denn ein allzu großes Angebot an Materialien kann Spiel, Phantasie und Erfindungsreichtum auch hemmen.

In der Anthologie *Rätt till lek* (»Das Recht auf Spiel«) führen die Psychologin Agneta Lindkvist und die Vorschulpädagogin Christina Wahlund eine Diskussion über dieses Thema. Beide haben in Beirut gearbeitet und können deshalb die Realität der Kinder dort mit der Situation in Europa vergleichen.

Agneta Lindkvist schreibt vom Spiel als einer Art Urkraft:

»Gleichzeitig ist eine gewaltige Kraft im kindlichen Spiel, eine Art schaffender Ursinn, der alle Grenzen sprengt. Als Psychologin habe ich viele seelische Vulkanausbrüche beobachten können, die durch Spiel hervorgerufen wurden. Ängstliche Erwachsene haben versucht, die Vulkane mit Wasserschläuchen zu löschen, glücklicherweise ist es ihnen aber zumeist misslungen.«

Erwachsene möchten gern das Spiel regulieren, es in Zeit und Raum abgrenzen, es kontrollieren. Agneta Lindkvist meint, das sei sinnlos:

»Für Kinder ist Spiel etwas anderes. Es ist ein Lebensbedürfnis, eine Arbeit und eine Art mentaler Zustand. Kinder spielen nicht, sie sind das Spiel! Mit irgendeinem Teil ihrer selbst spielen sie ständig. Jeder Eindruck, den sie aufnehmen, muss in Spiel umgesetzt werden – sofort!«

Die chaotischen Lebensbedingungen des Krieges, das Gedränge in den Luftschutzkellern und alle Anforderungen, die da an Kinder gestellt werden, hindern sie am Spielen. Sie versuchen es so lange wie möglich, aber schließlich stirbt auch das Spiel und die Chancen für das Kind, sein Trauma zu bearbeiten, werden begrenzt. Viele Kinder des Krieges sind daher gezwungen, ihre Erlebnisse zu verdrängen und sie bis ins Erwachsenenalter hinein mit sich herumzuschleppen.

Christina Wahlund denkt darüber nach, was die wirklich wichtigen Voraussetzungen für ein funtionierendes Spiel sind. Sie nennt drei Bedingungen: ein Platz zum Spielen, die Gelegenheit dazu und Menschen, auf die man neugierig werden kann. Zugleich sagt sie aber, dass der Ort und die äußeren Voraussetzungen nicht unbedingt entscheidend sein müssen. In den Luftschutzkellern Beiruts sah sie manchmal Kinder außergewöhnliche Spiele spielen, während sie zurück in Europa Kinder sah, die völlig unfähig zum Spielen waren, obwohl sie alle Voraussetzungen hatten. Sie fasst zusammen:

»Kinder können überall spielen. Entscheidend ist, ob es Menschen gibt, auf die sie neugierig werden können, Menschen, die zuhören und mit dem Kind über das reden können, was sie tun. Kinder wissen, wie sie Erwachsene zu gebrauchen haben. Wenn das Kind nicht forschen darf, wenn es nichts hat, was es anschauen und anfassen kann, wenn es keine Stimme hören darf, die auf seine Signale antwortet, dann wird es nicht stimuliert, wird nicht gelockt, wird nicht neugierig. Dann gibt das Kind auf.«

Für Agneta Lindkvist ist Spiel also ein innerer Prozess, Christina Wahlund sieht es als soziales Zusammenspiel. Beide haben durch ihre Erlebnisse in Beirut ihre Sicht des Spiels vertieft. Es gibt Inseln des Friedens, des Lebens und des Schaffens auch in einem vom Krieg heimgesuchten Land, und im sicheren Europa gibt es Milieus, in denen kriegsähnliche Zustände herrschen. Es gibt Erwachsene, die mitten im Krieg zuhören, und es gibt solche, die auch im Frieden keine Regung zeigen. Das Fehlen von Raum und Material kann die Kreativität hemmen, aber auch der Überfluss und die Überstimulation.

Alles hat zwei Seiten. Das forschende Selbst ist ein empfindlicher Teil des Selbst, der sich schnell von äußeren und inneren Zuständen beeinflussen lässt. Angst und Chaos können das Spiel in jedem Lebensalter behindern. Wenn allzu viel psychische Energie darauf verwendet werden muss, sich gegen die Bedrohungen zu schützen, die man erlebt, dann bleibt nicht viel kreative Kraft übrig. Spiel oder künstlerisches Schaffen sind auch eine Flucht, bei der man sich seiner Phantasie hingibt. Und dann muss man sicher sein, dass in der Zwischenzeit die Katastrophe nicht zur Tatsache wird.

Ich bin vielen Kindern begegnet, die in schlechter Umgebung lebten und lange Zeit nicht wagten zu spielen. Das gilt für Kriegskinder oder Flüchtlingskinder ebenso wie für Kinder aus Alkoholikerfamilien oder aus fatalen Beziehungskonflikten. Und aus meinem eigenen Leben weiß ich, dass ich in Zeiten, wo die Krise zu stark und der Angstpegel zu hoch ist, nichts ausrichte.

Auf der anderen Seite können natürlich Angst und Unsicherheit in niedriger Dosis die Phantasie und das Schaffen auch befördern. Die Phantasie ist ein Zufluchtsort, der Schutz, Hoffnung und Chancen bietet, wenn die Wirklichkeit allzu unfreundlich ist.

Die Ausbeutung und Ausnutzung von Kindern hemmt deren Entwicklung eines reichen forschenden Selbst. Hierauf wies die Übereinkunft zum Schutz der Kinder hin. Jedem ist klar, dass die Kinder, die wie Sklaven gehalten werden, um Teppiche, Fußbälle und Krankenhausinstrumente herzustellen, keine

Möglichkeit zur Entwicklung und zum Spiel haben. Sie phantasieren und träumen sich manchmal fort, aber wenn die Phantasie niemals Nahrung bekommt und nicht in schaffendem Spiel gestaltet werden kann, dann stirbt sie, und das Kind wird zu dem Arbeitsroboter, den sein Besitzer haben möchte. Wer einmal eine Weile an einem altmodischen Fließband gearbeitet hat, mit stereotypen Handgriffen und ohne Arbeitsplatzwechsel, der weiß, was hier gemeint ist.

Bei uns ist Kinderarbeit seit langem verboten, und die Versklavung von Kindern gibt es nicht mehr. Deshalb sind die Thesen des finnischen Hirnforschers Matti Bergström, die er 1991 in seinem Buch *Barnet – den sista slaven* (»Das Kind – der letzte Sklave«) veröffentlichte, so provozierend. Bergström hat in einer Verbindung von naturwissenschaftlicher und poetischer Sprache eine neue Terminologie geschaffen, die noch nicht allgemein gültig ist und – ähnlich wie die von Winnicott – auch nicht immer direkt zugänglich ist. Aber seine Schlüsse sind interessant und geben zu denken.

Von der Neurologie ausgehend spricht Bergström von drei Grundkräften im Gehirn: der Kraft (Energie, Wille), der Fähigkeit (das intellektuelle Ordnen) und dem Wert (das Gefühl, das intuitive Bewerten hereinkommender Informationen). Die Wertekapazität des Gehirns ist ein besonderer Raum, dessen dynamische Teile sich völlig von dem logischen Teil unterscheiden. Die Logik herrscht in der Großhirnrinde vor, wo der »Fähigkeitsgenerator« installiert ist. Im Stammhirn steht der »Zufallsgenerator«, dort herrscht das Chaos. Wenn Gedanken oder Einfälle auf diese beiden Systeme treffen, entbrennt ein Kampf, aus dem neue kreative Ideen entstehen, welche wiederum mit dem Wertekatalog des Gehirns abgestimmt werden:

»Damit ein neuer kreativer Gedanke überleben kann, muss mindestens ein alter Gedanke sterben: Kreativität in unserem Gehirn fordert für jeden schaffenden Akt einen zerstörenden. Die Bedingung oder der Preis für Kreativität ist Katastrophe.«

Für Bergström ist das Selbst niemals etwas Statisches, sondern eine Arena des ständigen Kampfes und Konfliktes. Im Selbst werden »Möglichkeitswolken« gebildet, die immer wieder aufeinander prallen, wenn wir etwas tun. Kinder sind hierbei etwas ganz Besonderes, meint Bergström, sie bringen neue Ideen in die Welt und beseelen in ihrem Spiel die Natur und ihre Umgebung, füllen sie mit neuem Leben und verleihen ihr neuen Wert.

Bergström geht dann zum Frontalangriff gegen die westliche Gesellschaft im Allgemeinen und die Schule im Besonderen über. Die Schule sei zu einer Dressuranstalt verkommen, in der Kinder zu »Fähigkeitssklaven« gemacht werden sollten. Rational gesehen würden sie natürlich tüchtig, aber gleichzeitig zu »Wertkrüppeln« gemacht. Er plädiert dafür, dass die Arbeit der Schule in eine gleichwertige Entwicklung des befreiten Kindes mit uns Erwachsenen verwandelt werden solle.

Bergströms Wortwahl erinnert an Janusz Korczak, der in »Das Recht des Kindes auf Achtung« den übermäßigen Glauben mancher Lehrer an Disziplin und mechanisches Lernen attackiert:

»Wir verlangen eine Uniform der Tugenden und Momente, und das auch noch nach unserem Gutdünken und unseren Vorstellungen.

Gibt es in der Geschichte wohl ein Beispiel für eine ähnliche Tyrannei? Das Geschlecht Neros hat sich vermehrt.«[13]

Matti Bergströms Zivilisationskritik wirkt vielleicht zu vage, ist aber interessant, nicht zuletzt weil sie von einem sehr kompetenten Naturwissenschaftler stammt. Sie erinnert auch an Ellen Keys Beschreibung dessen, was sie ihre »erträumte Schule« nannte und was sie in ihrem Buch aus dem Jahre 1901 ausführt:

»Die Zeit ruft nach ›Persönlichkeiten‹, aber sie wird vergebens rufen, bis wir die Kinder als Persönlichkeiten leben und lernen lassen; ihnen gestatten, einen eigenen Willen zu haben, ihre eigenen Gedanken zu denken, sich eigene Kenntnisse zu erarbeiten, sich eigene Urteile zu bilden; bis wir mit einem Worte aufhören, in den Schulen die Rohstoffe der Persönlichkeiten zu ersticken, denen wir dann vergebens im Leben zu begegnen hoffen.«[14]

Wenn ich Ellen Key, Janusz Korczak und Matti Bergström lese, denke ich an den Artikel 29 der Übereinkunft über die Rechte der Kinder, der von der Ausbildung handelt. Die Vereinten Nationen legen dort fest, dass der vorrangige Sinn der Ausbildung sei,»die Persönlichkeit, die Begabung und die geistigen und körperlichen Fähigkeiten des Kindes voll zur Entfaltung zu bringen«.

Ich bin ein großer Anhänger solcher Gedanken. Spiel, Phantasie und das künstlerische Schaffen haben meiner Ansicht nach eine Schlüsselrolle bei der Entwicklung des Selbst und ich meine, dass dieser ganze Bereich in der Schule wie auch in der Gesellschaft stiefmütterlich behandelt wird. Unsere ganze Gesellschaft ist von Werteverkrüppelung heimgesucht. Manche glauben, dass alle Probleme gelöst wären, wenn nur der Religionsunterricht wieder einen größeren Stellenwert an den Schule habe, aber ich glaube, dass wir es mit einer viel ernsthafteren Werteverkrüppelung zu tun haben.

Hier soll nämlich ein weiteres Hemmnis für die Entwicklung des forschenden Selbst genannt werden, der Informationsüberfluss. Wieder geht es um einen Balanceakt. Das Selbst braucht Information und Stimulans, um sich entwickeln zu können. Ich gehöre zu denen, die meinen, dass das forschende Selbst auch durch ein gutes Fernsehprogramm oder kreative Computerspiele gefördert werden kann. Sogar das Internet kann Kindern und Erwachsenen spannende Impulse zum Weiterforschen geben.

Aber es gibt einen kritischen Punkt, an dem die Information mehr betäubt als dass sie Leben gibt, mehr lähmt als dass sie stimuliert, mehr verwirrt als dass sie klarstellt. Ich bin der festen Ansicht, dass Kinder, Jugendliche und Erwachsene heutzutage ständig Gefahr laufen, von Informationen und Aktivitäten erstickt zu werden. Wir sollten weniger lesen und mehr schreiben, weniger Radio hören und mehr miteinander sprechen, weniger Platten hören und mehr selbst singen, weniger fernsehen und mehr eigene Bilder und Filme schaffen.

Was ist Wirklichkeit und was ist Bild? Anna Semrén, eine Schülerin aus Schweden, schreibt in ihrer Gedichtsammlung DANTE:

»Sitze vor dem Fernseher,
sein blauer Schimmer zeigt die große Welt;
Krieg, Verfolgung, Erdbeben.
Fühle mich schlecht,
alles fühlt sich unwirklich an.
Ist das wirklich passiert?
Erinnere mich an das, was Mama gesagt hat,
vor langer Zeit:
›Die tun doch nur so.‹
Tue eine Seufzer der Erleichterung,
schalte den Fernseher ab,
kehre zum Alltag zurück, zur Wirklichkeit.«

In der Landschaft des forschenden Selbst werden zwei Lebensthemen miteinander verbunden. Bei dem einen geht es um Einswerden oder Zerrissensein, bei dem anderen um Fortentwicklung oder Resignation.

Die Landschaft kann als eine Verbindungszentrale angesehen werden. Hierhin werden die Erfahrungen von allen anderen Bereichen des Selbst gebracht, damit sie zum gemeinsamen Austausch zusammengeschlossen werden. Das Licht wird durch alle Prismen der Landschaft gebrochen und bildet das einzigartige Spektrum, das jedem Menschen eine umfassende Persönlichkeit verleiht.

Ein Mensch, der sich viel in dieser Landschaft aufhält, wirkt reich und vielfältig, aber doch sehr homogen. Er hinterlässt deutliche Spuren. Wer Angst hat, hierher zu kommen, dessen

Persönlichkeit wirkt flach, flüchtig und zersplittert. Der Zusammenhang ist ihm verloren gegangen, das Bild ist diffus.
Aber diese Landschaft hat auch Platz für eine Forschungs- und Entwicklungsstation. Hier werden neue Gedanken und Ideen geboren, hier werden die ersten Schritte zu Aufruhr und Neuorientierung unternommen. Ein Mensch, der sich diesen Teil der Landschaft aneignet, schafft Neues und ist ständig in Bewegung. Liegt dies jedoch alles brach, dann drohen Flaute und Resignation.
Es geht um Leben und Tod. Und um Spiel – aber ernsthaftes Spiel.

Wer ist nicht ein Kind

Eines Tages in meinem siebzigsten Lebensjahr,
als ich versuchte, mich daran zu erinnern, wie es sich anfühlte,
ein Neuankömmling in dieser Welt zu sein und auf eigene Faust
ihre siebenundsiebzig Eingänge zu entdecken,

erhielt ich Hilfe von einem Professor Emeritus,
einem Herrscher über sieben Sprachen,
der mit Tränen in den Augen in der Diele stand
und nach dem Eingang in einen Mantelärmel suchte.

Er wollte selbst.

Und wer von uns ist nicht ein Kind,
und wer ist nicht Professor?

Werner Aspenström, *Varelser* (»Lebewesen«)

Verliebtheit und Liebe
Die Landschaft des sexuellen Selbst

Sophokles lesen, Freud lesen, diese erstaunliche Wahrheit entdecken: niemand entgeht dem Orakel, niemand entgeht dem Begehren. (…) Seit undenklichen Zeiten ist es der Mann, der das Herdfeuer verließ, und die Frau, die daheim blieb, die das ganze Gewicht der Antike auf sich nahm, verstärkt in neuerer Zeit durch das Gefühl der Schuld. Aber die Dinge können sich verändern und eine »geschichtlich andere Zeit« wird vielleicht beginnen…

Christiane Olivier

Meine erste Erinnerung an mich selbst als Junge, nicht nur als Kind, hat mit meiner Mutter und mit Geburt zu tun. Als ich fünf Jahre alt war, verbrachte ich zusammen mit meinen beiden jüngeren Geschwistern einen Sommer bei den Großeltern. Als wir nach Hause kamen, hatten wir einen neuen Bruder bekommen. Wie war das passiert?

Er lag in seiner Wiege im Schlafzimmer des kleinen Sommerhauses. Mama sagte zu meiner Schwester: »Du kannst mir helfen, für ihn zu sorgen!« Warum sie und nicht ich? Ich war schließlich der Älteste.

Etwas mehr als ein Jahr später war es wieder so weit. An einem Novemberabend, als ich gerade schlafen sollte, kam Mama in unser Schlafzimmer. Sie hatte ihren Mantel an. »Ich muss für ein paar Tage ins Krankenhaus«, sagte sie, »ihr bekommt ein kleines Geschwisterchen.«

Nachdem sie mit dem Taxi davongefahren war, lag ich lange wach und konnte nicht einschlafen. Warum hatte ich nicht vorher davon erfahren? Hätte ich es nicht an ihr sehen müssen? Wusste meine

Schwester etwas? Sie schlief jetzt, aber ich würde sie am nächsten Tag fragen.

Eine neue Welt öffnete sich, die geheime, aber mächtige Verschwörung der Frauen. Ich blieb außen vor, ohne richtig zu verstehen, warum. Und wo war Papa bei der ganzen Sache?

Es war in den 40er Jahren und vieles war damals anders. Ich hatte Mama oder Papa niemals nackt gesehen, niemand hatte mit uns Kindern je über männlich und weiblich, über Sexualität und Kinderkriegen geredet. Natürlich hatte ich den Unterschied zwischen mir und meinen Brüdern auf der einen Seite und meiner Schwester auf der anderen Seite entdeckt. Im Indianerzelt bei den Großeltern pflegten wir und unsere Kusinen die Mysterien des Körpers zu erforschen. Aber das waren heimliche Spiele und unsere Erfahrungen wurden niemals durch die Erwachsenen gefestigt.

Der Unterschied zwischen Mama und Papa hatte mehr mit Nähe als mit Geschlecht zu tun. Mama war immer da, sie war ein selbstverständlicher Ruhepunkt in unserem Dasein, an den wir dachten und um den wir uns stritten. Mama war ein warmherziger und großzügiger Mensch, aber das Gedränge auf ihrem Schoß war groß und manchmal nahm die Erschöpfung überhand.

Papa war weit weg. Sein ganzes Leben lang hat er gearbeitet. Ab und zu nahm er plötzlich an unserem Dasein teil, an manche dieser Momente erinnere ich mich mit seltsamer Deutlichkeit: als er sich auf einen Hocker in unserem Zimmer setzte und uns beibrachte, die Spielsachen zu sortieren, als er stolz mit einem neuen Opel Olympia nach Hause kam, als er mit einem Schrotgewehr Krähen schoss und ich mich erschrocken hinter ihn duckte, als er meinen Bruder und mich auf eine Reise zu seiner alten Schule mitnahm.

Erst nach vielen Jahren begriff ich, dass der Unterschied zwischen Mama und Papa nicht nur darauf beruhte, dass sie als Menschen verschieden waren, sondern dass sie auch ein unterschiedliches Geschlecht hatten und ihnen in der Zeit und der Gesellschaft, in der ich aufwuchs, unterschiedliche Rollen zugeteilt waren. Ich arbeite heute noch daran, Mama als eine Frau unter anderen Frauen und Papa als einen Mann unter anderen Männern zu sehen.

Die Tür zu dieser Landschaft ist die Entdeckung des Unterschiedes, der in der Geschlechtszugehörigkeit liegt. Dass ich ein Junge oder

ein Mädchen bin, ein Mann oder eine Frau. Und dass dies von Be-
deutung für mich ist, sowohl im Zusammenspiel mit meinen Eltern
als auch in der Art, wie ich anderen Menschen und der Umwelt ge-
genübertrete.

Für mich, ebenso wie für sicher viele Angehörige meiner Genera-
tion, war es schwer, die Tür mehr als einen Spalt weit zu öffnen. Man
konnte uns nicht ausschließen, aber die Kraft, die es kostete, hinein-
zukommen, machte es uns unmöglich, dieselbe Ruhe in dieser Land-
schaft zu finden wie andere. Die Landschaft des sexuellen Selbst war
von Anfang an verbotenes Gelände. Die freudige Neugier wurde von
Scham und Angst gebremst. Das Erforschen erhielt Züge von rast-
losem Suchen.

Das ist heute anders. Aber in welcher Hinsicht?

Es ist nicht leicht zu beschreiben, wie ein Kind die Landschaft des sexuellen Selbst allmählich erobert und wie sich
dieser Prozess im Erwachsenenalter fortsetzt. Das Thema ist
heikel und allgemein gültige Erklärungen gibt es nicht. Es gibt
Mengen von Literatur, in der Forscher, Kliniker, Pädagogen
und andere ihre Theorien und Erfahrungen zu formulieren suchen.

Die drei Ärzte, deren Gedankengängen ich in diesem Buch
folge, haben zu ebendiesem Thema nicht viel beizutragen. Janusz Korczak ist bemerkenswert uninteressiert am Aspekt des
Geschlechts. Er nimmt jedes Kind als ein selbständiges und
freies Individuum mit seinen eigenen Möglichkeiten, ein Verhältnis zu Erwachsenen oder anderen Kindern aufzubauen.

Vielleicht ist es seine Perspektive des Waisenhausarztes, die
ihn so denken lässt. Wenn er Kindern begegnet, dann geschieht
das oft, ohne dass die Eltern in der Nähe sind. Natürlich betont
er die Rolle der Eltern für ihre Kinder, aber er spricht doch
mehr von einer Art kollektiver Elternschaft, von unserer gemeinsamen Verantwortung für alle Kinder. Und immer wieder
kommt er darauf zurück, dass die Kinder nicht das Eigentum
der Eltern seien:

164

»Du sagst: ›Mein Kind.‹ Nein, es ist ein gemeinsames Kind, ein Kind von Vater und Mutter, von Ahnen und Urahnen. Irgendein fernes ›Ich‹, das in einer Reihe von Vorfahren schlief, die Stimme aus einem morschen, längst vergessenen Sarge spricht plötzlich aus deinem Kinde.«[15]

Das Kind trägt ein facettenreiches genetisches Material in sich und lebt in einem komplizierten Netzwerk verschiedener Beziehungen. Funktioniert dieses Netzwerk schlecht, dann ist das Kind immer der Verlierer, meint Korczak, der hier recht »modern« denkt.

Korczak schreibt immer von »Kindern«, und es ist mir schwer gefallen, in seinen Büchern Beispiele für eine etwas eingehendere Diskussion der unterschiedlichen Bedürfnisse von Jungen und Mädchen zu finden. Eine interessante und unerwartete Ausnahme gibt es in »Wie man ein Kind lieben soll«:

»Warum unterscheidet sich ein Mädchen im neutralen Alter bereits so sehr von einem Jungen? Weil es außer der Benachteiligung durch die Kindheit noch den zusätzlichen Beschränkungen eines weiblichen Wesens unterliegt. Der Junge, der keine Rechte besitzt, weil er ein Kind ist, reißt das Privileg seines Geschlechts mit beiden Händen an sich und lässt es nicht mehr los. Er will diese Vorrechte nicht mit einem gleichaltrigen Mädchen teilen. ›Ich darf das, ich kann das, ich bin ein Junge.‹«[16]

Korczak führt dann aus, wo die Ursachen hierfür liegen könnten. Im Kinderheim hat er sich besonders für die Mädchen interessiert, die es vorzogen, mit Jungen zu spielen. Sie haben es meist nicht leicht, oft sind sie die Sklaven der Jungengruppe und werden von den übrigen Mädchen verachtet. Das hat negative Auswirkungen, meint Korczak, aber er zeigt auch, dass es nicht immer so sein muss:

»Benachteiligung antwortet auf Missachtung mit Missachtung: das ist die unwillkürliche Selbstverteidigung des Stolzes, der angegriffen wird. Nur im Ausnahmefall ist ein Mädchen imstande, sich nicht abschrecken zu lassen, sich nichts aus der Meinung der anderen zu machen und hoch über der Masse zu stehen.«[17]

Wer hier nun eine tiefer gehende psychologische Analyse erwartet, wird erstaunt sein. Korczak, als der Praktiker, der er ist, sieht nämlich völlig andere Ursachen. Die Unterschiede liegen in der Freimütigkeit, der physischen Stärke und – in der Kleidung!

»Ein Mädchen kann nicht ungezwungen herumlaufen; denn wenn es stürzt und nicht sofort sein Kleidchen zurechtziehen kann, hört es schon den boshaften Ruf: ›Oh, die Höschen!‹

›Stimmt ja gar nicht‹, oder herausfordernd: ›Na und?‹, sagt es dann errötend, verwirrt und erniedrigt.

Sollte es nur ein einziges Mal versuchen mitzuraufen, so lässt der gleiche Ausruf seine Kräfte sofort erlahmen und macht es sofort kampfunfähig.«[18]

Korczak warnt davor, die Jungen zähmen zu wollen. Anstatt sie mit langen Haaren, Nettigkeitsgesten und einschränkenden Regeln zu belegen, sollten wir starke und mutige Mädchen erziehen, die wir von den Konventionen darüber, was »sich schickt«, befreien und die dadurch die Chance erhalten, sich zu wehren.

Auch Winnicott ist seltsam uninteressiert am Aspekt der Geschlechtlichkeit in der Entwicklung des Kindes. Winnicott geht in seinem Denken von den klassischen psychoanalytischen Theorien aus, wie sie ursprünglich von Freud formuliert wurden. Zwar entwickelt er diese Theorien weiter und geht oft seinen eigenen Weg, wenn er aber selten genug in seinen Schriften über die psychosexuelle Entwicklung des Kindes spricht, klingt er wie ein Echo von Freud. Allerdings nimmt er Freuds Thesen die Schärfe ein wenig. Dies gilt zum Beispiel für seine Beschreibung des Ödipus- oder Elektrakomplexes, also der Verliebtheit des Jungen in seine Mutter und des Mädchens in seinen Vater:

»Es ist bekannt, dass manchmal ein besonders starkes Band zwischen Vater und Tochter entsteht. Es ist eine Tatsache, dass jedes kleine Mädchen den Traum in sich hegt, anstelle der Mutter zu sein (...), es wirkt sich sehr unglücklich aus, wenn diese enge Bindung zwischen Vater und Tochter von Gefühlen der Eifersucht oder der Rivalität gestört wird und sich nicht natürlich entwickeln kann.«

Winnicott weist darauf hin, dass die Entwicklung von Junge und Mädchen hier unterschiedlich aussieht. Das Mädchen, das sich in seinen Vater verliebt, nimmt ein größeres Risiko auf sich als der Junge, der seine Mutter liebt, denn es ist gefährlicher, die Mutter als Rivalen zu haben! Dieser Gedankengang ist später von feministischen Analytikerinnen aufgenommen und weiterentwickelt worden.

Auch in der Frage des »Penisneides« geht Winnicott einen Schritt weiter als Freud, ohne jedoch den ursprünglichen Gedankengang hierzu völlig aufzugeben. In einem kontrastreichen und sicher provozierenden Vortrag hält er 1964 den Penisneid als eine Tatsache fest. Wenn Mädchen entdecken, dass Jungen einen Penis haben, bringt das Probleme mit sich, die Folgen davon sollten jedoch nicht übertrieben werden, da sie sich auf lange Sicht ausgleichen würden.

Feministische Psychoanalytikerinnen haben seit einiger Zeit Abstand von dieser Betrachtungsweise genommen oder wenigstens die Gegenseitigkeit in diesem Prozess betont.

Ein für Winnicott zentraler Gedankengang konzentriert sich auf die Tatsache, dass wir alle, Männer und Frauen, von einer Frau geboren wurden. Es ist für jeden Mann und für jede Frau wichtig, diese erste und absolute Abhängigkeit von einer Frau anzuerkennen. In diesem Zusammenhang führt er den fast mystischen Begriff FRAU ein (immer in Großbuchstaben geschrieben):

»Es gibt ein besonderes Phänomen, das wir FRAU nennen, das die ganze Szene dominiert und alle unsere Diskussionen beeinflusst. Die FRAU ist die unerkannte Mutter für jeden Mann und jede Frau aus den ersten Lebensstadien.«

Frauen und Männer gehen auf unterschiedliche Weise damit um. Die Frau, in diesem Land der Frau geboren, kommt am besten zurecht, wenn sie sich mit der FRAU identifizieren kann. Dann wird sie ein Glied einer langen Kette sein und entdecken, dass sie immer drei Frauen in sich trägt: das kleine abhängige Mädchen, die Mutter und die Mutter der Mutter. Für den Mann ist dies unmöglich. Er muss erkennen, dass er im Land der Frau geboren wurde und sich nun auf der Flucht befindet. Es bleibt ihm nur übrig, sein eigenes, besonderes, männliches Ich zu finden, und das führt ihn oft zur Suche und zur Einsamkeit. Die Frau erreicht ihre seelische Reife, in dem sie sich immer mehr als ein Teil des (weiblichen) Kollektives akzeptiert, während ein reifer Mann immer einsamer wird.

Winnicotts Gedanken über das männliche und das weibliche Element, die er vor allem in seinem letzten Buch »Vom Spiel zur Kreativität« formuliert hat, haben denselben Ursprung. Das kleine Mädchen entdeckt bald die Zusammengehörigkeit mit der Mutter, die es pflegt, und kann sich dort, im »Sein«, ruhig aufhalten.

Der Junge hingegen lässt sich zunächst auch ruhig nieder, entdeckt dann aber, dass er am falschen Platz ist und aus dem Weiblichen wieder aufbrechen muss. Dies zwingt ihn ins »Tun«, er muss handeln, um frei und selbständig zu sein.

Sowohl »Sein« wie auch »Tun« sind notwendig, um Kreativität und Empathie zu entwickeln. Winnicott ist somit ein früher Teilnehmer an der Diskussion um den Inhalt des Kern-Selbst.

Viele meinen, Winnicott habe die Tendenz, die Frau und die Mutter zu mythologisieren, während er die Rolle des Vaters für das Kind nur oberflächlich behandele. Adam Phillips, sein Biograph, meint, dass dies vielleicht mit seiner eigenen Geschichte zusammenhänge. Das ist möglich. Ich frage mich jedoch, ob es nicht von seinem ursprünglichen Beruf, dem des Kinderarztes, herrührt.

Wir Kinderärzte haben schon immer die Mütter häufiger als die Väter getroffen. Wir haben zu den Frauen ein Vertrauensverhältnis und oft Fragen mit ihnen besprochen, die als weiblich aufgefasst werden: Probleme bei der Geburt, Stillen, Erschöpfung, wenn der Säugling schreit. Ich habe viele, viele Kinderärzte getroffen, vor allem aus der älteren Generation, die dasselbe Interesse und dieselbe Würdigung der MUTTER zeigen wie Winnicott.

In einem Vortrag schreibt Winnicott über die Rolle des Vaters und plädiert dafür, dass Väter größere Verantwortung im Leben der Kinder übernehmen sollen. Es ist wichtig zu berücksichtigen, dass es hier um England in den 50er Jahren geht und dass das, was Winnicott sagt, damals sicher anders aufgefasst wurde als heute. Er meint, dass der Vater gebraucht würde, um der Mutter zu helfen, damit sie sich an Körper und Seele wohl fühle. Väter sollten zu Hause sein und nicht in der Kneipe – das ist die verkürzte Botschaft. Eine Mutter, die Liebe, Aufmerksamkeit und praktische Hilfe durch ihren Mann erfährt, ist eine bessere Mutter für ihr Kind.

Der Vater solle die ordnende und bestrafende Hand sein, der Repräsentant von Moral, Normen und Autorität. »Mama war das Zivilgericht und Papa der Bundesgerichtshof«, sagte mein Bruder einmal, als wir über unsere Kindheit sprachen. Winnicott hält aber noch eine weitere Aufgabe für die Väter bereit:

»Zum Dritten kann man sagen, dass das Kind seinen Vater wegen der positiven Eigenschaften und Züge braucht, die ihn von anderen Männern unterscheiden, und wegen seiner lebendigen Persönlichkeit.«

Winnicott erteilt dann Ratschläge, wie Vater und Kind einander besser kennen lernen können. Er schließt dabei nicht aus, dass dies bereits früh im Leben des Kindes, »im Alter von einigen Monaten«, geschehen könne.

Während Winnicott sich hier für die Bedeutung des Vaters einsetzt, ist es doch immer noch lange hin bis zu den Ideen zur Vaterschaft, die wir heute haben. Am Ende ermahnt er die Mütter, der guten Beziehung zwischen Kind und Vater nicht im Wege zu stehen, sondern sie vielmehr zu fördern.

Es ist interessant zu sehen, wie deutlich Winnicott die Unterschiede in der Entwicklung von Jungen und Mädchen aufzeigt und nach Ursachen dafür sucht. Er sieht, welche Konsequenzen das zumindest für die Mädchen mit sich bringt. Dennoch sieht er die Rollenverteilung innerhalb der Familie als eine Art Naturgesetz an. Sein Wunsch, dass der Vater aktiver sein sollte, ist eher zum Vorteil der Mutter als zu dem des Kindes gedacht. Auch die Texte von Daniel Stern erwecken diesen Eindruck. Er weist nur sehr selten auf Unterschiede in der gefühlsmäßigen Entwicklung von Jungen und Mädchen hin, so zum Beispiel in »Tagebuch eines Babys«, wo er den kleinen Joey berichten lässt. An keiner Stelle erklärt Stern, warum er einen Jungen als Tagebuchschreiber ausgewählt hat oder ob das Buch anders ausgesehen hätte, wenn ein Mädchen es geschrieben hätte. Im Vorwort bemerkt er, dass er sich von seinen eigenen fünf Kindern habe inspirieren lassen – aber unter ihnen sind die Mädchen in der Überzahl!

Weder der kleine John in seinen Tagebuchaufzeichnungen noch der Autor Stern werfen irgendwelche Fragen zum Ödipus-Komplex auf, nicht einmal in den Aufzeichnungen zum vierten Lebensjahr, wo John eines Nachts in das Bett der Eltern kriecht.

Dies geschieht sicher mit Absicht. Stern ist ein Mann der Opposition und ich kann es mir nicht anders erklären, als dass er sich ganz bewusst sich dafür entschied, die ödipale Phase herunterzuspielen, von der er meint, dass sie allzu viel Raum in der Diskussion um die Entwicklung der Kinder beansprucht.

Ebenso verhält es sich mit Sterns Art, die frühe Bindung zwischen Kind und Eltern zu untersuchen. Hier spricht er fast ausschließlich von der Mutter und erwähnt nur selten die Rolle des Vaters. Als er 1994 nach Stockholm kam, wurde er darauf angesprochen und antwortete, dass er von »wirklichen« Familien schreiben wolle, nicht von »theoretischen«. Und in wirklichen Familie sei es fast immer die Mutter, die im ersten Lebensjahr des Kindes für die Pflege zuständig sei. Als man ihm die schwedische Wirklichkeit vorhielt, wo immer mehr Väter Anspruch darauf erheben, engen Kontakt zu ihren Säuglingen zu haben, zuckte Stern nur mit den Schultern und sagte:»Ja, das klingt schon gut, warum nicht?«

Er hatte keine Einwände dagegen, dass Mutter und Vater sich den Erziehungsurlaub und die Pflege des Kindes teilten. Dennoch schien er das nicht als das Natürliche aufzufassen.

Diese Diskussion ist deshalb von Interesse, weil Sterns Theorien für viele von uns, die wir mit Kindern leben und arbeiten, von entscheidender Bedeutung sind. Erst als wir davon überzeugt waren, dass die »Symbiose« zwischen Mutter und Kind in Wirklichkeit ein Zusammenspiel ist, das auch die Beteiligung von mehreren zulässt, konnten wir an die Möglichkeit für den Vater glauben, aktiv am Leben des Säuglings teilzunehmen. Stern ähnelt Winnicott, indem er mit seinem Denken Türen öffnet und uns durchschreiten lässt, während er selbst auf der Schwelle stehen bleibt und neugierig zuschaut, ob es auch wirklich funktioniert. Das ist eigentlich doch eine respektable Verhaltensweise.

Was wir nun brauchen, ist eine solide Theorie über das, was in der psychosexuellen Entwicklung des Kindes geschieht, wenn Mutter und Vater von Anfang an Verantwortung und Freude im Leben des Kindes teilen und gegenwärtige und deutliche Gestalten in seinem Bewusstsein werden. Wie steht es mit der frühen Bindung, mit dem Penisneid, der ödipalen Situation, den Pubertätsproblemen und der erwachsenen Entwicklung unter solchen »idealen« Bedingungen? Oder sind diese Voraussetzungen in Wirklichkeit gar nicht so ideal? Wirkt eine solche Familie eher verwirrend als unterstützend für ein Kind?

Ich werde versuchen, einen Schritt in Richtung einer solchen neuen Theorie zu gehen. Sie ist noch provisorisch und unvollständig, kann aber als Grundlage für eine weitere Erforschung oder Diskussion dienen. Korczak, Winnicott und Stern haben große Bedeutung für mein Denken gehabt, aber ich habe auch von anderen Inspiration gewonnen, nicht zuletzt von feministischen Psychoanalytikerinnen und da im Besonderen von der Französin Christiane Olivier, die in ihrem Buch »Jokastes Kinder« eindringlich eine kritische Wirklichkeitsbeschreibung unternommen und eine Vision entworfen hat.

Auch der amerikanische Franziskanerpater Richard Rohr (seinerseits vom heiligen Franziskus und C. G. Jung inspiriert) hat dazu beigetragen. In seinem Buch »Der wilde Mann« beschreibt er die Entwicklung des Mannes in Form einiger Reisen und diese Methode, verwickelte Zusammenhänge auszudrücken, half mir bei der Formulierung meiner Idee.

Ich will die Entwicklung des Mädchens und des Jungen zu einer reifen Frau bzw. einem Mann wie eine Reise in sieben Etappen beschreiben:

1. Die Reise zur Gewissheit über das eigene Geschlecht. Zu Anfang weiß das Kind nicht, dass es ein Mädchen oder ein Junge ist und was das bedeutet. Im ersten Jahr, wenn es die Landschaft des Kern-Selbst betritt, gibt es das Gefühl: »Ich bin jemand in Beziehung zu jemand anderem« und in der Landschaft des subjektiven Selbst: »Ich bin einzigartig und anders als alle anderen.« Aber wann beginnt das Kind sich selbst als einen Teil des geschlechtlichen Kollektives, als Mädchen oder Junge zu begreifen, wann erkennt es, dass es der einen Hälfte der Menschheit gleicht und von der anderen unterschieden ist?

Manche meinen, dass dies vererbt sei, dass es ein fast mystisches weibliches Bewusstsein gebe, das zumindest das Mädchen sich schon im Bauch der Mutter als Mädchen fühlen lässt, wenn ihm auch noch das intellektuelle Verständnis dafür fehlt, diese tief liegende Gewissheit zu benennen. Aber es wird nur selten gesagt, dass dies auch für die Jungen gelte.

Ich möchte solche Gedanken nicht zurückweisen. Aber für einen Naturwissenschaftler wie mich ist es wohl natürlicher zu glauben, dass das Wissen des Kindes in dieser Sache aus dem Erforschen des eigenen Körpers und dem Vergleich mit anderen herrührt. Das kleine Mädchen entdeckt, dass es, genau wie viele andere Kinder, vorn zwischen den Beinen einen interessanten Spalt hat, aber dass es andere Kinder gibt, die dort etwas Lustiges hängen haben, das sie »Schwänzchen« oder »Pipimann« nennen.

Damit diese Entdeckung gemacht werden kann, sind einige Voraussetzungen nötig. Das Kind muss ein Interesse für Entdeckungen und Systematisierung entwickelt haben, das heißt, es muss das Tor zum forschenden Selbst durchschritten haben. Zudem muss es ein einigermaßen gut entwickeltes verbales Selbst besitzen, damit es seine Entdeckungen benennen und kommentieren kann. Sonst wird es nur verwirrt. Und das Kind muss Zugang zu Vergleichsmaterial haben. Es muss so viele Mädchen und Jungen (oder Frauen und Männer) nackt gesehen habe, dass es begreift, dass es sich nicht nur um zufällige, sondern um gesetzmäßige Unterschiede handelt.

Heute sind die Tagesstätte oder der Kindergarten der Ort, wo Kindern das eigene Geschlecht bewusst wird. Hier kann man vergleichen und es sind Erwachsene dort, die dem Kind helfen können zu verstehen. Früher war es die Geschwisterschar zu Hause, wo die Gewissheit entstand, und das ist bei vielen sicher auch heute noch so. Ich meine also, dass es der Vergleich mit anderen Kindern ist, der den Ausschlag gibt. Kindern fällt es leichter, sich mit anderen Kindern zu vergleichen als mit Erwachsenen.

Sowie das Kind eingesehen hat, dass es zwei Geschlechter gibt und dass es selbst zu dem einen gehört, entsteht die Neugier auf die Eltern. Wem bin ich ähnlich und wem gleiche ich nicht? Nun beginnt das Kind zu fragen und zu schauen und zieht rasch seine Schlüsse. Offenheit, positives Interesse für die Sache und natürliche Nacktheit (dass man in einer Familie, ohne aufdringlich zu sein, sich nackt voreinander zeigen mag, miteinander badet usw.) erleichtert es dem Kind, sich zu orientieren. Es ist klar, dass es dem Kind von großer Hilfe ist, wenn es sowohl einen weiblichen als auch einen männlichen Elternteil gibt, mit dem es sich vergleichen kann.

Was ist nun mit dem Penisneid? Wird das Mädchen eifersüchtig, weil der Junge ein Schwänzchen hat und es selbst nicht? Christiane Olivier bezeichnet dies, wie die meisten heute, als Unsinn, auf jeden Fall, wenn man diesen Neid als etwas ansieht, das das Mädchen beeinträchtigt:

»Der Neid wäre somit nicht etwas spezifisch Weibliches, sondern er gehört zu beiden Geschlechtern und richtet sich auf die sexuellen Attribute des jeweils anderen. Das belegen ausführlich die sexuellen Spiele von Kindern, wo jeder das sehen will, was der andere hat. Jeder stellt mit nicht geringer Betrübnis fest, dass ihm etwas fehlt, was der andere hat. Daher auch die Spiele, bei denen – je nach dem Geschlecht des Kindes – Kissen oder Bälle zur Korrektur herhalten müssen.«[19]

Dieser Ansicht bin ich auch. Sowohl Mädchen als auch Jungen haben im Hinblick auf die Eigenheiten ihres Körpers (Geschlechtsmerkmale, Hautfarbe, Abweichungen irgendeiner Art) eine sachliche und undramatische Einstellung, die man den Erwachsenen auch wünschen würde. Ich sehe da wenig »Neid« und wenn, dann handelt es sich meist um Übertragungen von den Erwachsenen in der Umgebung des Kindes.

Aber ich möchte etwas hinzufügen. Was die Verwunderung der Mädchen wecken kann und manchmal auch ihren Neid, ist, wenn Erwachsene ihr Geschlechtsmerkmal zu einem Nichtorgan machen, indem sie ihm keinen richtigen Namen geben. Schwänzchen oder Pipimann vielleicht heißt der Penis des Jungen im Alltag, aber wie nennt man das Geschlechtsorgan des Mädchens? »Möse« ist zu hässlich, »Vulva« und »Vagina« zu lateinisch, »Muschi« zu familiär, »Spalte« und »Schlitz« zu nichtssagend. Jede Familie und jede Kindergartengruppe sollte einen Namen für das Geschlechtsorgan des Mädchens finden, der ihm den Respekt und den Wert in der Kultur, in der man lebt, verleiht.

Die Gewissheit, dem einen Geschlecht anzugehören, sagt nicht nur, wer man rein anatomisch ist, sondern bewirkt auch, dass man sich als Mädchen beziehungsweise als Junge fühlt. Dies ist ein komplizierter und langwieriger Prozess, in dessen Verlauf die meisten Kinder und Jugendlichen Zeiten der Ambivalenz durchmachen. Wir alle sind, nicht zuletzt biologisch und hormonell, eine Mischung aus männlich und weiblich. Gleichzeitig leben wir in einer Kultur der tristen stereotypen Vorstellungen darüber, was es heißt, Mann oder Frau zu sein. Dies spürt schon das Kind. Sein Bedürfnis, sich frei unter

Freunden zu bewegen und seinen Interessen hinzugeben, kann mit Konventionen und Erwartungen in Konflikt kommen:»Du bist doch ein Junge, da kannst du das nicht machen!« Oder: »Warum bist du nur mit denen zusammen, du bist doch ein Mädchen!«

Die Einstellung zu sich selbst als Mädchen oder Junge ist also im Kleinkindalter noch keineswegs abgeschlossen. Das autoerotische Suchen, das in der Pubertät in Selbstbetrachtung und Onanie kulminiert, ist eine Fortsetzung desselben Prozesses.

2. Die Reise zum äußeren Gegenpol. Wer sich in jungen Jahren oder als Erwachsener verliebt, erfährt die Liebe wie neu, als eine Kraft, die von außen kommt, als etwas, das man noch nie so erlebt hat. Der Liebende scheint aus einer neuen Landschaft zu kommen; man spürt den Wind der Veränderung und fühlt sich wie neugeboren. So muss Liebe sein.

Andererseits baut die Liebe immer auf früheren Erlebnissen und Verlusten auf. In ihrem faszinierenden Buch *Drömmen om kärlek och livsavgörande möten* (»Der Traum von Liebe und lebensentscheidenden Begegnungen«) schreibt Ethel S. Person:

»Ob es dem Liebenden nun bewusst ist oder nicht, baut er auf früher gemachten Erfahrungen auf, wenn er sich verliebt, egal ob das zum ersten oder zum letzten Mal geschieht. Und manchmal passiert es auch, dass er eine schon existierende Tauglichkeit oder innere Richtigkeit empfindet, vielleicht hat er das Gefühl, seinen Geliebten schon seit Urzeiten zu kennen, als ob ihre gegenwärtige Liebe nur die Wiederaufnahme einer vor langer Zeit unterbrochenen Kommunikation bedeute, die er in seinen Träumen zu ahnen wagte.«

Was ist es für eine frühe Liebe, die in solch einem Traum erahnt wird? Für die Psychoanalytiker ist die romantische Liebe dieser Art, wie jede tiefer gehende Kommunikation zwischen Erwachsenen, eine Neuauflage alter Gefühle, die in der frühen Bindung zwischen Kind und Mutter und später in der ödipalen Beziehung zum Elternteil des anderen Geschlechts bestanden.

Man kann also sehen, dass sich zwischen Kind und Eltern über die natürliche, geschlechtsneutrale Liebe hinaus, die in einer Familie besteht, auch ein erotisch gefärbtes Verhältnis entwickelt, in dessen Verlauf sich der Junge in seine Mutter verliebt, einfach weil sie eine Frau ist, und das Mädchen in gleicher Weise in den Vater. Es ist wichtig zu betonen, dass diese »Erotik« nicht in gleicher Weise sexualisiert wird wie später (andernfalls handelt es sich um schwerwiegende Übergriffe seitens der Erwachsenen), sondern dass sie mehr der romantischen Liebe ähnelt, die Person beschreibt.

Diese Entwicklung beginnt bereits auf dem Wickeltisch. Es gibt Beobachtungsdaten, die aussagen, dass eine Mutter ihrem kleinen Jungen anders begegnet als ihrem Mädchen. Sie nähert sich dem Körper des Jungen mit weniger Zurückhaltung auf eine spielerische und unmittelbarere Weise, sie stillt den Jungen länger als das Mädchen.

Dennoch ist nach der traditionellen psychoanalytischen Entwicklungstheorie die Mutter sowohl für das Mädchen als auch für den Jungen der erste Gegenstand der Liebe. Der Junge kann dieses Liebesverhältnis zur Mutter fortsetzen, bis es im Alter von drei oder vier Jahren in der auch für die Umwelt erkennbaren Verliebtheit kulminiert, die den Namen jenes unglücklichen Königs erhalten hat. Aber wie steht es mit dem Mädchen?

Freud, der lange an den Komplikationen, die diese Phase für Mädchen birgt, vorbeisah, stellte schließlich in einem Vortrag von 1931, »Einige psychologische Folgen des anatomischen Geschlechtsunterschieds«, die Fragen, an denen vor allem seine Nachfolgerinnen weitergearbeitet haben:

»Der Ödipuskomplex des kleinen Mädchens birgt ein Problem mehr als der des Knaben. Die Mutter war anfänglich beiden das erste Objekt, wir haben uns nicht zu verwundern, wenn der Knabe es für den Ödipuskomplex beibehält. Aber wie kommt das Mädchen dazu, es aufzugeben und dafür den Vater zum Objekt zu nehmen?«[20]

Freud selbst gibt keine Antwort auf diese Frage, aber andere haben das später getan. Christiane Olivier entwickelt folgenden Gedanken:

»Die Tatsache, dass die gleiche Mutter sich um den Jungen und um das Mädchen kümmert, erzeugt eine grundlegende Asymmetrie der Geschlechter: das männliche Geschlecht verfügt von Geburt an über ein adäquates Sexualobjekt, das andere nicht. Es muss auf die Begegnung mit dem Mann warten, um Befriedigung kennenzulernen, und es besteht kein Zweifel daran, dass die fehlende Befriedigung zutiefst den Charakter der Frauen prägt.«[21]

Olivier ist also der Ansicht, dass die Abwesenheit des Mannes im frühen Leben des Kindes für das Mädchen ein viel größeres Problem bedeutet als für den Jungen, und ihre Lösung, auch wenn sie es selbst als Utopie bezeichnet, lautet:

»Wenn die Zeit kommt, in der der von den Feministinnen geforderte ›Neue Mann‹ das Umsorgen seines Kindes nicht mehr ablehnt, wird nicht nur ein ›Neuer Sohn‹, sondern vielmehr eine ›Neue Tochter‹ sich entwickeln, die von ihrer Geburt an ein angemessenes ›Sexualobjekt‹ vorfindet. Diese Tochter wird nicht mehr von den dämonischen Gefühlen des Unbefriedigtseins verfolgt werden und ihre Selbstbestätigung nicht mehr im Perfektionismus suchen müssen.«[22]

In dem Modell, das dieser Diskussion zugrunde liegt und nach dem Mutter und Vater von Anfang an aktiv an der seelischen und materiellen Pflege des Kindes teilnehmen, ist die Symmetrie wiederhergestellt, die dem Mädchen die Chance gibt, schon vom ersten Lebensjahr an das selbstverständliche und kindliche Liebesverhältnis zu seinem Vater zu entwickeln, wie der Junge es zu seiner Mutter hat. Wenn es drei Jahre alt ist, ist die Grundlage geschaffen und das Mädchen kann in aller Ruhe das Verhältnis eingehen, an dem viele anwesende Väter ihre Freude haben: Das Mädchen liebt es, auf dem Schoß seines Vaters zu sitzen, es folgt ihm, wohin er geht, und wird natürlich eifersüchtig, wenn er mit anderen Frauen (auch der Mutter) zusammen ist. Dieses Mädchen hat eine so stabile Beziehung zu Mutter und Vater, dass es sich das alles erlauben kann, auch die Kritik seitens der Mutter, ohne vor irgendetwas Angst haben zu müssen. Und der Vater erfreut sich an seiner Tochter, bewundert sie für alles, wofür sie steht, betrachtet sie mit warmem, stolzem Blick, bekräftigt sie in allem, was sie ist – ohne dadurch die Mutter des Kindes abzuwerten.

Das Bild, das ich hier beschreibe, kann leicht auf das Verhältnis zwischen Mutter und Sohn, das man den ödipalen Konflikt nennt, übertragen werden. Aber ich möchte damit die ständigen Verweise auf Ödipus und Elektra abschließen. Sie wurden zu einer Zeit in die Diskussion um die Entwicklung der Kinder eingeführt, als die Asymmetrie, die Olivier beschreibt, eine Tatsache war. Ich meine auch, dass die Sprache, die die Psychoanalytiker bei der Beschreibung dieser Vorgänge anwendeten, unnötig mit sexualisierenden Ausdrücken überfrachtet wurde, so dass sie heute die Gedanken fehlleitet.

Das Mädchen sucht seinen äußeren Gegenpol, einen Mann, wie der Junge eine Frau sucht, und das erste und ganz natürliche Liebesobjekt sind Vater und Mutter. Unsere ersten Jahre geben uns also einen Archetypen dafür, was Liebe sein kann. Und wir müssen lieben dürfen! Ethel S. Person nennt drei wichtige Triebkräfte hinter aller Liebe: a) das Bedürfnis, idealisieren und träumen zu dürfen, dem Alltag entfliehen zu können, b) das Bedürfnis, in eine Beziehung zu einem anderen eintreten zu können, die so tief ist, dass man berührt wird, c) das Bedürfnis, sich zu entwickeln, Erfahrungen im Leben zu machen, die das Ich verändern und uns weiterführen.

Alles dies beginnt bereits im Kleinkindalter, hier wird der Grund gelegt. Im Latenzalter (sechs bis zwölf Jahre) ist das Kind vorrangig mit anderen Entwicklungsprojekten beschäftigt, sendet aber schon Versuchsballons aus, indem es sich vorsichtig dem anderen Geschlecht nähert. In der Pubertät wird die Suche intensiver, aber damit das möglich wird, muss das Kind erst eine andere Reise unternehmen.

3. Die Reise zur Freiheit. Der Aufbruch aus dem engen Liebesverhältnis zu den Eltern und dann aus der Kernfamilie ist eine Reise mit mehreren Etappen. Das Kind muss lernen, mit Ambivalenzen fertig zu werden. Hier kommen ihm die in der Landschaft des subjektiven Selbst gemachten Erfahrungen zugute, denn die Eltern können ja nicht einfach aufgegeben werden. Das Verhältnis zu ihnen muss umgeformt werden, damit die Abhängigkeit weniger stark und gegenseitig wirkt und das Kind für andere Menschen und selbstgewählte Abhängigkeitsverhältnisse offen sein kann.

Dies kostet viel Kraft, und ohne den Hormonschock, den das Jugendalter mit sich bringt, wäre dieses Entwicklungsprojekt sicher undurchführbar. Das Mädchen, das seinen Vater geliebt hat, muss sich nun von ihm befreien. Die Idealisierung muss zerstört werden, sonst wird sie sich nie anderen Männern nähern können. Der Vater bemerkt nun, dass er ständig in Frage gestellt wird. Das Mädchen, das früher um seine Gunst kämpfte, zeigt nun offen ihr Misstrauen und manchmal echte Feindseligkeit.

Der Junge, der sich von der Mutter befreit, folgt derselben Spur. Ihr verschmuster, wenn auch ungestümer kleiner Junge wird nun völlig cool und weist körperlichen Kontakt immer häufiger zurück. Er kommt seltener in Mamas Bett und wendet ihr gegenüber manchmal eine schockierende Sprache an.

Ich glaube, dass diese notwendigen Zeichen der Abweisung heute deutlicher zutage treten, und das finde ich gut, denn das hängt mit der Nähe des Vaters zusammen. Wenn er zu abwesend ist, wagt es der Junge nicht, den für die Loslösung von der Mutter notwendigen Konflikt mit ihr einzugehen, denn dann liefe er Gefahr, frei in der Luft zu hängen und psychologisch gesehen ohne Eltern zu sein. Und das Mädchen wagt es nicht, seinen Vater zu kritisieren, den nur es mit großer Mühe erobern konnte, der aber immer wieder aufs Neue zu verschwinden droht. Seine Situation erinnert an das, was ein Scheidungskind gegenüber dem Elternteil durchlebt, bei dem es seltener ist: Weder das Kind noch die Eltern wagen es, einen Konflikt einzugehen aus Angst, der brüchige Kontakt könne völlig abbrechen.

Paradoxerweise ist es oft so, dass Mädchen und Jungen, die von anwesenden und engagierten Eltern umgeben sind, im Latenzalter mehr »aufdrehen«. Auf einer geräumigen und soliden Bühne wagt man einfach mehr! Charakteristisch für diese Reise ist die Tendenz zur Profilierung. Für das Mädchen ist es jetzt wichtig, das Mädchen in sich zu entdecken. Es sucht den Kontakt zu anderen Mädchen unterschiedlichen Alters und ahmt sie in Sprache, Kleidung und Auftreten nach. Seine Brüder und seine Eltern finden, dass es dabei oft übertreibt. Der Junge verhält sich ebenso. Er tritt immer häufiger in Jungenverbände und Cliquen ein, oft indem er die Stärke der Jungen und die Skepsis gegenüber allem, was Mädchen heißt, übertreibt.

Der Elternteil desselben Geschlechts spielt hier eine wichtige Rolle, sowohl als Vorbild wie als Gegenpol. Die Mutter wird also wieder wichtig für ihre Tochter, wenngleich nicht auf direkte und unkomplizierte Weise. Die Tochter stimmt alles auf die Art der Mutter, zu sein und zu reagieren, ab. Sie ist Maßstab, Abfalleimer und Sündenbock und nun gilt es, sich all diesen Rollen anzupassen. Der Vater bekommt dieselben Funktionen von seinem Sohn zugeteilt.

Die Bedeutung der Initiation darf nicht unterschätzt werden und sie hat deshalb zunehmend Aufmerksamkeit, vor allem in der entstehenden Literatur über die Entwicklung des Mannes, erhalten. Dies heißt, dass die Mutter oder andere Frauen das heranwachsende Mädchen in die verschiedenen Mysterien des Frauenlebens einführen und dies nicht nur Gleichaltrigen oder dem Forschungsdrang des Mädchens selbst überlassen. Der Vater hat, zusammen mit anderen Männern, dieselbe Aufgabe für den Jungen. In manchen Kulturen ist die Initiation durch Rituale verschiedener Art verstärkt worden und es gibt Meinungen, wonach man dies wieder beleben sollte. Am wichtigsten ist jedoch, dass die Initiation überhaupt geschieht. Es gibt heute eine Tendenz, dies der Freundesclique oder der Schule zu überlassen, und ich glaube, dass das eine unglückliche Entwicklung ist. Es ist doch wichtig zu wissen, welchen Unterschied es macht, ob man Mädchen oder Frau, Junge oder Mann ist.

Ich schlage meist vor, dass die Mutter in der frühen Pubertät der Tochter mit ihr zusammen eine längere Reise unternimmt und dass der Vater sich ebenso mit seinem Sohn auf Reisen begibt. Es können auch mehrere Reisen sein, Bergwanderungen, Segeltouren oder was auch immer – wichtig sind ein starkes gemeinsames Erlebnis und eine ausreichend lange Zeit zu zweit.

Schon viele Jugendliche haben mir gesagt, dass es viele Dinge gibt, die sie besser mit anderen Erwachsenen als ihren Eltern besprechen können. Ich glaube, das stimmt, und eine allmähliche Umorientierung zu anderen Erwachsenen hin, die in der inneren Welt unterschiedliche Rollen spielen, ist nur natürlich. Gleichzeitig meine ich aber, dass einige dieser Jugendlichen die Dinge, die sie wirklich berühren, mit ihren Eltern besprechen sollten. Die dritte Person, ob das nun ein Freund oder jemand ist, der den Jugendlichen bei seiner Arbeit trifft, kann im besten Fall als vermittelndes Glied fungieren. Einige Erwachsene sind so angetan von dem Vertrauen, das ihnen die Jugendlichen entgegenbringen, dass sie sich mit ihnen gegen die Eltern verbünden. Es mag Fälle geben, in denen das richtig ist, aber meist kommt doch aus solchen Verschwörungen nichts Gutes heraus, auf jeden Fall nicht, wenn sie länger andauern.

Ein gut entwickeltes forschendes Selbst mit einem reichen Phantasieleben ist das kostbarste Billett zur Reise in die Freiheit. In der Phantasie können Mädchen und Jungen alle die Alternativen erproben, die sie in der Wirklichkeit nicht zu erforschen wagen oder die das Leben selbst für sie nicht bereithält. In der Phantasie wage ich, »Familienromanzen« unterschiedlicher Art zu testen, das heißt mir vorzustellen, ich hätte einen anderen Ursprung oder die Familie sähe anders aus. In der Phantasie kann ich Mutter und Vater töten, treffen, wen ich möchte, alle denkbaren sexuellen Ausdrucksformen erproben und gehen, wohin ich will. Die Phantasie kann mich aus der Katastrophe retten. Habe ich einen guten Flugsimulator auf dem Computer, dann muss ich nicht in der Realität zum Steuerknüppel greifen, und das kann mir und meiner Umgebung nur gut tun.

4. Die Reise zum inneren Gegenpol. Wenn das Mädchen sich als Frau und der Junge als Mann etabliert hat, dann sind beide auf dem Weg ins Erwachsenenleben. Aber diese Etablierung ist nicht ohne Schmerzen vor sich gegangen und einiges ging auf dem Weg verloren. Die junge Frau hat das ausgebildet und verstärkt, was sie als weiblich empfindet, der Mann hat auf dieselbe Weise das typisch Männliche ausgemeißelt und übertrieben. Dabei war es hilfreich, auf dem Weg von Gleichaltrigen in derselben Lebensphase umgeben zu sein und alle schablonenartigen Bilder, die die populäre Kultur zum Thema Mann und Frau bereithält, zur Verfügung zu haben.

Die erste Reise des Erwachsenenlebens dient daher dazu, das Repertoire zu erweitern, indem man einiges, was verdrängt oder verloren war, wiedererobert. Mit C. G. Jung kann man sagen, dass die Frau nun ihren männlichen Pol und der Mann seinen weiblichen Pol finden muss. Aber diese Sprache bringt Probleme mit sich! Nicht wenige jüngere Menschen wenden sich dagegen. Ein junger Mann, den ich kenne, pflegte zu sagen: »Ich will nichts davon hören, dass ich meinen weiblichen Pol finden soll. Ich bin ein Mann, und das genügt mir. Der Fürsorgeinstinkt ist schon wichtig, aber auch der ist männlich.«

Hier geht es nicht nur um Sprache, sondern auch um Ziele. Ein Mann, der den fürsorgenden Vater in sich entdeckt und nach Hause geht, um seinen Säugling zu pflegen, will nicht hören, dass er dadurch weiblicher ist als ein anderer Mann. Die meisten jungen Männer sind das ganze Gerede von »Softies« wirklich leid. Man muss von Frauen nichts ausleihen, um Kinder versorgen zu können, meinen sie. Was man brauche, müsse nur aus dem ursprünglich Männlichen geschöpft werden.

Es ist schade, dass die Diskussion diese Wendung genommen hat. Ich persönlich finde nämlich den Gedanken, sowohl das Männliche als auch das Weibliche in mir zu haben, sehr angenehm. Wir als Frauen und Männer sind füreinander da und inspirieren uns gegenseitig. Als Mann muss ich akzeptieren, dass es eine jahrtausendealte weibliche Tradition gibt, die unter anderem die Versorgung von Kindern beinhaltet. Innerhalb dieser Tradition gibt es eine umfangreiche Erfahrung und ich wäre dumm, wenn ich das nicht sehen und versuchen würde, ein Teil davon zu sein, auch wenn ich mich damit in den traditionell weiblichen Bereich begebe.

Als Mann musste ich darüber hinaus akzeptieren, dass meine Entwicklung die Reisen meiner Kindheits- und Jugendjahre enthielt, die ich früher beschrieben habe. Sonst wäre ich nicht Mann. Ich selbst habe die »Reise zum Weiblichen« in meinem Leben als eine Realität empfunden. Richard Rohr nennt sie die »Reise des Jüngers Johannes«:

»Der Jünger Johannes ist sich seiner Männlichkeit so sicher, dass er es sich leisten kann, seinen Kopf auf die Brust Jesu zu legen – inmitten der Gruppe von zwölf Jüngern, die auch alle Männer sind. Er schämt sich nicht, er hat keine Angst davor. Für die meisten Männer wäre so etwas auch heute noch unvorstellbar. Wir haben solche Angst vor allem, was auch nur im Entferntesten nach Homosexualität riecht, dass es kaum möglich ist, dass ein Mann einem anderen Mann seine Gefühle zeigt.«[23]

Rohr meint also, dass die Kultur, in der wir leben, zu der Reise berechtigt, die jeder Mann tun muss. Das ist sicher richtig, auch wenn ich meine, dass es noch viele andere Bremsklötze gibt als nur die Angst vor der Homosexualität.

Es gibt viele Gründe, warum die Reise zum inneren weiblichen Pol für jeden Mann wichtig ist. Sie ist die Voraussetzung dafür, dass ein Mann ein guter, fürsorglicher Vater werden und seinem Kind nahe kommen kann. Sie muss zurückgelegt werden, damit ein Mann eine Frau nicht nur in einer starken Polarisierung der Geschlechter und in einer romantischen Liebe lieben kann, sondern damit er mit ihr auch in einem Verhältnis von Zusammenarbeit und gegenseitigem Respekt leben kann. Aber der Mann muss die Reise auch um seiner selbst willen unternehmen, um als Mensch bereichert zu werden und um aus der Spirale der Gewalt zu entkommen, die so viele Menschenleben verödet hat, und zu der die infantile Machofixierung kräftig beigetragen hat. Rohr zeigt nutzbringende Reiseführer auf:

»Diese erste innere Reise machen wir in der Regel durch unsere Beziehungen zu Frauen: unsere Mütter, unsere Schwestern, unsere Freundinnen, unsere Ehefrauen. Für viele Männer sind ihre Partnerinnen die große Chance, ihrer eigenen ›weiblichen Seite‹ näher zu kommen. Wer, wie ich, im Zölibat lebt, muss dennoch versuchen, diesen Weg zu gehen – und das ist nicht immer einfach.«[24]

Rohr vergisst die Beziehungen zu Kindern. Für die meisten Männer war der enge Kontakt zu einem eigenen Kind, zum Beispiel während des Erziehungsurlaubs, ein kraftvoller Motor bei der Entdeckung der Frau in sich.

Für mich persönlich sind darüber hinaus Arbeitskolleginnen wichtige Wegweiser gewesen. Als Kinderarzt habe ich in einer Frauenwelt gelebt, ständig umgeben von fürsorglichen, pflegenden und lehrenden weiblichen Gestalten. Ich kann ohne Schwierigkeiten eine ganze Hand voll Frauen im Krankenhaus, in der Kinderpflege und der Schule aufzählen, die mich viel über Weiblichkeit im tieferen Sinne gelehrt haben, was mich auch dazu inspirierte, nach dieser Dimension in mir selbst zu suchen.

Aber ich möchte noch auf einen anderen wichtigen Aspekt in diesem Prozess hinweisen: die Versöhnung mit der Mutter. Jeder Mann muss seine Mutter verlassen und der Aufbruch wird nie ohne Wunden geschehen, sonst wäre er kein richtiger Aufbruch, und das würde die weitere Entwicklung ernstlich erschweren.

Die »Versöhnung« darf niemals eine Rückkehr zum Alten sein, sondern muss ein neues Verhältnis hervorbringen, das auf gegenseitigen Respekt zwischen zwei erwachsenen Personen unterschiedlichen Alters gründet. Damit der Junge und seine Mutter das schaffen, ist oft eine Zeit des Schweigens oder eine Zeit ohne Kontakt vonnöten, die Zeit der Reise des verlorenen Sohnes in eine abgelegene Landschaft. Dies kann von der Mutter als quälend empfunden werden, ist aber notwendig, damit beide neu aufeinander zugehen können, ohne wieder ins alte Fahrwasser zu geraten.

Gibt es einen vergleichbaren Prozess für die junge Frau? Muss auch sie etwas Verlorenes, eine verschwundene Männlichkeit wiedererobern? Muss auch sie Versöhnung und ein neues Verhältnis zu ihrem Vater suchen? Ich glaube das. Aber ich gebe gern zu, dass ich mich dabei auf unbekanntem Terrain befinde, und meine, dass diese Frage für die meisten Frauen wahrscheinlich nicht als vorrangig angesehen wird.

Zunächst einmal hat es die »symmetrische« Situation, die Grundlage dieser Diskussion, kaum gegeben. Nur wenige Frauen sind mit starken, anwesenden Vätern aufgewachsen und haben deshalb das Bedürfnis gehabt, diese zu verstoßen, um dann eine neue Versöhnung zu suchen. Wenn das doch der Fall war, dann aus anderen Gründen, etwa weil der Vater, indem er die wachsende Integrität des Mädchen verletzte, einen destruktiven Einfluss auf seine Entwicklung hatte und deshalb für eine Weile vom Umgang mit ihr ausgeschlossen werden musste.

Zum anderen scheint es für die meisten Frauen so zu sein, dass ein erfolgreicher Werdegang im gesellschaftlichen Leben voraussetzt, dass Frauen sich männliche Verhaltensmuster aneignen, um sich durchzusetzen. Viele Frauen haben das Empfinden, dass sie nicht nur alle Männlichkeit, die sie in sich tragen, nach außen kehren müssen, sondern auch noch einiges von außen leihen müssen, um die männlichen Strukturen zu verinnerlichen, die unsere Gesellschaft prägen. Es ist das Weibliche, das darunter leidet, nicht das Männliche. Wenn dann jemand, womöglich noch ein Mann, kommt und von der Notwendigkeit redet, den Mann in sich zu finden, wird das wie Hohn aufgefasst werden.

Deshalb möchte ich eine Frau zitieren, Christiane Olivier:

»Die neuen Frauen sind jene, die Mutterschaft und Besitz, Rolle und Berufung nicht mehr durcheinander bringen. Sie haben vor, ihren Teil sowohl bei der Produktion wie bei der Reproduktion zu übernehmen, während wir bisher geglaubt hatten, je nach unserem Geschlecht nur Anspruch auf das eine oder das andere zu haben. (...) Es kann eine andere Familie geben, eine andere Erziehung, eine andere Verteilung der elterlichen und der gesellschaftlichen Aufgaben, die es dem Kind erlauben würden, bei seinem Auf-die-Welt-Kommen einen Bezug zum gleichen wie auch eine Ergänzung zum entgegengesetzten Geschlecht zu finden.«[25]

Symmetrie also. Christiane Olivier überträgt beiden Geschlechtern die Verantwortung dafür, dass dies verwirklicht wird. Frauen und Männer müssen einsehen und verstehen, in welchem Grad das Privileg der Mutterschaft zu einem bis ans Ende des Lebens währenden Nachteil umgemünzt wurde. In einer zukünftigen Gesellschaft, die auf der wirklichen Gleichstellung aufbaut, darf der Mann keine Angst vor dem Weiblichen in sich haben und die Frau nicht vor dem Männlichen. Sowohl Mutter als auch Vater erhalten wichtige Rollen in der frühen Beziehung, in der Kind-Eltern-Verliebtheit, in der Befreiung und in der Versöhnung.

5. Die Reise zu dem Kind in mir. Bis hinein in die frühen Erwachsenenjahre leben wir, was das sexuelle Selbst angeht, in einer Welt des Hier und Jetzt. Wir haben vollauf damit zu tun, uns in dem Raum, in dem wir uns gerade befinden, zu orientieren. Aber nach einer Weile entsteht das Bedürfnis, das Leben zusammenzuknüpfen und zu schauen, wie die unterschiedlichen Lebensfäden aussehen.

Solche Gedanken werden auch später wieder geweckt, wenn man mit Kindern lebt. Als Mutter erkenne ich mich in meiner Tochter wieder, als Vater in meinem Sohn. Erinnerungen werden zum Leben erweckt, manchmal bewusst, manchmal unbewusst. Warum reagiere ich so stark auf das, was das Kind macht? Warum werde ich so ängstlich, so wütend oder so traurig?

Wenn die Erwachsenen sich selbst nur etwas näher wären, so wie die Kinder, dann sähe die Welt anders aus. Da würde Kindern nichts Böses widerfahren, Spiel und Glück würden blühen, Krieg und Fundamentalismus wären unbekannte Begriffe.

Um meiner Tochter eine Mutter sein zu können, muss ich das Mädchen in mir selbst finden, das phantasievolle, spielende, einsame, ängstliche, freche und provozierende Mädchen. Und um meinem Sohn ein Vater zu sein, muss ich einen neuen Kontakt zu dem Jungen in mir knüpfen, dem träumenden, verrückten, polternden, verängstigten, unbesiegbaren und erfinderischen Jungen. Wie soll ich sonst Verständnis aufbringen? Und wie soll ich sonst erwachsen und klug sein?

Die Suche nach dem Kind in uns ist von vielen Autoren gestaltet worden. Für mich nimmt »Der kleine Prinz« von Antoine de Saint-Exupéry eine Sonderstellung ein:

»Ich blieb also allein, ohne jemanden, mit dem ich wirklich hätte sprechen können, bis ich vor sechs Jahren einmal eine Panne in der Wüste Sahara hatte. Etwas an meinem Motor war kaputtgegangen. Und da ich weder einen Mechaniker noch Passagiere bei mir hatte, machte ich mich ganz allein an die schwierige Reparatur. Es war für mich eine Frage auf Leben und Tod. Ich hatte für kaum acht Tage Trinkwasser mit.

Am ersten Abend bin ich im Sande eingeschlafen, tausend Meilen von jeder bewohnten Gegend entfernt. Ich war viel verlassener als ein Schiffbrüchiger auf einem Floß mitten im Ozean. Ihr könnt euch daher meine Überraschung vorstellen, als bei Tagesanbruch eine seltsame kleine Stimme mich weckte: ›Bitte … zeichne mir ein Schaf!‹«[26]

Der kleine Prinz, der Junge von einem fremden Stern, ist in das Leben des Fliegers eingetreten. Das Buch schildert die Freundschaft, die zwischen den beiden entsteht.

Es ist ein trauriges Buch, zumindest empfinden Kinder es so. Der kleine Prinz stirbt nach einem Schlangenbiss und kehrt zu seinem Stern zurück – mit dem Lamm, das der Flieger für ihn gemalt hat. Der Flieger bekommt den Motor wieder in Gang und fliegt zu seinen Kameraden zurück. Von außen gesehen ist alles so wie vorher, aber dennoch ist alles anders. Der erwachsene Mann denkt an seinen kleinen Freund auf dem fernen Stern, an sein Lamm und die Rose, von der der Junge erzählt hatte:

»Das ist ein sehr großes Geheimnis. Für euch, die ihr den kleinen Prinzen auch liebt, wie für mich, kann nichts auf der Welt unberührt bleiben, wenn irgendwo, man weiß nicht wo, ein Schaf, das wir nicht kennen, eine Rose vielleicht gefressen hat oder vielleicht nicht gefressen hat …
Schaut den Himmel an. Fragt euch: Hat das Schaf die Blume gefressen oder nicht? Ja oder nein? Und ihr werdet sehen, wie sich alles verwandelt … Aber keiner von den großen Leuten wird jemals verstehen, dass das eine so große Bedeutung hat!«[27]

6. Die Reise zum eigenen Pol. Im fortgeschrittenen Erwachsenenalter wächst wieder das Bedürfnis, seinen Platz im Kollektiv des eigenen Geschlechts zu finden. Die Frau und der Mann haben noch ihre Gemeinschaft in der Verliebtheit, der Liebe, der Familie und der Kindererziehung. Aber gleichzeitig will die Frau sich wie eine Frau unter Frauen fühlen und der Mann wie ein Mann unter Männern. In der Gegend, in der ich lebe, waren der Hausfrauenverein und das Rote Kreuz der Zufluchtsort der Frauen, während die Männer sich auf Lions Club und Elchjagd konzentrierten. Im Nahen Osten, wo ich oft war, hat der Brunnen dieselbe Funktion für die Frauen, das Café für die Männer. Das ist wichtig und legitim. Es muss ein Gleichgewicht zwischen der Zugehörigkeit zu Menschen desselben Geschlechts und der Zugehörigkeit zu der bipolaren Einheit, die die Familie ausmacht, geben.

Das ist immer so gewesen und es hat auch eine gewisse Gleichstellung zwischen den Geschlechtern gegeben, wenn diese auch nicht offiziell akzeptiert war. In gewissen Kulturen und in bestimmten Situationen haben Männer sich allerdings das Recht herausgenommen, unter sich zu sein, und Frauen dieses Recht verweigert. Heute gibt es die Männerbewegung, die eine Reaktion auf die Frauenbewegung ist. Auch Männer treffen sich heute, wenn auch seltener, um über Rollen, Beziehungen und geschlechtsbedingte Machtverhältnisse in der Gesellschaft zu sprechen. Auch Männer können sich heute unterlegen fühlen, zum Beispiel im Zusammenhang mit Scheidung und Sorgerechtskonflikten.

7. Die Reise zum einzigartig Menschlichen. Nachdem wir uns zuerst an unsere Eltern gebunden haben, uns dann von ihnen freigemacht und wieder mit ihnen versöhnt haben, nachdem wir unsere inneren Pole der Weiblichkeit und der Männlichkeit in ein Gleichgewicht gebracht haben und das innere Kind in uns mit auf die Fahrt genommen haben, ist es nun an der Zeit, die letzte Reise anzutreten: die Reise zum einzigartig Menschlichen. Hier werden die Geschlechtsunterschiede abgewertet, nicht, weil sie unwesentlich wären, sondern weil sie selbstverständlich in unsere Persönlichkeit integriert sind. Das wahre Menschliche in uns tritt in den Mittelpunkt und muss ausgearbeitet werden. Nun sind uns die anderen, denen wir begegnen, keine große Hilfe mehr, das meint auch Richard Rohr, der diese Reise »Die Reise des Täufers Johannes« nennt:

»Die Reise des Täufers ist ein einsamer Weg. Wie wird er dargestellt? Allein in der Wüste, außerhalb der Gesellschaft. Wenn man zu sehr darauf angewiesen ist, allen zu gefallen, harmonisch zu leben, von allen gestreichelt zu werden – dann wird man nie ein ›Täufer Johannes‹. Er isst nicht die Speisen der Gesellschaft, sondern Heuschrecken und wilden Honig, die Nahrung der Ausgestoßenen, der Randgruppen. Er trägt nicht die gängige Mode, wie sie in Jerusalem ›in‹ ist. Sein Kleid ist aus Kamelhaar. Er ist ein ›wilder Mann‹.«[28]

Rohr meint hier mit »wilder Mann« etwas anderes als Robert Bly mit seinem »Eisenhans«. Es ist nicht die unterdrückte Aggressivität, die Rohr sucht, sondern die aufgegebene Selbständigkeit. Aber man kann natürlich durchaus Berührungspunkte zwischen diesen beiden Denkungsarten entdecken.

Für mich ist diese Reise aktuell und wichtig. Es gibt allzu viel äußerliche Anpassung, ängstliches Suchen nach der Bestätigung durch andere – und zerstörte Selbstentwicklung. Wir brauchen Tiefe, Selbständigkeit und Originalität.

Winnicott sah dies, also die »Reise des Täufers Johannes«, als das letztendliche Ziel des Mannes an, der es wage, sich hinauszubegeben. Für die Frauen dagegen, so meinte er, sei das

Ziel das generationsüberschreitende Aufgehen im Frauenkollektiv.
Für mich ist die Reise zum einzigartig Menschlichen eine gemeinsame Fahrt von Frauen und Männern. So waren zum Beispiel die originellsten und überzeugendsten Persönlichkeiten, denen ich unter älteren Menschen begegnet bin, Frauen. Die Reise erfordert großen Mut und nicht zuletzt deshalb sollten wir gemeinsam reisen. Jeder für sich, aber dennoch zusammen.

**»Die Vertragsstaaten bemühen sich nach besten Kräften,
die Anerkennung des Grundsatzes sicherzustellen,
dass beide Elternteile für die Erziehung
und Entwicklung des Kindes verantwortlich sind. (...)
Dabei ist das Wohl des Kindes ihr Grundanliegen.**

**Die Vertragsstaaten achten das Recht des Kindes,
das von einem oder beiden Elternteilen getrennt ist,
regelmäßige persönliche Beziehungen und unmittelbare Kontakte
zu beiden Elternteilen zu pflegen,
soweit dies nicht dem Wohl des Kindes widerspricht.**

**Die Vertragsstaaten verpflichten sich, das Kind vor allen Formen
sexueller Ausbeutung und sexuellen Missbrauchs zu schützen.«**

Übereinkommen über die Rechte des Kindes, Artikel 18, 9 und 34.

Die Artikel der Übereinkunft, die mit Trennung zu tun haben, müssen in einen Zusammenhang gesetzt werden. Das Grundprinzip ist klar: Zwei Personen, die ein Kind auf die Welt gebracht haben, sind damit Eltern. Als solche sind sie für alle Zukunft *gemeinsam* für die Erziehung und Entwicklung des Kindes verantwortlich. Diese Verantwortung kann nicht zurückgenommen werden und für keinen Mann und keine Frau endet sie mit einer Scheidung. Die gemeinsame Sorge soll immer als das Normale und die selbstverständliche Alternative angesehen werden.

Kinder haben nach einer Scheidung ein absolutes Recht, weiterhin zu beiden Elternteilen engen Kontakt zu haben. Der Elternteil, der den Kontakt des Kindes mit dem anderen zu verhindern oder zu erschweren sucht, verletzt damit die Menschenrechte. Und das Kind soll nie »neue Eltern« haben müssen. Gleichzeitig wird in der Übereinkunft viel vom Wohl des Kindes gesprochen. Wenn man das Beste für das Kind tun will, dann bringt das unter Umständen andere Regelungen für Sorge und Umgang mit sich. Die Eltern sind gemeinsam die natürlichen Sorgeberechtigten, aber nur so lange, wie sie selbst das Wohl des Kindes vor Augen haben. Beginnt einer von ihnen, das Kind zu gefährden, dann hat die Gesellschaft nicht nur das Recht, sondern auch die Pflicht einzugreifen und das Kind zu schützen.

Die Schwierigkeit besteht oft darin, zu entscheiden, was wirklich das Beste für das Kind ist. Dabei muss man immer die Meinung des Kindes selbst berücksichtigen. Auch wenn es um Fragen des Sorgerechts geht, soll dem Kind die Möglichkeit gegeben werden, sich »frei zu äußern«, und die Meinung des Kindes soll »angemessen und entsprechend seinem Alter und seiner Reife« in Betracht gezogen werden (Artikel 12).

Die Vereinten Nationen legen also Wert auf das Recht des Kindes auf seine Eltern, nicht auf das Recht der Eltern auf ihr Kind. Das Wohl des Kindes gibt den Ausschlag und alle Absprachen oder Urteile, die Sorgerecht und Besuchsregelung betreffen, müssen dem Wohl des Kindes dienen.

Eines ist völlig klar: Das Kind darf nie ausgenutzt werden. Ein Kind darf niemals zum Umgang mit einem Vater oder einer Mutter gezwungen werden, der/die das Kind verletzt oder es schlecht behandelt. Nur bleibt die Frage, wie man das feststellen kann. Bei Sorgerechtsverhandlungen sind Beschuldigungen aller Art inzwischen an der Tagesordnung. Der Vater kann der Mutter Missbrauch oder Promiskuität vorwerfen und die Mutter beschuldigt den Vater, sich sexueller Übergriffe schuldig gemacht zu haben. Eine Einigung ist in solchen Fällen nur schwer zu erlangen und es ist hier besonders wichtig, dass das Wohl des Kindes nicht aus den Augen verloren und dass das eigene Erleben der Situation durch das Kind auf einfühlsame und kompetente Weise offen gelegt wird. Denn wenn man ein Kind auch nicht irgendeiner Gefahr aussetzen darf, so darf man es genauso wenig aufgrund von falschen und unbegründeten Vorwürfen von einem Elternteil trennen.

Ich meine, dass nach wie vor viele der Einigungen Mängel aufweisen. Nicht nur im Bereich der Sozialarbeit müsste man mehr darüber wissen, wie man Kinder anhört, ohne ihre Integrität zu verletzten, und wie man dann ihre Aussagen interpretiert.

Eine Scheidung versetzt das Kind immer in eine schwere Krise, aber es gibt keine Beweise dafür, dass die Scheidung an sich auf längere Sicht psychische Krankheit mit sich bringt. Alles hängt davon ab, wie die Eltern mit der Situation umgehen. Das größte Risiko für das Kind bei einer Scheidung ist, dass sich der Kontakt zu einem Elternteil verschlechtert. Das muss nicht so sein, aber die Erfahrung zeigt, dass diese Gefahr immer besteht.

Ich möchte an diesem Punkt nicht verallgemeinern. Wenn ich an die Kinder zurückdenke, die ich kennengelernt habe, dann fällt mir auf, dass ich gerade in Scheidungsfamilien eine Reihe von Kindern gesehen habe, die einen ungewöhnlich starken und stabilen Kontakt zu beiden Eltern hatten. Gleichzeitig ist mir in anderen Familien, wo nach außen hin alles ganz normal schien, aufgefallen, dass sich manche Kinder nach ihrem Vater sehnten, der sich großenteils außerhalb ihres Blickfeldes befand.

Wenn ich hier nun die Konsequenzen diskutiere, die die Abwesenheit eines Elternteiles für ein Kind haben kann, dann geht es mir dabei also nicht um die größere räumliche Entfernung, die eine Scheidung oft mit sich bringt, sondern um die mentale Entfernung, die es in vielen Familien gibt und die nach einer Scheidung noch größer werden kann. Da wir uns in der Landschaft des sexuellen Selbst befinden, möchte ich das Schwergewicht auf die psychosexuelle Entwicklung des Kindes legen.

Dieses Thema wird in Forschung und Literatur bisher sehr unausgewogen behandelt. So gibt es viele Bücher, die von dem abwesenden Vater handeln, aber nahezu keine über die abwesende Mutter. Natürlich spiegelt das die Wirklichkeit wider, wie sie lange Zeit aussah. Ein Kind kann zwar seine Mutter verlieren, als soziales Problem wird das jedoch kaum angesehen. Und den meisten Kindern ist die Mutter überdies, wenigstens rein physisch, erhalten geblieben. Inzwischen gibt es einige Forschungsberichte über psychisch kranke Mütter wie auch über alkoholabhängige Mütter und ihre Kinder. In den letzten Jahren sind auch in der Belletristik einige interessante Bücher erschienen, die sich dieses Themas annehmen, und in der Kinder- und Jugendliteratur wird es häufig behandelt.

Wenn es um abwesende Väter geht, ist die Fachliteratur umfassender, was daran liegt, dass im Laufe der Jahre viele Kinder durch Scheidungen ihre Väter verloren haben. Abwesende Väter müssen heute, mehr als abwesende Mütter, als ein bedeutendes soziales Problem angesehen werden. In Familien, in denen die Eltern zusammenleben, ist es zudem meist der Vater, den die Kinder lediglich als Randerscheinung in ihrem Leben wahrnehmen. Diese Tendenz wird nach einer Scheidung noch verstärkt, wo die Kinder sich, auch wenn gemeinsames Sorgerecht vereinbart ist, meist bei der Mutter aufhalten.

Man fragt sich allerdings, warum sich die Forschung so stark auf das Verhältnis zwischen Vätern und Söhnen konzentriert hat und weniger auf das zwischen Vätern und Töchtern. Eine Ursache ist, dass man zu ergründen suchte, warum Männer in so viel höherem Maße als Frauen Gewalt ausüben. Man geht davon aus und dies haben auch jüngere Studien bestätigt, dass eine große Mehrheit der Männer, die gewalttätig wurden, eine mangelhafte oder überhaupt keine Beziehung zu ihrem eigenen Vater hatten.

Man muss unterscheiden zwischen den Kindern, die ihre Eltern durch einen Todesfall verlieren, und denen, denen sie durch eine psychische Erkrankung, durch Missbrauch oder eine unglücklich geregelte Scheidung entfremdet werden. Ich habe die Erfahrung gemacht, dass es einem Kind seltsamerweise leichter fällt, einen Todesfall innerhalb der Familie zu verkraften. Es kann das innere Bild eines »guten Vaters« oder einer »guten Mutter« bewahren, die das Kind lieben und das auch im Himmel weiter tun werden. Das Kind ist von den Eltern nicht betrogen worden, es war das Leben oder Gott, der sowohl dem Kind als auch dem anderen Elternteil den Verlust beigebracht hat.

Das Buch *Robbans bok om när pappa dog* (»Robbys Buch über damals, als Papa starb«), das der elfjährige Robert M. Warrebäck geschrieben und gezeichnet hat, drückt gut aus, wie ein Kind mit einer solchen Trauer umgehen kann. Robert sieht die Konsequenzen auf lange Sicht:

»Ich werde immer eine Bitterkeit in meinem Herzen tragen.«

Mitten in der Trauer, dem Schmerz und der Wut ist der Vater trotzdem wie ein lebendiger, liebender Vater ganz nah.

Die Dinge liegen anders bei einem Suizid, wo die Trauerarbeit des Kindes durch ein Gefühl des Betrogen-worden-Seins erschwert wird: »Ich war nicht wichtig genug, dass er weiterleben wollte.«

Das Gefühl, betrogen worden zu sein, dominiert auch das Erleben des Kindes bei Missbrauch und »schlechten« Scheidungen. Ich möchte zunächst erörtern, was mit dem Kind geschieht, dem man den Gegenstand seiner Liebe (den Elternteil anderen Geschlechts) genommen hat, und dann, was mit dem Kind geschieht, dem man sein Identifikationsobjekt (den Elternteil gleichen Geschlechts) genommen hat.

1. Der Verlust des Liebesobjektes. Das Erleben des Kindes, wenn es vom Elternteil entgegengesetzten Geschlechts betrogen wird, ist vergleichbar mit dem Gefühl, das man als Erwachsener hat, wenn man von dem Menschen betrogen wird, den man am meisten liebt. Demütigung, Verwirrung und Selbstverachtung treffen ein Kind mindestens genauso hart wie einen Erwachsenen. Åsa Jinder hat dieses Gefühl in ihrer Gedichtsammlung *Bli min mamma igen* (»Sei wieder meine Mutter«) beschrieben:

»Plötzlich verschwand Papa.
Mama präsentierte die Neuigkeit. Fast triumphierend.
Voller Schadenfreude. Glaube ich.
Eine andere Frau.
Mit ihr wird er zusammenleben.
In mir zerbricht etwas.
Er ist jetzt seit neun Tagen fort.
Mama sagt, dass er angerufen hat,
dass er aber nicht weiß, wann er kommen kann.
Wenn er überhaupt kommt, fügt sie spöttisch hinzu und geht
weg.
Panik wechselt sich mit Trauer ab. Niemand gewinnt.«

Åsa trägt dieses Gefühl, betrogen und allein gelassen zu sein,
bis ins Erwachsenenalter mit sich, obwohl der Vater wieder-
kommt. Ihr Bericht ist eindringlich und ungewöhnlich. Die
Mutter war alkoholabhängig, aber als es zur Scheidung kommen sollte, war der Vater der Erste, der wegging. Åsa zog später zum Vater und wuchs bei ihm auf. Die Mutter machte einen
Entzug, als Åsa selbst Kinder bekam, und es gab eine gewisse
Versöhnung zwischen Mutter und Tochter, bis die Mutter
plötzlich starb. Åsa Jinder beschreibt also einen doppelten Verlust des Kindes, den des Liebesobjektes und den des Identifikationsobjektes.

Die Reaktion des Mädchens darauf, dass der Vater die Familie verlässt, kann sehr unterschiedlich sein. Sie hängt natürlich
davon ab, wie gut das Verhältnis zwischen beiden vorher war,
wie die Scheidung vonstatten ging und wie sich die Eltern dem
anderen gegenüber verhielten.

Ich habe schon viele Scheidungsfamilien besucht und ein
großes Spektrum von Erscheinungsbildern kennengelernt. Da
gibt es zum Beispiel Mädchen mit einem starken inneren Bild
ihres Vaters. Sie neigen dazu, ihn zu idealisieren, und verteidigen ihn gegen alle Vorwürfe. Sie verwenden viel Kraft darauf,
seinen Platz in der Familie zu behaupten, jagen alle neuen Ein-
dringlinge davon und machen ihrer Mutter damit das Leben
schwer. Oft versuchen sie auch hartnäckig, ihren Vater wieder-

zugewinnen, und das glückt manchmal auch. Ihre Energie beeindruckt schließlich sowohl Mutter als auch Vater.

Aber ich bin auch Mädchen begegnet, deren Trauer um den Vater sich in Hass und Abwendung äußerte. Sie wollen ihn nicht treffen und antworten nicht auf seine Briefe. Väter, denen das widerfährt, beschuldigen oft die Mütter, hinter dieser Reaktion zu stehen, und gewiss gibt es Mädchen, die mehr die Trauer der Mutter ausagieren als ihre eigene. Dies kommt vor allem in Familien vor, in denen über lange Jahre hinweg Untreue oder Misshandlung vorkamen. Aber man darf auch nicht vergessen, dass die Trauer des Mädchens um seinen Vater so tief sein kann und aus der Sicht des Kindes so sehr berechtigt ist, dass Sichdistanzieren die einzig mögliche Reaktion ist. Ich habe mit vielen Müttern gesprochen, die über die negative Haltung ihrer Töchter gegenüber dem Vater aufrichtig besorgt waren.

Wenn ein Elternteil verschwindet, haben die Kinder Angst, dass auch der andere eines Tages fort sein könnte. Ein Mädchen, dessen Vater die Familie verlassen hat, ist meist sehr anhänglich und eifersüchtig bewachend. Sie will ihre Mutter nicht aus den Augen lassen. Wenn die Mutter eine neue Beziehung eingeht, dann ist das für das Kind eine Bedrohung, nicht nur, weil der Vater damit ausgeschlossen wird, sondern weil es selbst abgedrängt werden könnte. Vor allem bei Mädchen, die keinen guten Kontakt zu ihrem Vater haben, kann man dann ein selbstzerstörerisches Verhalten feststellen: Das Mädchen beginnt, mit der Mutter um den neuen Mann zu streiten, es nähert sich ihm auf eine übertrieben liebevolle Weise. In dieser Situation müssen sowohl die Mutter als auch der neue Mann Reife und eine gewisse humoristische Distanz zu sich selbst mitbringen. Sie müssen versuchen, damit auf eine dem Mädchen wohltuende Weise umzugehen, denn es besteht die Gefahr, dass die Suche nach Bestätigung das Mädchen später in eine rastlose, fast promiskuitive Lebensform drängt, die man bei vielen Mädchen mit problematischer Vater-Beziehung beobachten kann. Ein gutes Verhältnis zwischen Vater und Tochter ist die beste Voraussetzung dafür, dass eine neue Beziehung der Mutter dem Kind nicht schadet.

Unter allen Formen, mit denen Kinder auf die Abwesenheit eines Elternteils reagieren, ist Ambivalenz die häufigste, vor allem zu Beginn des Prozesses, bevor die Verhältnisse festgelegt sind. Das Mädchen wird zwischen Hoffnung und Verzweiflung hin- und hergeworfen, zwischen Sehnsucht und Hass, zwischen Verteidigung und Distanz.

Es gibt aber auch Mädchen, die den Verlust ihres Vaters unerwartet gut verkraften. In ihrem Buch *Pappa, se mig!* (»Papa, beachte mich!«), das auf viele Befragungen von Kindern und Erwachsenen nach einer Scheidung gegründet ist, schreiben die Familientherapeuten Gunnar und Bente Öberg:

»Wir wollen jedoch bei denjenigen Mädchen eine Ausnahme machen, die mit einer Sicherheit spendenden und starken Mutter zusammenlebten, welche keine Bitterkeit auf den Vater des Mädchens kannte und die es schaffte, ihrem Mädchen ein gutes Selbstbild und eine positive Weiblichkeit zu vermitteln. Es gab einige halbwüchsige Mädchen, die uns sehr beeindruckten. Sie waren stark und souverän, kannten ihren eigenen Wert und hatten keine Angst, sich in die Welt hinauszubegeben und ihr Leben in die Hand zu nehmen.«

Leider sind solche Mädchen jedoch die Ausnahme:

»Aber das durchgängige Thema war die Trauer darüber, dass das Leben nicht anders verlaufen war, und die meisten trugen ein großes Warum? in sich. Warum kümmert er sich nie um mich? Warum antwortet er nicht auf meine Briefe? Warum behandelt er mich, als gäbe es mich gar nicht?«

Es besteht also die große Gefahr, dass ein Mädchen, das seinen Vater auf diese Weise verloren hat, den Verlust bis ins Erwachsenenalter mit sich herumträgt. Trauer, Hass und Selbstverachtung sind die grundlegenden Gefühle und sie werden später auf unterschiedliche Weise das Leben der erwachsenen Frau prägen. Linda Leonard, eine Jungianerin, die in den USA arbeitet, hat eine interessante und ideenreiche Übersicht entwickelt, welche Formen das annehmen kann. Ihre Hauptthese ist, dass hinter einer Reihe von psychischen Problemen, die man bei erwachsenen Frauen antrifft, ein gestörtes Verhältnis zwischen Vater und Tochter steht. Sie stellt bei diesen Frauen zwei unterschiedliche Überlebensstrategien fest: Das »ewige Mädchen«, die Frau, die psychologisch gesehen immer noch abhängig ist, und die »gepanzerte Amazone«, die sich als schützende Schale eine männliche Identität zugelegt hat.

Linda Leonard weist darauf hin, dass die letztgenannte Strategie der Frau hilft, sich in ihrem Beruf zu entwickeln, Macht und Einfluss zu erlangen. Das ist gut, nur schirmt der Panzer die »Amazone« auch von ihren eigenen weiblichen Gefühlen und ihren weichen Seiten ab.

Was für Mütter werden Frauen mit solchen Erlebnissen? Welche Verhaltensmuster setzen sich durch die Generationen fort?

Die Möglichkeit der Versöhnung mit dem äußeren, wirklichen Vater darf nicht vergessen werden. Die Arbeit der Kinderpsychiatrie widmet sich zum Beispiel der Heilung von destruktiven Familienstrukturen, wobei man in jeder Familie individuelle konstruktive Lösungen sucht. Ich glaube, dass die späten Jugendjahre und die frühen Erwachsenenjahre hierbei von entscheidender Bedeutung sind.

Linda Leonard beschreibt stattdessen die Versöhnung mit dem inneren Vater. Als Jungianerin nennt sie diesen Prozess einen Heilungsprozess für den inneren Mann, den jede Frau in sich trägt. Ein wichtiger Schritt in diese Richtung ist, die innere Weiblichkeit zu finden, die sie in ihrem Buch sehr liebevoll beschreibt.

Kann das, was ich hier über Mädchen, die ihren Vater verlieren, sage, mit umgekehrten Vorzeichen auch für Jungen gelten, die ihre Mutter verlieren? Ja und nein. Die inneren Prozesse sind dieselben, aber die Anpassung und die Überlebensstrategien können doch sehr anders aussehen, da diese in hohem Grad von sozialen und kulturellen Verhältnissen bestimmt werden.

2. Der Verlust des Identifikationsobjektes. Wenn ein Kind den Elternteil gleichen Geschlechts verliert, dann löst das andere Prozesse in ihm aus. Auch hier ist schon häufiger über Jungen, die ihren Vater verlieren, geschrieben worden, weniger über Mädchen, die ihre Mutter verlieren. Deshalb möchte ich wieder mit einem Gedicht von Åsa Jinder beginnen. Das Gedicht beschreibt die Situation, als Åsa bei ihrem Vater eingezogen ist. Geographisch gesehen war der Abstand zur Mutter nicht besonders groß, aber innerlich tat sich plötzlich ein Abgrund auf:

»Scheidungskinder
mit 500 Metern zwischen Mutter und Vater.
500 Meter wie eine Ewigkeit.
Es kann passieren, dass man Mutter im Supermarkt trifft.
Sie freut sich nicht, mich zu sehen.
Wer hat mir die Nähe zu ihr genommen?
Wann ist sie mir gestohlen worden?
Wer hat die Schuld in meine Kleider gelegt,
in die Schuhe, in denen ich gehe?
Den Einkaufskorb einfach stehen lassen und nach Hause rennen.
Papa anschreien, dass er sein Essen gefälligst selbst kaufen soll.
Ich hasse dieses Leben,
ich hasse alle Menschen,
die nichts verstehen.
Ich fange an, mich selbst zu hassen.«

Selbstverachtung sucht auch den Jungen heim, der seinen Vater verliert. Er ist nichts wert und die Schuldgefühle quälen auch ihn. Man weiß, dass ein Junge sich gern die Schuld an einer Scheidung aufbürdet, vor allem wenn diese im Jahr vor seinem Schulbeginn geschieht. Man erklärt dies mit dem Hinweis auf die ödipale Phase. Der Junge befindet sich in einer Periode, in der er seine Mutter liebt und seinen Vater als Konkurrenten empfindet, was das Verhältnis zum Vater natürlich zwiespältig macht. Einerseits vergöttert er seinen Vater und versucht ihn in allem nachzuahmen, auf der anderen Seite wünscht er ihn möglichst weit fort, um die Mutter für sich allein zu haben.

Wenn der Vater die Familie gerade in dieser Zeit verlässt, dann wird der Junge dies als seine Schuld ansehen, denn er glaubt sich zwischen die Eltern gedrängt zu haben. Kinder in diesem Alter glauben zudem, dass Gedanken magische Kraft haben. Der Junge dachte sich den Vater fort – und schon verschwand er.

Die Schuldgefühle des Jungen sind zunächst diffus, er versteht sie nicht und kann sie auch nicht in Worte kleiden. Oft kommen sie auf eine Weise zum Ausdruck, wie auch Åsa Jinder es im oben stehenden Gedicht schildert, als ein dumpfes Gefühl der Lustlosigkeit, der Rastlosigkeit und der Irritation gegenüber dem übrig gebliebenen Elternteil. Erst später, im Alter von acht oder neun Jahren, kann der Junge sagen: »Es fühlt sich an, als wäre ich schuld an allem.« Dann frage ich: »Du wärest schuld? Wie meinst du das?« und bekomme oft zur Antwort: »Weiß nicht, es fühlt sich nur so an.«

Das Kind neigt ohnehin dazu, sich alle Schuld aufzubürden, vor allem, wenn es nicht versteht, was eigentlich geschieht. Der »ödipale Konflikt« verstärkt dies noch. Es ist wichtig, dass die Eltern das einsehen und, ohne auf die Fragen des Kindes zu warten, ganz deutlich machen, dass das Geschehene nicht die Schuld des Kindes ist.

In der Literatur über abwesende Väter werden oft sehr unterschiedliche Meinungen vertreten, aber in einer Sache scheint man sich doch einig zu sein: Kinder, denen der Vater fehlt, haben häufiger als andere Probleme in der Schule. Sowohl amerikanische als auch skandinavische Studien haben unter anderem gezeigt, dass die Abwesenheit von Vätern

- bei Vorschulkindern negative Auswirkungen auf die Fähigkeit zur Problemlösung hat,
- sich bei älteren Schülern negativ auf die Selbsteinschätzung auswirkt,
- die Gefahr der Stressempfindlichkeit bei Studenten steigen lässt.

Nun könnte man ja sagen, dass dies seine Ursache auch in den sozialen Umständen der Familien hat, wo der Vater fehlt. Aber auch wenn man dies berücksichtigt, bleiben die Unterschiede bestehen, und Jungen scheinen hier stärker betroffen zu sein als Mädchen.

Ich kenne das aus meiner eigenen Erfahrung, denn ich bin schon vielen Jungen begegnet, die sich nach ihrem Vater sehnten und dabei Probleme in der Schule hatten. Oft schaukelt sich das Ganze hoch: Ein Junge hat keine Lust zur Schule, er bringt schlechte Leistungen und kommt mit Lehrern und Mitschülern in Konflikt. Wenn ich mit ihm spreche, kommt heraus, dass es – oft schon einige Jahre zuvor – eine Scheidung gegeben hat und dass der Junge nur sehr sporadischen Kontakt zu seinem Vater hat. Die Schulprobleme hängen mit dem depressiven Geisteszustand zusammen, in dem er sich befindet und der von Schuldgefühlen, Selbstverachtung und ungelöster Wut bestimmt wird. Aber er vermisst auch seinen Wegweiser, den täglichen handfesten Kontakt mit seinem natürlichen Identifikationsobjekt. Als Schularzt habe ich schon häufig Kontakt zu abwesenden Vätern aufgenommen und sie an die Existenz ihrer Söhne erinnert.

Jeder, der mit Kindern arbeitet, ob im Gesundheitswesen oder in der Schule, trägt hier Verantwortung. Es ist wichtig, dass wir ganz deutlich machen, dass wir im Geiste der Übereinkunft über die Rechte der Kinder beide Elternteile als zuständig für ihr Kind ansehen, ganz egal, ob die Sorge- oder Besuchsrechtsfragen gelöst sind. Kindergarten und Schule müssen mit beiden Eltern zusammenarbeiten und sie beide zu Gesprächen, Elternabenden oder Aktivitäten einladen. Sicher müssen manchmal zum Wohle des Kindes Ausnahmen gemacht werden, aber das sollte nicht oft der Fall sein.

Ein vieldiskutierter Effekt, den die Abwesenheit des Vaters auf seinen Sohn hat, ist eine Hypermaskulinität, also die Neigung des Jungen, das, was er als »männliche« Eigenschaften auffasst, zu übertreiben. Wenn dem Jungen der Vater fehlt, dann idealisiert er ihn und verleiht ihm Eigenschaften, für die er Beispiele in den Schilderungen »starker Männer« der Medien und der Kulturen findet. Der Vater ist der Stärkste, der Härteste und der Beste.

Wenn der Junge den Vater dann als Modell benutzt und versucht ihm nachzueifern, dann ist es dieses innere verzogene Bild, dem er hinterherjagt, und das Resultat wird ein etwas halbgarer Macho, der immer gewinnen will, der es hasst zu verlieren, der immer der Stärkste sein will und alles besser weiß. Jeder, der einmal eine Zeit lang mit Kinder gearbeitet hat, erkennt einen solchen Jungen wieder und weiß auch, wie wichtig es ist, dass er rechtzeitig aufgefangen wird, bevor er in der Vorpubertät auf eine destruktive und gefährliche Bahn gerät, von der man ihn nur schwer wieder herunterbekommt.

Dem Jungen fehlt mit dem Vater sowohl ein realistisches Vorbild als auch ein männlicher Grenzzieher. Er neigt dazu, die männliche Welt zu mythologisieren, und wenn kluge Frauen (zu Hause, im Kindergarten, in der Schule) versuchen ihn zu bremsen, dann ruft er aus: »Immer diese Frauen! Nie darf man ein wenig Spaß haben! In der Welt der Männer ist alles anders!« Dabei ist alles gar nicht so anders, wie er denkt, aber solange kein Mann aus dem Land der Wirklichkeit sich mit ihm auf einen Nahkampf einlässt und seine falschen Vorstellungen korrigiert, macht er weiter mit seinen schiefen Phantasien und seinem rastlosen Ausprobieren.

In den letzten Jahren hat man dieses Bild in Frage gestellt. Einige Wissenschaftler meinen, dass es einfach nicht stimme oder auf jeden Fall grob vereinfachend sei. Die Neigung des Jungen, in aggressive und destruktive Lebensstrukturen zu verfallen, sei zwar ein Faktum, aber die Abwesenheit des Vaters könne nicht alles erklären. Eine Gruppe von norwegischen Soziologen ist zu dem Schluss gekommen, dass Hypermaskulinität in jüngerem Alter oft einen sehr viel komplexeren Hintergrund hat und sogar in Familien mit eindeutig anwesenden Vätern nicht ungewöhnlich ist. Mit dem steigenden Alter der Jungen werde die Abwesenheit des Vaters jedoch zu einem immer stärker wirkenden Faktor.

Zu Beginn ihrer »Reise in die Freiheit« übertreiben viele Jungen ordentlich. Von den männlichen Stereotypen, die ihnen in Fernsehen, Film und Computerspiel begegnen, angeregt, erproben sie die Äußerlichkeiten für männliches Agieren. Die Aufgabe des Vaters ist es, sie allmählich wieder in die Wirklichkeit zurückzuführen, und das kann einige Jahre dauern. Wenn der Vater nicht da ist oder seine Rolle als Vorbild oder Grenzzieher nicht ausfüllen kann, dann rauscht der Junge mit

Schwung in die Welt der unbesiegbaren Helden und geht dort verloren. Die nächste Reise, die »Reise zum inneren Gegenpol«, ist ihm unmöglich gemacht oder findet auf jeden Fall erst sehr verspätet statt. Der Zug ist abgefahren.

Die Abwesenheit des Vaters bringt auch Konsequenzen für das Erwachsenenalter mit sich, sowohl für das Verhältnis zwischen Mann und Frau als auch zwischen dem Mann und seinen Kindern. Christiane Olivier beschreibt in »Jokastes Kinder« die Struktur, die entsteht, wenn ein Mann die Erfahrung einer dominierenden Mutter, die für all seine gefühlmäßigen Bedürfnisse einstand, und eines abwesenden Vaters mitbringt. Ein solcher Mann reagiert mit Eifersucht und einem starken Besitzdenken. Viel schlimmer für die Frau, mit der er zusammenlebt, ist jedoch seine Angst vor Nähe und tieferer Gemeinschaft:

»Der Mann schweigt zu oft gegenüber seiner Gefährtin, die daran verzweifelt. Sie, die so sehr das alles wieder heilende ›Ich liebe dich‹ braucht, um ihr während der Kindheit gestörtes Einssein wiederherzustellen. Der Mann scheint kaum fähig, den narzisstischen Defekt der Frau beheben zu können oder ihr die Worte der Liebe und des Begehrens zu geben, die ihr in ihrer Kindheit so sehr gefehlt haben. Zärtliche Gefühle, Emotionen und Tränen, alle den Frauen zugeschriebenen Zeichen von Schwäche hat der Mann in den allermeisten Fällen nach seinem traumatischen Ödipuserlebnis als kleiner Junge hinter sich lassen müssen. Und so verkürzt er die Liebe um eine ganze Dimension, die der Sprache: plaudernde Liebhaber sind selten.«[29]

Christiane Olivier meint, dass Frauen sehr stark daran interessiert sein sollten, Jungen mit anwesenden Vätern zu versehen, denn erst dann werde eine tiefe und lebendige Liebe zwischen Männern und Frauen möglich.

Eine andere inzwischen gut belegte Folge eines abwesenden Vaters ist die Verlorenheit in der Vaterrolle. Die Männerliteratur der jüngsten Zeit handelt oft von diesem Thema. Ein wichtiger Grund dafür ist natürlich, dass von einem Vater heute auch in seinem eigenen Interesse erwartet wird, dass er den Inhalt ebendieser Rolle im Vergleich zu früher, als er selbst klein war, verändert. Manche Väter nehmen Erziehungsurlaub und kümmern sich um ihre neugeborenen Kinder. Aber sie gehören zu der ersten Generation solcher verantwortungsvollen Väter, und sie haben selbst nicht erlebt, dass sie auf diese Weise von ihren Vätern versorgt wurden. Ich selbst befinde mich in dieser Lage. Um meine Verlorenheit zu überwinden, habe ich hart an mir arbeiten müssen und alle meine Bücher über Kinder haben diesen Prozess sicher vorangetrieben. Ich bin froh, dass mein Vater lange leben durfte und dass er mir später wirklich geholfen hat. Er ist niemals einem Gespräch oder der gemeinsamen Selbstbetrachtung aus dem Weg gegangen, und das wird mir immer in Erinnerung bleiben. Trotz allem fühle ich mich manchmal verloren und allein gelassen und denke dann, dass ich nicht weiß, was ein Kind eigentlich ist, und noch viel weniger, was ein Vater eigentlich ist. Wie wird es meinen Söhnen ergehen?

Ich sehe eine Erdkugel vor mir. Ganz oben, ein wenig auf der Seite, liegt der weibliche Pol. Fast die ganze Nordhalbkugel ist von ihm beherrscht. Unten im Süden liegt der männliche Pol.

Ich suche meinen Breitengrad. Am Südpol werde ich erfrieren. Nördlich des Äquators werde ich Frau. Ich will mich als Mann fühlen, aber doch etwas von der Wärme des Äquators spüren. Vielleicht Zimbabwe?

Da entdeckte ich etwas: Es gibt nicht nur Breitengrade, sondern auch Längengrade. Entlang des nullten Längengrades verläuft das allgemein Menschliche. Hier gibt es weder Mann noch Frau, hier ist jeder Mensch einzigartig, ein Mensch unter anderen Menschen. Auf der anderen Seite der Erdkugel, auf 180 Grad östlicher Länge, geht es nur um Geschlecht. Da bin ich entweder ein Mann oder eine Frau, und alles, was ich erlebe, betrachte ich durch die Brille dieser Geschlechtszugehörigkeit. Wo möchte ich leben? Immer noch in Zimbabwe?

Ich muss viele Reisen unternehmen, um zu sehen, wie es auf den anderen Meridianen aussieht, und ich muss noch weiter reisen, bevor ich weiß, wo ich vor Anker gehen will. Ich bin Mann und meine innere Männlichkeit muss Licht und Raum erhalten. Mein Junge darf kein verdrängtes Kind sein, meine Weiblichkeit darf nicht mit Füßen getreten werden. Meine innere Menschlichkeit ruft nach Nahrung.

Diese Suche entlang der Meridiane ist das Lebensthema der Landschaft des sexuellen Selbst. Vielleicht sollte der Anker überhaupt nur so selten wie möglich ausgeworfen werden.

Mit meiner Tochter

Im November sind die Schatten feingliedrig
wie Kinderskelette
Sie zeichnen sich ab
auf der Erinnerung an die
fleischigen Blätter des Sommers
Unter den Bäumen, auf den Mauern
stehe ich mit meiner Tochter
Sie zeigt, ich antworte:
Kohlmeise, Spatz, Blaumeise
Ihre Hand ist so zerbrechlich,
dass ich sie an meinen Mund
heben will, sie küssen
und sagen: Fliege mir nicht davon!
Die Welt ist nur eine dünne Haut,
die kaum das Sonnenlicht hindurchlässt
Bleibe bei mir
Wärme mich, damit mein Schatten
sich nie in der Kälte
zusammenkauern muss.

Björn Håkansson, *Fronter i tredje världskriget* (»Die Fronten im dritten Weltkrieg«)

Der Traum wächst aus der Erinnerung
Die Landschaft des Zeit-Ich

»Aber Zeit ist Leben. Und das Leben wohnt im Herzen.«

Michael Ende

*D*er alte Diaprojektor surrt und der schwache Geruch von warm gewordenem Filmmaterial erfüllt den dunklen Raum. Papa zeigt die Bilder, Mama liest die Texte, die er geschrieben hat. Es ist eine Bilderserie über ein Jahr in Granbacken.

Da kommt das Bild, auf das ich gewartet habe! Ich sehe mich selbst im Schneidersitz in der Wiese sitzen. In der Hand halte ich eine Pusteblume. Ich puste und die weißen kleinen Fallschirme fliegen davon. Es ist ein schönes Bild. Es enthält Ruhe und Atem. Wie alt bin ich wohl? Sieben, vielleicht acht Jahre.

Der Text, den Mama liest, handelt von Träumen. Sie beobachtet mich. Woran denke ich wohl? Sind meine Gedanken auf der Reise, wie die Samen des Löwenzahns im Wind?

Als Kind mochte ich dieses Bild von mir immer besonders gern. Mein Vater hatte mich gesehen und fotografiert. Meine Mutter hatte mich gesehen und viel verstanden. Aber ich war in mir selbst und niemand konnte meine Gedanken sehen!

Das Träumen hatte sicher schon früher begonnen, aber von diesem Alter an kann ich mich auch daran erinnern – die Weite spüren, den Sprung, das Beängstigende. Ich merkte, wie der Zeitbegriff immer vorangetrieben wurde, wie er pulsierte. Im einen Moment stand ich vor der Treppe, warf einen kleinen Ball mit voller Kraft die Treppe hinauf und versuchte ihn aufzufangen, wenn er zurückkehrte. Ich konnte nie die Richtung und die Geschwindigkeit des Balles voraussehen, alles hing davon ab, wie er auf die Stufen der Treppe traf. Die

Flugbahn des Balles zu berechnen erforderte maximale Konzentra-
tion. Ich musste ganz da sein, Muskeln und Gedanken mussten in
Bruchteilen von Sekunden reagieren.
Dann wieder saß ich im Gras und blies auf eine Pusteblume. Auch
hier erinnere ich mich an meine Träume und sie fühlen sich immer
noch sehr intim an. In der Phantasie konnte ich mich frei in Raum
und Zeit bewegen, konnte eine Gestalt nach der anderen ausprobie-
ren. Ich war der Junge, der ich war, aber ich war gleichzeitig ein an-
derer. Ich war da, wo ich war, aber gleichzeitig an einem anderen Ort.
Ich war in meiner Zeit und in einer anderen. Ich war unterwegs!
Zwar wusste ich nicht, wohin die Reise ging, aber ich konnte sie frei
erträumen, immer und immer wieder.
Die Entdeckung, die mir den Schlüssel zu dieser Landschaft in die
Hand gab, war nicht einfach, sondern vielfältig: dass der Raum nicht
festgelegt war, dass die Zeit nicht nur eine Uhr war, die tickte, und
dass ich selbst immer dabei war, mich zu verändern. Welch wunder-
bare Aussicht eröffnete sich!

Das Neugeborene schwebt in der Unendlichkeit, ohne die Auffassung von Zeit und Raum, die wir haben. Die einzige Zeit des Kindes ist die Gegenwart. Warten ist ein bedeutungsloser Begriff für es, oft einfach dem Schmerz gleichgesetzt. Das Kind, das vom Hunger aufwacht, denkt nicht: »Wenn ich ein wenig warte, bekomme ich bald etwas zu essen.« Es wird vielmehr vom Hunger überwältigt. In seinem »Tagebuch eines Babys« lässt Daniel Stern den kleinen Joey dieses Gefühl beschreiben. Joey ist ein paar Wochen alt, als er schreibt:

»Ein Sturm droht loszubrechen. Das Licht wird metallisch. Die Wolkenparade am Himmel bricht auseinander. Himmelsfetzen zerstieben in alle Richtungen. Der Wind sammelt still seine Kraft. Man hört ein Brausen, aber keine Bewegung ist zu sehen. Der Wind und sein Rauschen haben sich getrennt. Jeder hetzt hinter dem verlorenen anderen her, hält abrupt inne und jagt wieder los. Die Welt zerfällt. Irgendetwas wird gleich geschehen.«[30]

Das ist ein dramatisches Erlebnis, unbegreiflich und verstörend. Man kann einen hungrigen Säugling nicht vertrösten. Er braucht Milch! Jetzt!

Wenn das Kind einige Monate später neugierig seine Umwelt betrachtet, dann geschieht dies auf eine nüchtern beobachtende Weise, die anders ist als die älterer Kinder und Erwachsener. Das hängt mit den verschiedenen Auffassungen von Zeit zusammen. Stern unterscheidet zwei Arten von Zeit, die »Zeit der Uhr« und die »subjektive Zeit«. Die Zeit der Uhr läuft immer im gleichen Takt vorwärts, ohne stehen zu bleiben. Mit der subjektiven Zeit verhält es sich anders. Sie kann rückwärts laufen und Erinnerungen wachrufen. Sie geht immer unterschiedlich, manchmal schneller, manchmal langsamer. Oft entstehen Lücken in der subjektiven Zeit, als wäre die Uhr, ohne dass wir es bemerkt hätten, stehen geblieben und dann wieder weitergelaufen.

Wir Erwachsenen leben gleichzeitig im Jetzt, in der Zeit der Uhr und in der subjektiven Zeit. Erinnerungsstücke und Gedanken an das, was als nächstes geschehen wird, fahren die ganze Zeit in unserem Bewusstsein umher. Aus den Erinnerungen und Möglichkeiten schaffen wir innere Bilder, und mit Hilfe der Bilder interpretieren wir, was im Augenblick geschieht. Wir begreifen, dass es sich um innere Bilder handelt, und wir haben meist keine größeren Schwierigkeiten, sie von dem zu unterscheiden, was jetzt gerade passiert.

Auch ein Neugeborenes erinnert sich, aber es weiß nicht, dass die Bilder Erinnerungen sind. Für das Kind handelt es sich lediglich um zwei Arten von Sinneswahrnehmungen. Erinnerungen und neue Beobachtungen sind miteinander zu einem Bild verwoben. Das Kind muss also zunächst lernen, innere Bilder zu schaffen, um dann diese Bilder von dem zu unterscheiden, was in der äußeren gegenwärtigen Welt geschieht. Wenn die Bilder darüber hinaus in den Dienst der Phantasie und der Planung treten sollen, dann müssen sie so fest im Bewusstsein verankert werden, dass das Kind sie zu bewahren vermag. Das

Kind muss also begreifen, dass das, was einmal geschehen ist und woran es eine Erinnerung hat, wieder aufs Neue geschehen kann. Wenn die Mutter das Zimmer verlässt, besitzt das Kind noch ein inneres Bild von ihr und wird deshalb nicht gleich anfangen zu weinen. Es weiß, dass sie zurückkommen wird, denn das hat sie früher schon einmal getan.

Es ist ein schwieriger und empfindlicher Prozess zu lernen, diese inneren Bilder zu interpretieren und zu verankern. Dieser Prozess nimmt in der Landschaft des subjektiven Selbst seinen Anfang und wird dann im Zeit-Selbst fortgesetzt. Winnicott hat in einem seiner Aufsätze beschrieben, wie empfindlich diese erste Phase ist:

»Das Gefühl der Existenz der Mutter dauert x Minuten an. Wenn die Mutter länger als x Minuten fortbleibt, dann verblasst ihr Bild, und es wird dem Kind unmöglich, es als Symbol für ihre Einheit zu verwenden. Das Kind wird ängstlich, aber diese Angst legt sich schnell, wenn die Mutter nach x + y Minuten zurückkehrt. Innerhalb von x + y Minuten verändert sich das Kind nicht. Aber nach x + y + z Minuten ist das Kind traumatisiert. Nach x + y + z Minuten kann die Rückkehr der Mutter den veränderten Zustand des Kindes nicht mehr beheben. Ein Trauma bedeutet, dass das Kind eine Unterbrechung in der Kontinuität des Lebens erlebt hat.«

Winnicott legte großen Wert auf Kontinuität und Zusammenhang im Leben des kleinen Kindes, nicht zuletzt auch in der täglichen Pflege. Wer sich um das Kind kümmert, der muss sich auch seinem tatsächlichen Erleben von Zeit anpassen und immer auf das Kind warten:

»Bei der Pflege eines Säuglings ist es das Natürlichste, wenn die Mutter Raum schafft für den ganzen Ablauf der verschiedenen Erlebnisse, und dass sie das so lange tut, bis das Kind alt genug ist, um ihren Standpunkt einzusehen. Sie wird es immer vermeiden, das Kind zu stören, wenn es isst, schläft oder in die Windeln macht.«

Wenn das Kind in aller Ruhe seine Fähigkeit entwickeln darf, innere Bilder zu erschaffen, dann wird es danach auch reif genug sein, um zu warten. Es muss nicht alles auf einmal geschehen. Man legt damit den Grund für das, was man im Kindergarten »Warten, bis man an der Reihe ist« oder »Abwechseln« nennt und was eine wichtige Voraussetzung für jedes soziale Zusammenspiel ist. Man muss lernen, sich im Spiel und in der Liebe abzuwechseln, man muss in der Schlange und im Beruf warten können, bis man dran ist.

Jetzt ist dem Kind die Zeit der Uhr klar geworden: Es gibt ein Gestern, ein Heute und ein Morgen. Indem es Geschichten wieder erschafft und über das phantasiert, was geschehen könnte, kann das Kind das Jetzt interpretieren und ihm eine Struktur geben. Es hat damit auch von der subjektiven Zeit Besitz ergriffen. Ein erster Teil des Zeit-Selbst ist erobert.

Wie erleben ein älteres Kind und ein Erwachsener die Zeit? Man hat festgestellt, dass es da große Unterschiede zwischen den Individuen, zwischen den Geschlechtern und unterschiedlichen Kulturen gibt. Jungen und Männer, vor allem in unseren Breiten, neigen dazu, die Zeit eher linear oder digital aufzufassen, während Mädchen und Frauen sie sich eher als Kreis oder Spirale vorstellen.

Dies muss man in einen kulturhistorischen Zusammenhang stellen. Bevor es die Uhr gab, waren das Licht und die Dunkelheit, der Lauf der Jahreszeiten, die Phasen des Mondes und der Sternenhimmel die Kräfte, die das Zeitgefühl von Erwachsenen wie von Kindern bestimmten. Diese »äußere Zeit« war viel dynamischer, pulsierender und zyklischer als die Zeit der Uhr und sie stand von daher in einem natürlichen Zusammenhang mit der »inneren«, der subjektiven Zeit.

Die Milchglocke, die Fabriksirene und die Schulglocke brachten ein völlig neues Prinzip mit sich und die Zeit der Uhr wurde einfach eine Tatsache. Sie hat seither ihren Griff immer enger um unser Leben geschlossen. Busfahrpläne und Arbeitsschemata, Kalender und Zeit-Management, Öffnungszeiten und Fernsehprogramme – die Zeit der Uhr steuert alles, was wir tun. Und im Sport wird die Leistung schon in hundertstel

Sekunden gemessen. Aber auch in unserer Gesellschaft, die nach der Uhr lebt, folgt das Neugeborene seiner biologischen Uhr einfach mehr als unseren hochentwickelten Uhrwerken. Licht und Dunkelheit spielen nach wie vor eine große Rolle, was gerade in Nordeuropa viele Eltern im Sommer erfahren müssen. Hunger und Müdigkeit treffen nicht auf Bestellung ein, sondern als eine Folge biologisch-zyklischer Prozesse.

Wir betonen heute, wie wichtig es ist, sich von der inneren Uhr des Neugeborenen leiten zu lassen – kaum jemand schaut heute noch ängstlich auf die Uhr, um dann nur alle vier Stunden zu stillen. Aber es werden trotzdem noch früh genug Konflikte entstehen. Wenn die Eltern nach dem Erziehungsurlaub an den Arbeitsplatz zurückkehren wollen und das Kind in den Kindergarten oder die Tagesstätte gehen soll, dann ist Schluss mit der Rücksichtnahme und die Zeit der Uhr übernimmt das Kommando. Ich glaube, dass das zu früh ist und dass man die Arbeitswelt besser an die Bedürfnisse der Kinder anpassen könnte. Aber an den meisten Arbeitsstellen ist es nach wie vor unpassend, wenn man morgens eine halbe Stunde zu spät kommt mit der Begründung: »Meine Tochter brauchte heute Morgen besonders lange und ich wollte sie nicht hetzen.«

Das Kind unterwirft sich allmählich dem Diktat der Uhr und im Alter von vier bis sechs Jahren zeigt es sich besonders fasziniert von den Mysterien der Zeit. »Wann sind wir da?« ist eine Frage, die alle Autofahrer lieben und aus der sich die erstaunlichsten Dialoge entwickeln können:

»Wann sind wir da?«

»Bald. Es ist nicht mehr lange.«

»Aber wann sind wir da? Welche Zeit?«

»Um acht. Du kannst ruhig noch ein wenig schlafen, wenn du willst.«

»Aber wann ist acht? Wie lange ist es noch?«

»Es ist jetzt sechs Uhr. Es sind noch zwei Stunden.«

»Wie lange ist zwei Stunden? Das ist doch lang!«

»Nein, das ist nicht lang. Wie von der Kinderstunde bis du ins Bett gehen musst. Das geht schnell.«

»Nein, es ist lang. Zeig es mir auf der Uhr!«

»Ich kann dir nicht die Uhr zeigen, wenn ich fahre.«

»Du musst es mir zeigen!«

Leicht genervt fährt man auf einen Parkplatz, um seine Uhr zu zeigen: »Schau mal, der große Zeiger muss noch zweimal herumgehen und dann hier auf der Zwölf stehen und der kleine Zeiger muss dort stehen. Dann ist es acht Uhr. Du darfst die Uhr solange haben, wenn du willst, aber lass sie nicht fallen. Ich kann nicht alle fünf Minuten anhalten, dann kommen wir nie an.«

Aber fünf Minuten später ist es wieder so weit:

»Wann sind wir da?«

Es ist ein großer Augenblick, wenn das Kind die Zahlen gelernt hat und plötzlich versteht, wie die Uhr funktioniert. Mein Sechsjähriger ist gerade so weit. Er teilt uns regelmäßig die Uhrzeit mit, und als ob das nicht genug wäre, ruft er noch manchmal heimlich bei der Zeitansage an, um seine eigenen Beobachtungen zu erhärten.

Kurz darauf kommt die Zeit der Hundertstel. Während ich das hier schreibe, sehe ich den etwas älteren Bruder des Sechsjährigen mit einer Stoppuhr in der Hand an meinem Fenster vorbeirennen. In unserem Garten findet gerade irgendeine Weltmeisterschaft statt.

Es ist interessant zu fragen, wie die Funktion der Uhr das Zeiterleben des Kindes beeinflusst. Viele Pädagogen behaupten, dass die Digitaluhren die Neigung, die Zeit als Linie zu empfinden, verstärkten. Wenn wir also meinen, dass die lineare Zeitauffassung nicht gut sei, dann sollten wir zur alten Uhr mit Ziffernblatt zurückkehren. Diese vermittelt grafisch die Illusion der Zeit als etwas Zyklisches, auch wenn die zyklische Zeitauffassung natürlich viel mehr bedeutet als nur ein rundes Zifferblatt. Auf jeden Fall zeigt das herkömmliche Ziffernblatt mit seinen Zeigern, dass die Uhrzeit ein Sinnbild für die Umdrehung der Erde um ihre Achse ist.

Aber die Uhrzeit wird auch benutzt, um unser Leben einzuteilen, und das macht sie für Kinder, Jugendliche und Erwachsene gleichermaßen eher zu einem negativen Stressfaktor als zu einer positiven Unterstützung. Wir haben das Gefühl, von der

Zeit gejagt zu werden, wir kommen nicht mehr mit, die Zeit läuft uns davon. Gleichzeitig tragen wir alle seit unserer Kindheit die Erinnerung daran in uns, dass man Zeit auch anders empfinden kann. Wir träumen davon, dorthin zurückkehren zu können und Zeit als etwas Unendliches, etwas, das zu uns kommt und auf uns wartet, zu erleben – Zeit als ein Raum, in dem man lebt.

Es gibt also einerseits den Konflikt zwischen der Uhrzeit und der subjektiven Zeit. Wir träumen von einem Leben, in dem die Tyrannei der Uhr gebrochen ist und unser subjektives Erleben von Zeit das Sagen hat. Auf der anderen Seite spielt der Inhalt der subjektiven Zeit eine wichtige Rolle. Die inneren Bilder, die die Erinnerung bereithält und die wir in unseren Träumen verwenden, dürfen uns nicht zum Wahnsinn treiben. Manchmal müssen wir uns von ihnen befreien und ganz in der Gegenwart leben. In der Literatur gibt es unzählige Rufe nach dem Leben im Jetzt. *Carpe Diem!* (»Pflücke den Tag«) ist eine Botschaft, die in unterschiedlicher Form in zahlreichen Filmen und Büchern unserer Zeit verkündet wird. Dies ist ein Ausdruck dafür, dass uns das Gleichgewicht verloren gegangen ist. Die Uhrzeit hat im Namen der Leistungsfähigkeit einen allzu großen Platz in unserer Existenz eingenommen, und unsere inneren Forderungen und Ansprüche treiben uns stärker an, als es den meisten von uns gut tut.

Dennoch darf die Sehnsucht nach dem Hier und Jetzt nicht zu einer bloßen Regression zurück zur Bedürfnislosigkeit des Neugeborenen werden. Sicher ist es wichtig, in der Gegenwart zu leben, aber Erinnerungen und Träume sind auch ein wichtiger Teil des Lebens, und sie sind notwendig, wenn man der Gegenwart die Struktur und die Tiefe verleihen möchte, die sie lebenswert macht. Natürlich üben Erwartungen und Wünsche manchmal Stress aus, aber sie verleihen auch die Kraft zum Aufbruch, der dem Leben Lust und Spannung gibt. Die Uhr kann mein Feind sein, aber erst seit ich gelernt habe, die Uhrzeit zu akzeptieren und sie manchmal sogar unter mein Kommando zu stellen, habe ich die Ruhe und den Raum gefunden, den ich brauche, um einfach mal zu sein. Struktur und Planung sind wichtig, um die Wasser meiner Landschaft frisch und die Wälder lebendig zu halten.

Deshalb suchte ich in der Literatur nach Menschen, die die Komplexität bei der Entwicklung des Zeit-Ich gesehen und gestaltet haben. Einer von ihnen ist der Libanese Kahlil Gibran. In seiner Textsammlung »Der Prophet« gibt es ein Gedicht, in dem Gibran einen Astronomen einen Text auslegen lässt:

»Ihr wollt die Zeit messen, die maßlose und unermessliche.
Nach Stunden und Jahreszeiten wollt ihr euren Wandel richten und sogar den Lauf des Geistes lenken.
Aus der Zeit wollt ihr einen Strom machen,
an dessen Ufer ihr sitzt und zuschaut, wie er fließt.
Doch das Zeitlose in euch
ist sich der Zeitlosigkeit des Lebens bewusst
Und weiß, dass Gestern nichts anderes ist
als die Erinnerung von Heute
und Morgen der Traum von Heute.
Und dass, was in euch singt und sinnt,
immer noch innerhalb der Grenzen jenes ersten Augenblicks
weilt, der die Sterne in den Weltraum schleuderte.«

Gibrans Gedicht klingt zunächst wie eine weitere Abrechnung mit der Uhrzeit, auch er scheint sich der menschlichen Neigung hinzugeben, Erinnerungen und Träume über die gegenwärtige Existenz herrschen zu lassen. Aber dann schließt er das Gedicht nicht mit einem Seufzer der Resignation ab, sondern mit dem Augenzwinkern des Weisen:

»Doch wenn ihr in eurem Denken
die Zeit in Jahreszeiten messen müsst,
lasst eine jede Jahreszeit all die anderen umfassen,
Und lasst das Heute die Vergangenheit mit Erinnerung
umschlingen und die Zukunft mit Sehnsucht.«[31]

Das Zeit-Ich hat aber nicht nur mit unserem Empfinden von Zeit zu tun, sondern auch damit, wie wir unsere Wanderung durch die Zeit und unsere eigene Veränderung erleben. Die bekannte Erzählung »Peter Pan« von James M. Barrie beginnt folgendermaßen:

»Alle Kinder, außer einem, werden erwachsen. Sie erfahren bald, dass sie erwachsen werden müssen, und Wendy hat es so erfahren:
Eines Tages, als sie zwei Jahre alt war, spielte sie im Garten und sie pflückte eine Blume und rannte damit zu ihrer Mutter. Ich vermute, dass sie ganz bezaubernd ausgesehen hat, denn Mrs. Darling griff sich ans Herz und rief: ›Ach, warum kannst du nicht immer so bleiben!‹ Mehr wurde zwischen ihnen über dieses Thema nicht gesprochen, aber seither wusste Wendy, dass sie erwachsen werden musste. Das weiß man immer, wenn man erst mal zwei ist. Zwei ist der Anfang vom Ende.«[32]

Es ist wahr, dass Kinder sich schon im Alter von zwei Jahren anhören müssen, dass sie groß werden. Ich weiß aber nicht, ob sie sich dann schon vorstellen können, was das bedeutet. Meine Erfahrung hat mir gezeigt, dass Kinder mit drei Jahren gern davon reden, was sie sein und tun wollen, wenn sie groß sind, dass sie aber glauben, das könne geschehen, ohne dass sie sich verändern müssten. Sie sind in ihrer Vorstellung immer noch Kinder, die sich aber in einem anderen, eher erwachsenen Umfeld bewegen.

Im Alter von ungefähr vier Jahren geschieht jedoch etwas, das die Tür zu einem neuen Teil des Zeit-Ich öffnet, und das passiert Wendy in Barries Erzählung. Ich hatte selbst ein ähnliches Erlebnis, über das ich oft nachgedacht habe. Zusammen mit meiner Tochter, die damals viereinhalb Jahre alt war, war ich eines Sonntags unterwegs in die Stadt, um Kuchen zu kaufen. Es war ein diesiger Herbsttag und wir betrachteten schweigend die Landschaft durch das Autofenster. Plötzlich sagte meine Tochter, als handele es sich um die einfachste Sache der Welt:
»Papa, was denkst du, wie groß meine Brust sein wird, wenn ich sechzehn bin?«

Wahrscheinlich habe ich es vermieden, eine genaue Antwort zu geben. Ich erinnere mich, sie gefragt zu haben, ob sie sich darauf freue, sechzehn zu sein. Nach einigem Schweigen antwortete sie:

»Manchmal. Aber das wird ja auch furchtbar traurig sein. Denn dann kann ich ja nicht mehr so mit dir fahren und Sonntagskuchen holen.«

»Zwei Jahre sind der Anfang vom Ende.« Es ist »furchtbar traurig«, groß zu sein. Dies sind zwei Bezeichnungen für dieselbe Einsicht des Kindes: Zeit ist Trauer. Man kann sich nicht entwickeln oder verändern, ohne etwas hinter sich zu lassen. Etwas Wichtiges wird auf dem Weg für immer verloren gehen.

Es ist beachtlich, wie früh Kinder dieses geradezu philosophische Dilemma entdecken. Sie erkennen es und können es besser ausdrücken als die meisten Erwachsenen.

Viele Erwachsene träumen von einem verlorenen, immer weiter entschwindenden Land der Kindheit, in dem sich nichts verändert und in dem es deshalb keine Trauer gibt. Wer mit Kindern lebt oder arbeitet, dem wird bald klar, dass dieses Land mehr eine Erfindung der Erwachsenen ist als eine Beschreibung des Landes, in dem Kinder wirklich leben.

Von diesem Land der Kindheit ist es nicht weit zum Mythos vom ewigen Kind. Es gibt mindestens drei Figuren, die diesen Mythos auf faszinierende Weise mit Leben füllen: Peter Pan, Pippi Langstrumpf und Momo.

Peter Pan lebt mit den vergessenen Jungen im Land Niemalsland. Als er zum ersten Mal im Buch auftaucht, beschreibt Barrie ihn folgendermaßen:

»Er war ein hübscher Junge, mit Laub und Spinnweben bekleidet. Aber das Erstaunlichste an ihm war, dass er noch all sein ersten Zähne hatte.«[33]

Peter Pan ist der ewige Junge, immer charmant, immer auf Spiel und Abenteuer eingestellt. Mit Hilfe der Elfe Tinker Bell nimmt er die drei Kinder Wendy, John und Michael mit in sein Land.

Wendy ist eine kluge große Schwester, die auf ihre kleinen Geschwister gut aufpasst. Peter Pan macht ihr später noch eine Menge Ärger, denn obwohl sie immer wieder auf seinen Charme und seine Verspieltheit hereinfällt, fühlt sie sich doch verantwortlich für sein Wohlergehen. Peter Pan ist nämlich ständig auf der Suche nach einer Mutter, nach jemandem, der sich um ihn kümmert und ihn versorgt – sowohl materiell als auch gefühlsmäßig. Das ist eine manchmal sehr schwere Aufgabe. Einmal sitzt Peter auf dem Fußboden und weint, als Wendy ihn findet. Als sie ihn zu trösten versucht, fragt sie ihn vorsichtig, wo denn seine Mama sei:

»›Ich hab keine Mutter‹, sagte Peter. Er hatte auch nicht die leiseste Sehnsucht danach. Er hielt Mütter für sehr überschätzt. Aber Wendy hatte plötzlich das Gefühl, einer Tragödie beizuwohnen. ›Ja, Peter, kein Wunder, dass du weinst.‹ Sie sprang aus dem Bett und lief zu ihm hin.«[34]

Die Spannung im Buch entsteht in dem Raum, der zwischen Peter und Wendy geschaffen wird. Peter versucht aus Wendy ein ebenso verantwortungsfreies Kind zu machen, wie er es ist, aber gleichzeitig braucht er sie als »Mama«, wie er sie nennt. Wendy versucht, Peter zu erziehen, aber gleichzeitig möchte sie Anteil an seiner Kindlichkeit haben. Sie beginnt eine Reihe von Projekten, unter anderem eine Schule für die Jungen im Niemalsland. Aber Peter interessiert sich natürlich nicht dafür und hat furchtbare Angst davor, erwachsen zu werden.

Im letzten Kapitel ist Wendy erwachsen und hat selbst eine Tochter. Sie kann nicht mehr fliegen: »Wenn die Menschen groß werden, vergessen sie, wie das geht ... denn sie sind nicht mehr glücklich und unschuldig und herzlos.« Manchmal denkt sie an Peter und fürchtet, dass er auftauchen könnte. Und eines abends kommt er wirklich:

»Er hatte sich überhaupt nicht verändert, und Wendy sah sofort, dass er noch alle seine ersten Zähne hatte. Er war ein kleiner Junge und sie war erwachsen. Sie hockte am Kamin und wagte nicht, sich zu bewegen, hilflos und mit schlechtem Gewissen, eine richtig große Frau.

›Hallo, Wendy‹, sagte er und merkte gar nicht, wie groß sie geworden war, denn vor allem war er mit sich selbst beschäftigt, und in dem Dämmerlicht konnte man ihr weißes Kleid auch für das Nachthemd halten, in dem er sie zuerst gesehen hatte.

›Hallo, Peter‹, erwiderte sie schwach und machte sich so klein wie möglich. Etwas in ihr rief: ›Ich will keine Frau sein!‹«[35]

Die Geschichte endet damit, dass Peter mit der Tochter davonfliegt! Das ist ein wenig beunruhigend, denn man weiß nicht, wie schließlich die Tragik zwischen Peter und Wendy geteilt wird – Barrie lässt den Leser hier in kreativer Ungewissheit zurück.

Pippi Langstrumpf in Astrid Lindgrens gleichnamigem Buch landet auf ähnlich unerwartete Weise im geordneten Leben von Tommy und Annika. Pippi steht für Spiel und Einfälle, für Freude und Großzügigkeit. Ihre Herkunft ist ebenso unklar wie die von Peter Pan: Ihre Mutter lebt im Himmel, ihr Vater in der Südsee. Aber im Unterschied zu Peter Pan ist sie nicht auf der Suche nach irgendeinem stellvertretenden Elternteil. Sie ist bemerkenswert selbständig.

Pippi kommt allein zurecht, und ich denke, dass das der Grund ist, warum sie so viel Aufsehen erweckte, als sie in den vierziger Jahren in der Kinderbuchliteratur auftauchte. Während Peter Pan noch unsere Elterngefühle weckt, tut Pippi das nicht. Sie weist jeden Versuch der Gesellschaft, sich einzumischen, zurück und kämpft kräftig sowohl gegen die Ordnungshüter wie gegen die Vertreter der Kinderschutzbehörde. Die Schule ist auch nichts für sie.

Pippi lebt völlig im Heute und ergreift Möglichkeiten und Gelegenheiten beim Schopfe. Es gibt jedoch eine Logik in dem, was sie tut, auch wenn dies nicht für alle sichtbar ist, vor allem nicht für die Vertreter der Erwachsenenwelt in ihren Büchern. Pippi ist nämlich weniger auf sich selbst konzentriert und deutlich mehr mitfühlend als Peter Pan. Sie besitzt eine spontane

Großzügigkeit, die ihre Umwelt erstaunt, und die Bereitschaft einzugreifen, um Unterlegene zu schützen.

Pippis Vater ist trotz seiner Abwesenheit eine wichtige Person. Wenn man es psychologisch sehen möchte, stellt der Vater einen festen Punkt in Pippis Leben dar, eine Verankerung, die Peter Pan fehlt. Pippi ist in vieler Hinsicht die Tochter ihres Vaters, die beiden verstehen einander über die Weltmeere hinweg.

Dennoch repräsentiert Pippi in hohem Maße die Idee vom ewigen Kind, denn es ist schwer, sich Pippi als Erwachsene vorzustellen. Tommy und Annika werden sicher erwachsen werden, aber doch nicht Pippi! Dieses Dilemma wurde deutlich, als – vor allem aus kommerziellen Beweggründen – 1995 der 50. Geburtstag von Pippi verkündet wurde. Astrid Lindgren selbst musste zu ihrer Verteidigung eingreifen und sagte in einem Interview, dass das erste Buch von Pippi Langstrumpf vielleicht fünfzig Jahre alt werden könne, aber nie und nimmer Pippi selbst. Sie ist neun Jahre alt, das war sie schon immer und das wird sie auch immer bleiben!

Ein anderes ewiges Mädchen ist Momo in Michael Endes bedeutendem und vielschichtigem Buch aus dem Jahre 1973. Momo taucht eines Tages im Vorort einer größeren Stadt auf und lässt sich in einem alten, vergessenen Amphitheater nieder.

»Sie war klein und ziemlich mager, sodass man beim besten Willen nicht erkennen konnte, ob sie erst acht oder schon zwölf Jahre alt war.«[36]

Momo ist ein schweigsames Mädchen, das nicht viel Aufhebens um sich macht und bald von anderen Kindern und auch Erwachsenen gemocht wird. Aber ein paar ordnungsliebende unter ihnen wundern sich natürlich sofort und fragen, woher sie eigentlich kommt.

»›Wo kommst du denn her, Kind?‹

Momo machte mit der Hand eine unbestimmte Bewegung, die irgendwohin in die Ferne deutete.

›Wer sind denn deine Eltern?‹, forschte der Mann weiter.

Das Kind schaute ihn und die anderen Leute ratlos an und hob ein wenig die Schultern. Die Leute tauschten Blicke und seufzten. (...)

›Wann bist du denn geboren?‹

Momo überlegte und sagte schließlich: ›Soweit ich mich erinnern kann, war ich immer schon da.‹‹«[37]

Das ist genug. Es hat Momo schon immer gegeben und im Moment gibt es sie unter den Menschen der Stadt. Die Kinder lieben es, mit ihr zusammen zu sein, denn alle Spiele werden lustiger, wenn Momo dabei ist. Sie hat immer Zeit und ihre Phantasie kennt keine Grenzen. Auch die Erwachsenen suchen immer häufiger ihre Nähe, denn sie hat eine Eigenschaft, die sie von den meisten anderen Menschen unterscheidet:

»Was die kleine Momo konnte wie kein anderer, das war: zuhören. Das ist nichts Besonderes, wird nun vielleicht mancher Leser sagen, zuhören kann doch jeder.

Aber das ist ein Irrtum. Wirklich zuhören können nur ganz wenige Menschen. Und so wie Momo sich aufs Zuhören verstand, war es ganz und gar einmalig.«[38]

Momos Fähigkeit zuzuhören erweist sich als eine Kraftquelle ungeahnten Ausmaßes und erhält große Bedeutung in dem Buch. Hier geht es um das Zeit-Ich: Momo ist imstande, einen abgeschiedenen Raum um sich selbst und denjenigen, mit dem sie spricht, zu schaffen und gibt so dem anderen das Gefühl, sie habe unbegrenzt Zeit. Man kann viel von ihr lernen, und das gilt vor allem für Leute, die in ihrer Arbeit die Kunst beherrschen müssen, mit anderen Menschen über deren Schwierigkeiten zu reden.

Aber Momo hört nicht nur zu. Als die Zeitdiebe mit all ihren Chronometern und Kalendern auftauchen und das Leben in der Stadt bedrohen, wird Momo zur zentralen Figur in dem Freiheitskampf, der in dem Buch geschildert wird. Jeder, der mit Kindern lebt und arbeitet, muss das Buch von Momo gelesen haben!

Trotz aller Unterschiede haben Peter Pan, Pippi Langstrumpf und Momo viel gemeinsam. Sie alle sind auf bedeutsame Weise von jeder Herkunft befreit und leben unabhängig von Eltern. Sie waren schon immer so alt, wie sie sind, und sie werden auch nicht älter. Bei denen, die ihnen begegnen, setzen sie Spiel und Kreativität frei. Sie gefährden die bestehende Ordnung und fordern die Erwachsenenwelt heraus.

Vielleicht brauchen wir diese drei als einen gestalteten Gegenpol zu der Entwicklung, die ja doch geschieht und uns alle heimsucht: Starke Kräfte zwingen uns dazu, erwachsen zu werden. Das Kind versteht das, der Erwachsene nimmt es zu Kenntnis, und der Alte beklagt es. Vielleicht hilft uns der Mythos vom ewigen Kind, die Veränderung zu akzeptieren, ohne sie zu verdrängen, und die Trauer, die mit der Veränderung einhergeht, zu unserem Verbündeten zu machen, nicht zu unserem Feind. Vielleicht bekommen wir so den Mut, in den Tag hineinzuleben, aber in dem Tag gleichzeitig das Vergangene und die Erinnerung einzufangen.

Es gibt noch einen weiteren Aspekt des Zeit-Ich, dem ich mich nicht verschließen kann: die Frage um das ewige Leben. Ich möchte mich ihr nicht vom Ausgangspunkt der Bibel nähern, sondern mehr als einer psychologischen Realität. Viele Kinder (und Erwachsene) haben das Gefühl, schon einmal gelebt zu haben, und schon im Alter von fünf Jahren beginnen manche Kinder von ihrem »früheren Leben« zu erzählen.

Gleichzeitig fällt es den Kindern schwer, sich vorstellen, dass das Leben wirklich zu Ende gehen kann. Sie fühlen sich als Teile in einem rauschenden Lebensfluss, der vor unendlicher Zeit begann und niemals versiegen kann. Dieses Erleben sprengt alle hergebrachten Rahmen von Zeit und Raum und es wird eine neue Dimension innerhalb des Zeit-Ich geschaffen.

Es gibt Beweise dafür, dass Kinder und Jugendliche und vielleicht einige ältere Menschen für solche Erlebnisse besonders empfänglich sind. So wird dieser Teil des Zeit-Ich sehr häufig in der Kinder- und Jugendliteratur behandelt. In den Büchern von C. S. Lewis über das Land Narnia zum Beispiel wäre der Kontakt zu diesem Land und seinem Herrscher Askan ohne die tatkräftige Hilfe von gefühlsstarken und mutigen Kindern niemals hergestellt worden. Die Kinder wagen, was die Erwachsenen sich nicht trauen, nämlich die Schranken des konventionellen Denkens zu überwinden und damit Narnia für sich zu öffnen.

Die schwedische Kinderbuchautorin Maria Gripe hat dieses Genre stark entwickelt. Viele ihrer Bücher, zum Beispiel *Agnes Cecilia* sind kreativen Kindern, Jugendlichen und auch Erwachsenen sehr wichtig. Nora ist eine typische Gestalt von Maria Gripe. Sie ist ein Mädchen mit besonderer Sensibilität, die es ihr ermöglicht, mit der verirrten und unsicheren Cecilia in Kontakt zu kommen, die schon viele Jahre tot ist, aber früher in der Wohnung wohnte, in der jetzt Nora mit ihrer Pflegefamilie lebt. Cecilias besonderes Schicksal, das einige Berührungspunkte mit Noras eigenem aufweist, wird in dem Buch aufgedeckt. Es ist aber nicht nur Nora, die mit ihrer Sensibilität die Wahrheit über Cecilia herauszufinden sucht. Auch Cecilia handelt und schickt auf verschiedene Weise Botschaften an Nora.

So kurz zusammengefasst wirken solche Erzählungen vielleicht etwas mystisch übersteigert, aber die Größe von Maria Gripe ist, dass es ihr gelingt, die Geschichten überzeugend in die Alltagswirklichkeit gewöhnlicher Jugendlicher zu integrieren. Es ist ein seltsames Erlebnis, ihre Bücher Kindern laut vorzulesen, die kurz vor der Pubertät stehen, denn sie sind oft tief ergriffen davon. Es berührt sie etwas, das sie wieder erkennen.

Erst später, wenn wir älter werden, sind wir wieder offen für diesen Teil des Zeit-Ich. Die rationale Zeit ist zu kurz geworden, der Zeit-Raum weitet sich. Vielleicht hat das etwas mit Lebenserfahrung zu tun und der Tatsache, dass wir uns dem Tod nähern.

Früher erschien mir die Zeit viel deutlicher abgegrenzt und geradliniger als heute. Meine eigene Zeitrechnung begann damals bei meiner Geburt und setzte sich mit Kindheit, Jugendzeit und frühen Erwachsenenjahren fort. Vor mir lagen mittleres Alter, Alter und Tod. Heute sehe ich das nicht mehr so. Ich fühle mich in zunehmendem Maße biologisch, psychologisch und geistig gesehen als Teil eines gigantischen Kreislaufs ohne

Anfang oder Ende. Dabei handelt es sich aber eher um ein tief erlebtes Gefühl als um eine durchdachte Lebensansicht. Ich merke zudem, wie die Kindheit in mir lebt, wie die Jugendjahre manchmal hereinschauen und wie das Alter sich in meinem Körper und meinem Bewusstsein bemerkbar macht.

»Die Vertragsstaaten achten das Recht des Kindes auf Gedanken-, Gewissens- und Religionsfreiheit.«
Übereinkommen über die Rechte des Kindes, Artikel 14

Es gibt keinen Artikel in der Übereinkunft über die Rechte des Kindes, der dem Kind ausdrücklich Rechte verleiht, die in den Bereich des Zeit-Ich fallen. Der Artikel 14 ist jedoch im Zusammenhang damit wichtig und deshalb möchte ich ihn hier vorstellen. Es ist einer der Artikel, die das Recht des Kindes auf Integrität behandeln.

Ein Kind soll das Recht haben, frei zu denken, nach seinem Gewissen zu handeln und die Religion, die es selbst wählt, ausüben zu dürfen. Niemand darf die Gedanken des Kindes einschränken, es zwingen, wider sein Gewissen zu handeln oder es von der Religionsausübung abhalten.

Was heißt das? Haben die Eltern nichts dazu zu sagen?

Als dieser Artikel in der Arbeitsgruppe der Vereinten Nationen behandelt wurde, brach eine heftige Diskussion aus, in der vor allem die Vertreter der USA sehr bestimmte Ansichten über das Recht der Eltern, auf das Leben ihrer Kinder Einfluss zu nehmen, zeigten. Diese Diskussion ist wichtig und interessant und ich möchte deshalb einige Gedanken daraus aufnehmen.

Soll das Kind wirklich lernen, frei zu denken? Ist es nicht wichtiger, ihm beizubringen, richtig zu denken? Als Eltern und Menschen, die mit Kindern arbeiten, haben wir das Recht und die Pflicht, mit dem Kind darüber zu reden, was wir selbst denken und meinen. Wenn wir das Kind jedoch mit unseren Beispielen und Argumenten nicht überzeugen können, dann liegt das vielleicht daran, dass wir Unrecht haben, oder daran, dass wir beide die Dinge unterschiedlich sehen.

Mit dem Gewissen ist es schwieriger. Erich Fromm unterschied zwischen dem autoritären und dem menschlichen Gewissen. Das autoritäre Gewissen wird uns von außen eingepflanzt, von Eltern, Lehrern oder Obrigkeiten. Wenn ich mich nicht so verhalte, wie ich es gelernt habe, dann habe ich ein schlechtes Gewissen. Das menschliche Gewissen hingegen ist die Bereitschaft, der Stimme seiner eigenen Menschlichkeit zu lauschen und von äußeren Befehlen unabhängig zu sein.

Fromm glaubt also an eine authentische innere Stimme. Die Frage ist nur, woher sie stammt, und ob wir Erwachsene auch akzeptieren können, dass Kinder eine ebensolche innere Stimme besitzen, die nicht von uns kommt und über die wir keine Kontrolle ausüben können. Den Respekt vor der inneren Stimme im Kind sollten wir anstreben. Für die amerikanische Delegation in der Arbeitsgruppe war das jedoch unbegreiflich und unmöglich zu akzeptieren. Die Eltern sollten ihrer Meinung nach die Hauptverantwortung für die Gewissensbildung des Kindes tragen und deshalb auch das Recht haben, das Kind auf den rechten Weg zu lenken.

Die Frage nach der freien Religionsausübung ist wirklich nicht leicht zu beantworten. Was sollen Eltern tun, wenn ihr Kind von einer religiösen Sekte vereinnahmt wird, mit den Eltern bricht und das alles im Hinblick auf die Religionsfreiheit tut? Kann das Kind das Leben so weit überblicken, dass es die Konsequenzen eines solchen Handelns wirklich tragen kann?

Diese Frage tauchte auch in Genf auf und die Diskussionen darum mündeten in einen Zusatz zum Artikel 14:

»Die Vertragsstaaten achten die Rechte und Pflichten der Eltern (…), das Kind bei der Ausübung dieses Rechts in einer seiner Entwicklung entsprechenden Weise zu leiten.«

Also: Jedes Kind hat das Recht, frei zu denken, nach seinem Gewissen zu handeln und in religiösen Dingen frei Stellung zu nehmen. Aber die Eltern sollen es »leiten«. Wie und mit welchen Mitteln soll das geschehen? Es soll seiner Entwicklung entsprechend sein – aber was heißt das? Wenn die Gedanken hinter der Übereinkunft nicht verloren sein sollen, dann muss man im Gespräch bleiben.

Ich will hier ein konkretes Problem aufgreifen, das diese Frage illustriert und das mit dem Zeit-Ich zu tun hat: Soll ein Kind lernen, um Entschuldigung zu bitten, und wie soll das dann geschehen?

In den meisten Familien mit kleinen Kindern und in jedem Kindergarten kann folgende Szene vonstatten gehen: Ein Dreijähriger schubst einen gleichaltrigen Spielkameraden, dieser fällt unglücklich auf ein Spielzeug auf dem Boden und blutet aus dem Mund. Nachdem man sich um das weinende Kind gekümmert hat, wird das andere Kind ausgeschimpft: »Das darfst du nicht tun! Siehst du, wie traurig er ist? Entschuldige dich bei ihm!«

Der »Verursacher« geht zu dem anderen Kind. Mit halb weggedrehtem Kopf und kaum hörbar murmelt er sein »Entschuldigung!«, muss das aber noch einmal etwas lauter tun, bis der Erwachsene zufrieden ist. Was lernt ein Kind daraus, abgesehen von einem Ritual ohne wirklichen Inhalt?

Einen anderen Menschen sinnvoll um Entschuldigung zu bitten setzt einen Prozess in mehreren Schritten voraus: Ich schaue auf etwas, was *damals*, in der Vergangenheit geschah. Ich sehe ein, dass es vergangen ist und dass nun Jetzt ist. Ich empfinde *Bedauern* über das, was geschehen ist. Nicht nur die Zeit ist vergangen, ich merke auch, dass ich mich verändert habe. Ich fühle nicht mehr dasselbe und ich möchte dieselbe Sache nicht noch einmal tun. Ich sehe auch in die Zukunft. In jeder ehrlich gemeinten Entschuldigung liegt ein Versprechen: Ich will dem anderen versichern, dass ich auf jeden Fall versuche, *das nicht noch einmal zu machen*. Ob mir das gelingt, ist eine andere Sache, aber der Wille ist da, und was ich sage, ist ehrlich.

Alles das erfordert ein gut entwickeltes Zeit-Ich, die Fähigkeit, sowohl den Gang der Zeit als auch meine eigene Bewegung innerhalb der Zeit übersehen zu können. Dasselbe wird von dem gefordert, der die Entschuldigung annehmen soll. Er muss auch zwischen damals, jetzt und später unterscheiden können und einsehen, dass sein Gefühl von Angst und Wut sich inzwischen gelegt hat. Kann ein dreijähriges Kind das? Ich habe dieses Beispiel nicht gewählt, weil ich etwa meine, dass eine Entschuldigung zwischen Kindern sinnlos wäre. Vielmehr glaube ich, dass Kinder früh lernen sollten, wie man sich versöhnt und Streit auf eine gute Weise schlichtet. Aber ich denke, dass das Gespräch und das gute Vorbild die besten Wege sind, das zu lehren. Wenn die Erwachsenen im Erbitten und Gewähren von Entschuldigungen großzügig sind, auf eine Weise, die das Kind als aufrichtig und warmherzig empfindet, dann wird das Kind das nachahmen.

Das Beispiel zeigt aber, dass wir uns über die Zeitauffassung der Kinder und ihre eigene Vorstellung über ihre Bewegung innerhalb der Zeit oft nicht im Klaren sind.

Es gibt zwei Dinge, die meiner Ansicht nach die Entwicklung eines reichen Zeit-Ich gefährden: *Chaos* und *Strenge*. Es sind dieselben Gefahren, denen auch die Entwicklung des forschenden Ich ausgesetzt ist, und das ist kein Zufall. Das Spiel ist von entscheidender Bedeutung für die Fähigkeit des Kindes, mit der Zeit umzugehen. Wenn das Spiel bedroht wird, ist auch das Zeit-Ich in Gefahr.

Wenn das Leben allzu chaotisch und zerrissen ist, wird die Empfindung von Kontinuität, Rhythmus und Zusammenhang des kleinen Kindes gefährdet. Winnicott betont, wie wichtig es ist, dem ganzen Verlauf der Erlebnisse Raum zu geben. Es sollte die Zeitauffassung des Kindes sein, die lenkt, und die Umgebung sollte ruhig sein und zuhören können. Es ist wichtig für das Kind, dass es in seinem Umfeld einen Rhythmus gibt, der nicht allzu mechanisch verläuft, den man aber ausmachen kann. Es gibt einen Unterschied zwischen Tag und Nacht, der Morgen kommt mit ein wenig Schläfrigkeit, der Vormittag hat seinen Rhythmus, der Nachmittag den seinen, der Abend kommt mit Ruhe und wieder mit neuem Schlaf.

Das Dasein muss verlässlich sein, das Kind muss das Gefühl

haben, dass ein bestimmter Teil der Dinge, die während eines Tages geschehen, vorhersagbar ist, sonst kann es keine Strukturen in sich bilden. Musik ohne Rhythmus ist seltsam ungenau und schwer zu erkennen.

Das Kind muss lernen, die subjektive Zeit zu benutzen, um die Uhrzeit im Griff zu behalten. Mit Hilfe der Erinnerung von Vergangenem interpretiert das Kind, was jetzt geschieht, und zieht Schlüsse darauf, was geschehen wird. Wenn die Erinnerungen aber ohne Struktur sind, wenn sie nur ein Sammelsurium gegensätzlicher Eindrücke darstellen, dann haben sie keinen Wert. Der einfache Schluss des Kindes ist:»Es hat keinen Sinn, über die Zukunft nachzudenken – bei uns kommt es doch immer anders, als man denkt. Man wird nur traurig, wenn man darüber nachdenkt.«

Solche Sätze habe ich unzählige Male von Kindern in chaotischen Lebensverhältnissen gehört. Was für einen Sinn macht es, einen Plan zu machen, wenn doch keiner eingehalten wird? »Wenn ich mir vorstelle, dass ich nächstes Wochenende zu Papa fahre, dann wird vielleicht nichts daraus und dann bin ich nur wieder traurig.«

Das kann noch dadurch verstärkt werden, dass die Erinnerungen vergiftet sind und vermintes Gelände berühren. Wenn das Kind daran denkt, wie es früher war, geht plötzlich eine Mine in die Luft und alles tut nur weh. Also denkt man am besten gar nicht nach, dann hat man seine Ruhe. Wenn man aber nicht zurückdenkt, dann fällt es einem schwer, die Zukunft zu beurteilen.

Bei Kindern und Jugendlichen in einer solchen Situation stelle ich oft ernsthafte Störungen in der Entwicklung des Zeit-Ich fest. Das Kind lebt in einem engen Jetzt und denkt weder zurück noch nach vorn. Es gilt nur der heutige Tag und dieser Tag umfasst nicht das Vergangene und das Zukünftige.

Die Erinnerungen sind entweder verdrängt oder verdreht. Das Kind neigt dazu, gewisse Ereignisse auszublenden und andere zu verstärken, manche Personen zu idealisieren und andere zu verurteilen. Die Träume von der Zukunft sind deutlich und großartig, aber sie hängen seltsam unverbunden zwischen

Vergangenheit und Gegenwart. Wenn das Kind (und später der Erwachsene) versucht, sich selbst in der Landschaft des Zeit-Ich zu erkennen, ähnelt sein Bild dem in den Zerrspiegeln vom Jahrmarkt.

Das Einzige, was Gleichgewicht und Zusammenhang im Zeit-Ich wiederherstellen kann, ist der längere Aufenthalt in einer Umgebung, die einen sicheren und lebendigen Rhythmus kennt. Der heilsame Effekt, den ein guter Kindergarten oder eine Schulklasse auf solche Kinder haben, hat meiner Ansicht nach mit dem Einfluss von Rhythmus zu tun.

Strenge kann dem Zeit-Ich ebenso schaden. Wir wissen heute, wie schädlich es für Neugeborene war, sich allzu schnell dem Diktat der Uhr unterwerfen zu müssen. Stillen alle vier Stunden, Wecken und Schlafengehen zu exakten Zeiten, eine gewisse Zeit nach dem Essen auf dem Topf sitzen – diese Methoden haben das eigene Erleben von Zeit zerhackt und zu früher Frustration und zu Stress geführt oder, was noch schlimmer ist, zu Unterwürfigkeit und ängstlicher Anpassung an das Regiment der Erwachsenen.

So kann auch eine allzu strenge Struktur im Kindergarten die Entwicklung von Kreativität und Zeit-Ich gefährden. Wenn die Mahlzeiten nie aufgeschoben werden dürfen, nicht einmal für ein paar Minuten, wenn immer zur selben Zeit aufgeräumt werden muss, egal, ob die Kinder gerade ins Spiel vertieft sind, dann wird etwas zerstört, was man nur schwer wieder reparieren kann. Es besteht die Gefahr, dass wir Kinder zu Agenten der Zeitsparkasse ausbilden, wie sie Michael Ende in *Momo* beschreibt.

Kindergarten und Schule sind Welten, in denen verschiedene Risiken gegeneinander abgewogen werden müssen. Fehlende Struktur lässt den Rhythmus vermissen, den das Kind braucht. Strenge zerstört die eigene subjektive Zeit des Kindes. Es ist ein Balanceakt, die richtige Richtung zu finden, und man wird sich in jeder Kindergruppe nach den speziellen Bedürfnissen der jeweiligen Kinder anders entscheiden.

Die einzige Garantie dafür, dass dies funktionieren kann, ist, dass die Erwachsenen, die das Dasein des Kindes planen, selbst mit einem gut entwickelten Zeit-Ich ausgestattet sind und eine ausreichende Hellhörigkeit für die Bedürfnisse der Kinder besitzen. Damit kommen wir zu der entscheidenden Frage des Mitgefühls, die das Thema der nächsten Landschaft ist.

Das Lebensthema der Landschaft des Zeit-Ich ist es, den Gleichgewichtspunkt von drei Gewichten zu finden. Das erste hat mit der Uhrzeit und der subjektiven Zeit zu tun. Wie stark sollte ich im Heute leben und wie sehr in meinen Erinnerungen und Träumen? Gibt es ein Gleichgewicht, in dem die Erinnerungen bewahrt werden und die Träume nicht wegfliegen und so mein Erleben des Heute vertiefen?

Das andere Gewicht hat mit dem Gang der Zeit und meiner eigenen Bewegung innerhalb der Zeit zu tun. Wieweit verändert sich die Zeit und wie viel verändere ich mich? Der Mythos des ewigen Kindes lebt in mir, der Traum davon, niemals erwachsen zu werden. Kann ich ihn, anstatt ihn einzusperren, als Fahrplan für meine Reise zum Erwachsensein verwenden?

Das dritte Gewicht hat mit dem Überschaubaren und dem Ewigen zu tun. Wo beginnt und wo endet das Leben? Kann ich ihm offen gegenüber sein, ohne den Halt zu verlieren?

Dies scheinen philosophische Fragen zu sein und so gesehen sind Kinder wirkliche Philosophen. Das liegt daran, dass das, was wir für Philosophie halten, also das vernünftige und notwendige Umgehen mit Lebensfragen, in unseren Gefühlen nachklingt. Ansonsten wären die philosophischen Fragen für uns sicher uninteressant.

Die Libelle

Die Kindheit
ist die Libelle des Menschenlebens
Jeder Tag hat Platz für eine ganze Welt
Geburt und Tod
im selben Atemzug

Später
werden die Tage ausgedehnt
und in kleine Stücke zerhackt
sie fallen auseinander
zersplittern

Die Libelle
ist nicht tot
Ein Rest von Leben
glitzert auf ihrem Körper und ihren Flügeln
in jedem Augenblick
in dem die Liebe
die Zeit zum Straucheln bringt

Lars Björklund, *Nära* (»Nah«)

Fühlen, verstehen, Verantwortung übernehmen
Die Landschaft des mitfühlenden Selbst

Ihr seid gut, wenn ihr fest und mit kühnen Schritten
auf euer Ziel zugeht.
Doch ihr seid nicht böse, wenn ihr hinkend darauf zugeht.
Selbst die Hinkenden gehen nicht rückwärts.

Kahlil Gibran

*A*ls ich sieben Jahre alt war, sah ich meine Mutter vor Erschöp
fung weinen. Sie erwartete ihr siebtes Kind, und im Nachhinein
fällt es mir schwer zu begreifen, wie sie das überhaupt schaffte. Es
war ein Abend, an dem mein Vater, wie so oft, spät nach Hause kam.
Er war kaum durch die mit Eulen bemalten Glastüren getreten, als
Mama ihm um den Hals fiel und weinte. Ich erinnere mich an das
Gefühl der Scham. Warum hatten wir ihr nicht mehr geholfen, damit
sie nicht so erschöpft sein musste? Ich war der Älteste und hätte das
irgendwie organisieren müssen.

Es war in dem Jahr, als der alte König starb. Wir mussten unsere
Sonntagskleider anziehen und den ganzen Tag drinnen bleiben. Das
Radio lief, die Trauermusik erfüllte das Haus und Mama war schwarz
gekleidet. Alles wirkte so bedrohlich, als könnten die Russen nun jeden
Moment kommen.

Ein paar Jahre später starb Soje, unser Hund. Er war von einem
Zug überfahren worden, der Gleiswärter rief an, um uns das zu sagen.
Mama hatte alle Hände voll zu tun mit meinen kleinen Geschwistern,
also mussten mein jüngerer Bruder und ich den Fahrradanhänger zur
Eisenbahn hinunterziehen und den toten Hund holen. Der Gleiswärter
half uns, ihn in den Anhänger zu heben, und Papa grub ein Grab, als
er nach Hause kam. Er schaufelte lange und es wurde sehr tief.

Wir hätten besser auf unseren Hund achtgeben sollen. Niemand hatte gemerkt, dass er überhaupt weg war. Aber Mama meinte, Soje hätte es mit Absicht getan. Er war viel zu klug, als dass ihm solch ein Missgeschick passiert wäre. Vielleicht war er krank und spürte, dass es an der Zeit war. Sie sagte das, um uns zu trösten und uns einzureden, dass es nicht unsere Schuld gewesen sei, dass er überfahren worden war. Aber es war doch etwas erschreckend, die Sache von dieser Seite zu betrachten. So hatte ich Soje noch nie gesehen. Aber Mama hatte ein besonderes Verhältnis zu ihm gehabt und außerdem wusste sie immer, warum irgendetwas geschah.

So hatte der Tod sich mit seinem ganzen Ernst in mein Leben gedrängt und mit ihm die Einsicht, dass alles ein Ende hat. Damit kam das Gefühl der Verantwortung – für Mutter, Geschwister und Hunde. Für Vater, Schweden und die ganze Welt. Man konnte nicht immer nur spielen, der Tod war da, und alles Mögliche konnte passieren, wenn man mal nicht aufpasste. Ich musste lernen zu verstehen, mich in die Gedanken und Gefühle von anderen einzuleben, sonst wurde ich überrumpelt. Ich merkte schon bald, dass ich das gut konnte. Vielleicht nicht so gut wie meine Mutter, aber immerhin. Ich musste es schließlich können.

So öffnete sich die Tür zur Landschaft des mitfühlenden Selbst. Ich will nicht behaupten, dass es nur das warme Lüftchen der Liebe war, das sie aufwehen ließ – die Tür war fest ins Schloss gefallen und die Angeln waren ziemlich verrostet. Aber mit dem Brecheisen der Angst und des Überlebensinstinktes sprang sie schließlich quietschend auf.

In den letzten Jahren ist in den Gesprächen um die Entwicklung des Kindes immer häufiger der Begriff Empathie verwendet worden, ebenso wie in der Debatte darum, was mit unserer Gesellschaft überhaupt geschieht. Viele Menschen denken, dass es uns an Mitgefühl und Verantwortungsfreude fehlt.

Und was ist mit den Kindern? Hier gehen die Meinungen auseinander. Manche meinen, dieselben Tendenzen, jedoch noch verstärkt, auch bei Kindern feststellen zu können. Ein

Kind, das einem anderen während eines Spieles oder bei einem regelrechten Überfall Schaden zugefügt hat, scheint sich nicht länger um die Konsequenzen zu kümmern, die sein Verhalten für das andere Kind hat. Jugendliche zucken nur mit den Schultern, wenn sie mit dem Leiden anderer konfrontiert werden.

Andere, und zu denen gehöre ich, meinen, dass die Quelle der Empathie nicht versiegt ist, auf jeden Fall nicht bei Kindern und Jugendlichen. Um die Erwachsenen allerdings steht es schlecht. Janusz Korczak war ein früher Vertreter dieser Ansicht, und in »Das Recht des Kindes auf Achtung« schreibt er:

»Nehmt euch in acht: der starke brutale *homo rapax* bestimmt das moderne Leben; er diktiert die Verhaltensweisen. Seine Zugeständnisse an die Schwachen sind eine Lüge, unehrlich ist die Ehrerbietung für den Greis, die Gleichberechtigung für die Frau und das Wohlwollen für das Kind. Obdachlos irrt das Gefühl umher – ein Aschenbrödel. Kinder jedoch – in ihrem Empfinden sind sie Königskinder, Dichter und Weise.«[39]

Korczak geht zum Angriff gegen diejenigen über, die Kinder gierig und egoistisch nennen und glauben, sie hätten eine weniger ausgeprägte Ethik und Moral als die Erwachsenen. Er selbst hat nach vielen Jahren des Zusammenlebens mit Kindern ganz andere Erfahrungen gemacht:

»Die offenkundig demokratische Gesinnung des Kindes kennt keine Hierarchie. Das Schicksal eines Tagelöhners in seinem Schweiß, eines hungrigen Altersgenossen, eines gequälten Pferdes und eines geschlachteten Huhnes machen es eine Zeit lang traurig, Hund und Vogel, Schmetterlinge und Blume stehen ihm nahe, in einem Steinchen oder in der Muschel sieht es seinen Bruder. Vom Hochmütigen des Emporkömmlings weit entfernt weiß es nicht, dass der Mensch eine Seele hat.«[40]

Kinder als die einzig wahren Demokraten! Kinder mit dem tiefsten Verständnis dafür, was Empathie eigentlich bedeutet!

Was ist denn eigentlich Empathie? Ich möchte diesen Begriff erst klären, bevor ich damit beginne, den Bereich zu erklären, den ich die Landschaft des mitfühlenden Selbst nenne. **Empathie bedeutet, Mitgefühl zu empfinden – aber nicht, ein Gefühl wieder zu erkennen oder Mitleid mit jemandem zu haben.** Mitzufühlen setzt die Fähigkeit voraus, sich in das Innenleben eines anderen Menschen einfühlen zu können, ohne dass man selbst unbedingt in derselben Situation gewesen sein muss. Das ist eine große Kunst, die nicht mit dem Wiedererkennen eines Gefühls verwechselt werden darf. Im Alltag werden die verschiedenen Begriffe oft zusammengeworfen und das kann so vor sich gehen:

Mir ist etwas geschehen, das mich sehr quält. Ich habe das Gefühl, mit jemandem sprechen zu müssen, und so suche ich einen Freund auf, um mit ihm über die Sache zu reden. Der Freund hört mir eine Weile zu, unterbricht mich dann aber mit den Worten: »Dass du das sagst – mir ist selbst etwas Ähnliches passiert. Also, das war vor ein paar Jahren ...«

Mein Freund geht nun dazu über, von seinem Erlebnis zu berichten, und wenn es gut geht, kann ein Erfahrungsaustausch daraus werden. Wir vergleichen unsere Leben und das kann manchmal sehr wichtig sein. So ist es befreiend, beim ersten Treffen der Elterngruppe von der Geburt seines Kindes erzählen zu können und andere von ihren Erfahrungen sprechen zu hören. Es kann viel Kraft geben, als Trauernder eine Selbsthilfegruppe zu besuchen. Wir müssen einander ein Spiegel sein und das Gefühl haben, gemeinsame Erfahrungen zu haben. Das hat vielleicht mehr mit Sympathie als mit Empathie zu tun, aber in dem Boden, den das gegenseitige Zuhören schafft, kann auch der Same der Empathie wachsen.

Der *empathische Freund* jedoch unterbricht mich nicht, sondern nimmt sich die Zeit, mir bis zum Ende zuzuhören. Vielleicht nimmt er mich eine Weile in den Arm, stellt ein paar Fragen oder wirft ein anderes Licht auf etwas in dem, was ich gerade erzählt habe.

Vielleicht sagt er auch gar nichts. Es ist ihm auch nicht wichtig, dass ich alles ganz genau erkläre, er gibt mir das Gefühl,

dass er alles von Bedeutung verstanden hat. In seiner Art zuzuhören ähnelt er sehr Momo in Michael Endes Buch. Auch sie
hat die Botschaft im dem Gedicht über die Freundschaft von
Kahlil Gibran verstanden:

»Und wenn er schweigt, hört euer Herz nicht auf,
dem seinen zu lauschen;
Denn in der Freundschaft werden alle Gedanken,
alle Wünsche, alle Erwartungen ohne Worte geboren und geteilt,
mit Freude, die keinen Beifall braucht.«[41]

**Empathie heißt, seine eigenen Gefühle zu verstehen, nicht
die des anderen.** Es geht also nicht nur um Gefühl, sondern
auch um Verständnis. Die Gedanken und die Vernunft spielen
eine wichtige Rolle als Organisatoren des Mitgefühls. Ich brauche Hilfe beim Sortieren der widersprüchlichen Gefühle, um
dann empathisch handeln zu können.

Ich bin bei meiner Arbeit vielen Kindern begegnet, die als
gefühlskalt bezeichnet wurden, ohne es jedoch zu sein. Es waren chaotische Kinder, denen niemand geholfen hatte, das ganze Durcheinander zu ordnen. In Wirklichkeit hatten sie sehr
starke Gefühle, aber der Ausdruck, den diese Gefühle bekamen, hatte das Kind seiner Umgebung entfremdet:

Ein achtjähriger Junge wird auf dem Schulhof niedergeschlagen. Er hat ein wenig provoziert und nun fallen die anderen über ihn her. Als er am Boden liegt und weint, gehen ein
paar andere Jungen zu ihm hin, treten noch ein paar Mal auf
ihn ein und lassen ihn dann liegen.

Der beste Freund des Jungen steht in einer Gruppe anderer
Kinder und traut sich nicht einzugreifen. Als die anderen gegangen sind, bleibt er zurück. Anstatt seinen Freund zu trösten,
geht auch er hin und tritt ein paar Mal zu. Dann lacht er und
geht weg.

Ein Lehrer, der vorbeikommt, stellt ihn zur Rede: »Was tust
du da? Du siehst doch, dass er weint. Und ich dachte, du
wärest sein Freund! Und du trittst ihn auch, hast du denn gar
keine Gefühle?«

Doch, dieser Junge hat jede Menge Gefühle! *Schock und Verwirrung*, weil etwas passiert ist, auf das er überhaupt nicht vorbereitet war. *Angst* davor, selbst niedergeschlagen oder isoliert zu werden. *Wut* gegenüber denen, die die Misshandlung begingen, aber auch gegenüber dem Freund, der sonst immer so stark wirkte und nun hilflos daliegt. Und *Scham*, weil er sich nicht getraut hat einzugreifen. All das kreist in seinem Kopf, völlig ungeordnet. Was er dann tut, scheint paradox, denn es spiegelt in keiner Weise wider, was den Jungen bewegt.

Es ist gut, dass er angesprochen wird, und es ist auch nicht schlimm, wenn er erst einmal die Wut des Erwachsenen zu spüren bekommt. Aber dann braucht er jemanden, der ihm hilft zu verstehen und der begreift, dass er Gefühle hat, wenn die auch gerade kurzgeschlossen sind.

Beim empathischen Verständnis geht es also in erster Linie darum, die eigenen Gefühle zu begreifen, und nicht darum, den anderen voll und ganz zu verstehen – das kann der andere nämlich ganz gut selbst leisten.

Erneut habe ich Probleme und suche einen Freund auf. Noch ehe ich die Hälfte meiner Geschichte erzählt habe, werde ich unterbrochen: »Du brauchst nicht weiterzuerzählen, ich verstehe genau, wie du dich fühlst.«

Mein Misstrauen erwacht. Ich bin nicht überzeugt: »Wie kannst du das verstehen?«

»Na ja, man hat schließlich ein wenig Lebenserfahrung gesammelt.«

»Aber du bist ja nicht ich.«

»Meine Güte, ich kenne dich doch! Ich weiß genau, wie du auf so etwas reagierst!«

Ich bin gekränkt und will ausrufen: »Du kennst mich überhaupt nicht! Du verstehst gar nichts genau! Meine Gefühle gehören mir, und ich bin es, nur ich, der dabei war, als diese Sache passierte. Ich hatte gehofft, dass du mir einfach zuhören und nicht so tun würdest, als verstündest du alles!«

So kann man sich auch im Gespräch mit einem professionellen Berater fühlen, einem Arzt, Psychologen oder Sozialarbeiter, der etwas in Eile ist oder dem es nicht geglückt ist, die Empathie als einen natürlichen Bestandteil seines Lebens zu verinnerlichen. Solche Menschen neigen dazu, angeblich viel zu verstehen, während sie in Wirklichkeit nichts begreifen. Aber wenn man glaubt zu verstehen, dann wird man leicht etwas ungeduldig: »In Ordnung, das ist klar. Jetzt sprechen wir mal darüber, was wir da tun können.«

Der *empathische Freund* hört zu, und wenn ich ängstlich frage, ob er mich versteht, dann antwortet er vielleicht: »Natürlich verstehe ich nicht alles. Aber ich höre dir gern zu. Erzähl weiter!«

Die empathische Haltung setzt also voraus, dass ich weiß, warum ich selbst so oder so auf das reagiere, was ein anderer Mensch erzählt oder tut. Gleichzeitig muss ich einsehen, dass ich den anderen niemals völlig werde verstehen können. Wenn ich dennoch den Eindruck erwecke, dann verletze ich die Gefühle und die Integrität des anderen. Das ist eine Frage des Respekts. Respekt zu üben heißt, die Grenzen zwischen mir und dem anderen zu erkennen und nicht in den geheimen Raum des anderen eindringen zu wollen.

Empathie heißt, miteinander verbunden, nicht verbündet zu sein. Wenn jemand in Schwierigkeiten ist, dann hat er eine Reihe von Bedürfnissen. Er sucht Freunde, die ihm zuhören und die versuchen, ihn zu verstehen. Aber manchmal sucht er auch Verbündete für den Kampf, den er führt. Es ist oft schwer, die Bedürfnisse, die man hat, zu erkennen und auseinander zu halten, vor allem in Situationen, in denen alles auf dem Kopf steht.

Es ist nicht falsch, sich hundertprozentig für jemanden einzusetzen, der in Schwierigkeiten ist, seine Partei zu ergreifen und seine Interessen zu verfolgen. Aber das hat nicht unbedingt etwas mit Empathie zu tun, sondern eher mit Sympathie, und manchmal erfüllt man dabei auch noch eigene Bedürfnisse.

Die Empathie gibt mir die Möglichkeit, jemandem zuzuhören und ihm verbunden zu sein, dessen Ansichten ich nicht teile. Vielleicht bemerke ich ja, dass die Erklärungen, die er gibt, nicht ganz korrekt sind oder auf jeden Fall nicht objektiv. Also

237

fasse ich sie nicht als eine unparteiische Beschreibung der Wirklichkeit auf, sondern als sein eigenes bestes Bild davon.

Der sympathisch eingestellte Freund scheint alles zu glauben, was ich sage. Ich frage provozierend: »Glaubst du mir nicht?«

Und der Freund antwortet: »Natürlich glaube ich dir, du bist schließlich mein Freund. Gewiss hast du Recht. Es ist wirklich unglaublich, wie sich manche Leute benehmen!«

Der *empathische Freund* verhält sich schwieriger, wenn man Unterstützung braucht. Auf die Frage, ob er glaubt, was ich sage, antwortet er vielleicht: »Ich glaube, du meinst, was du sagst. Sicher bist du aufrichtig.«

»Genauso ist die Sache abgelaufen – glaubst du mir nicht?«

»Ja, du hast es so erlebt.«

»So erlebt …! Es war so!«

»Aus deiner Sicht war es natürlich so. Es muss furchtbar für dich gewesen sein.«

Es wirkt irritierend, dass er meine Erzählung nicht als ein polizeiliches Protokoll begreifen will. Man versucht in solchen Situationen oft, den Freund zu einem Verbündeten zu machen, und man hat Glück, wenn einem das nicht gelingt. Verbündete kommen und gehen. Der Freund bleibt.

Empathie heißt, die Verantwortung für sein Tun zu übernehmen, nicht, dem anderen die Verantwortung für seines abzunehmen. Es gibt Menschen, die vortrefflich die Kunst beherrschen, mit anderen Menschen zu fühlen und aus diesem Einfühlungsvermögen Schlüsse zu ziehen. Dennoch handeln sie nicht unbedingt empathisch, denn auch die Meister im Mobbing gehören dazu. Das sind Menschen, die auf geschickte Weise die schwachen Punkte ihrer Mitmenschen offen legen und dann diese neu erworbene Kenntnis benutzen, um Böses und nicht Gutes zu tun. Ihre scheinbar freundlichen Fragen sind Spione, die das destruktive Zentrum in ihnen aussendet.

Ich möchte mich nicht länger mit dem Bösen aufhalten, denn ich glaube, dass es, im Gegensatz zur Empathie, schon viel zu viel Aufmerksamkeit erfährt. Lassen Sie mich nur meiner Überzeugung Ausdruck verleihen, dass es in jedem Menschen ein solches destruktives Zentrum gibt, das viele Agenten unterhält. Die Ermahnung C. G. Jungs, auch unseren Schatten kennen zu lernen, ist sicher richtig und notwendig.

Aber ich glaube auch, dass eine allzu intensive Jagd auf die Seelenspione nur den Interessen des destruktiven Zentrums dient. Eine bessere Strategie ist es, Botschafter des Guten auszubilden, eine eigene Schwestern- und Bruderschaft der Empathie. Das Motto von Martin Luther King: »Hört auf, über die Dunkelheit zu klagen, zündet stattdessen ein Licht an!« ist im Laufe der Jahre immer wichtiger für mich geworden.

Was ist die Voraussetzung dafür, dass ein Mensch nicht nur mit jemandem fühlen und seine eigenen Gefühle verstehen kann, sondern auch imstande ist, seine Einsicht in eine empathische Handlungsweise umzusetzen? Einerseits hängt es davon ab, wie weit die Erforschung der anderen inneren Landschaften fortgeschritten ist und ob dort vielleicht etwas geschehen ist, das sich ungünstig auswirkt. Und dann kommt eine andere Dimension dazu, die mit dem Verantwortungsgefühl zusammenhängt. Ich muss selbst eine Reihe von Beschlüssen über mein Leben fassen. Wohin will ich? Welches Ziel habe ich? Was will ich mit meinem Leben? Welchen Wert hat das Leben anderer für mich? Welchen Platz sollen anderen Menschen in meinem Leben haben? Wie viel Verantwortung bin ich bereit für mich selbst und für andere zu übernehmen? Trage ich Verantwortung für die Welt, in der wir leben, und wenn ja – wie äußert sich das? Das sind große und wichtige Fragen, die mit Ethik und Lebenseinstellung zu tun haben. Sie können nicht isoliert betrachtet werden, müssen aber dennoch einen eigenen Raum bekommen.

Auch wenn das düster klingt, möchte ich behaupten, dass der Eintritt in die Landschaft des mitfühlenden Selbst mit dem Tod zusammenhängt. Die Tür öffnet sich, wenn das Kind entdeckt, dass der Tod nicht nur eine unwirkliche, entfernte Bedrohung ist, sondern ein ständiger Begleiter des Lebens. Wenn das Kind wirklich begreift, dass jeder in jedem Moment sterben kann, dass die Mutter, der Vater oder das Kind selbst sterben können, dann verändert sich die ganze Lebensperspektive. Erst in der Nähe des Todes wird das Leben wirklich, aber auch endlich. Man muss es ergreifen, solange es andauert, und kann nicht länger damit rechnen, dass alles sich im Unendlichen annähert und dass es immer Zeit gibt, sich anders zu orientieren und Fehler zu reparieren. Jeder Moment kann der letzte sein und erhält dadurch seinen besonderen Wert.

Es gibt Menschen, die niemals wagen, mehr als einen vorsichtigen Blick durch die Tür zur Landschaft des mitfühlenden Selbst zu werfen. Vielleicht ist es der Tod, der sie abschreckt, denn der ist dort immer gegenwärtig. Elisabeth Kübler-Ross, die wie kaum eine andere die gemeinsamen Voraussetzungen für Tod und Leben kennt, weist darauf hin, wie wichtig es ist, sich in die Nähe des Todes zu wagen und sich von ihm zu einer neuen Lebensweise inspirieren zu lassen. In »Erfülltes Leben – würdiges Sterben« schreibt sie:

»Aber wenn Sie auf Ihre innere Stimme hören und auf Ihre innere Weisheit, die weit größer ist als die irgendeines anderen Menschen, soweit es um Sie ganz persönlich geht, dann werden Sie nicht in die Irre gehen, sondern Sie werden ganz genau wissen, was Sie mit Ihrem Leben anfangen wollen. Die Zeit spielt dann keine Rolle mehr.«[42]

Kinder verstehen schon früh, dass es den Tod gibt, aber seine Unausweichlichkeit ist für sie anfänglich noch schwer zu überblicken. Vierjährige haben die Erwachsenen schon vom Tod sprechen hören, und vielleicht auch schon eigene Erfahrungen damit gemacht, sei es, dass die Großmutter gestorben ist oder sie einen Vogel oder ein Haustier begraben haben. Oft pflegen sie noch eine bemerkenswert sachliche Einstellung zu diesen Fragen. Es wird interessant, wenn man darüber spricht, wo der »Himmel« eigentlich ist. Das eine Kind will ein Vogelgrab schon am nächsten Tag wieder öffnen, um zu sehen, ob der Vogel noch dort liegt oder schon in eine andere Welt gezogen ist. Das andere Kind ist mehr an der Ewigkeit interessiert.

Ein Kind erforscht zu Beginn die Fragen um Leben und Tod innerhalb der naturorientierten Landschaft des forschenden

Selbst. Aber schon bald ist es Zeit, diese Fragen auch mit in die Landschaft des mitfühlenden Selbst zu nehmen. Entscheidend ist schließlich, dass das Kind versteht, dass der Tod nicht nur eine Ordnung der Natur darstellt, sondern dass er mit der eigenen Existenz zu tun hat. Meiner Erfahrung nach tun die meisten Kinder diesen Schritt im Alter von fünf Jahren. Danach ist alles anders: »Ich kann sterben. Einfach sterben. Und nie wieder aufwachen.«

Das Kind beginnt nun mit diesem Material in seiner Phantasie und im Spiel zu arbeiten. Das Kind spielt Tod, es verschwindet und läuft weg, um zu sehen, wie die Eltern reagieren. »Wenn sie nun denken, ich sei tot!«

Mein fünfjähriger Sohn fragte mich kürzlich: »Wenn beide Eltern sterben, sind die Kinder dann traurig?«

Er hatte Bilder aus Bosnien gesehen.

»Ja, glaubst du nicht?«, fragte ich.

»Doch, furchtbar traurig«, sagte er und begann schrecklich zu weinen.

Es war das erste Mal, dass ich solche Gedanken in ihm bemerkte. In seiner Phantasie war er ein sehr einsames Waisenkind und am Abend wollte er nicht allein schlafen.

Es ist wirklich ein einschneidendes und schweres Erlebnis für ein Kind in diesem Alter, mit solchen Gedanken in Kontakt zu kommen. Das Kind sieht, dass es schon um die nächste Ecke Leiden, Tod und Böses gibt, und erkennt gleichzeitig, dass es sich selbst nicht schützen könnte, wenn es ernsthaft bedroht würde. Es ist völlig abhängig von den Fähigkeiten und vom guten Willen der Erwachsenen.

Deshalb ist es kaum verwunderlich, dass uns das Kind nun für eine Zeit lang größer macht, als wir sind. Es muss die Verantwortung an uns abgeben können und so wird Mama unverwundbar und Papa der Stärkste der Welt. Wir Erwachsenen stellen uns darauf ein, dass das Kind uns als Schutzschild gegen alle Bedrohungen, die es sieht, verwendet. Es muss glauben können, dass wir jeder Gefahr trotzen, es ist in die Phase der »gesunden Idealisierung« eingetreten – ich habe dies in meinem Buch »Wir Väter« eingehend beschrieben.

Nun drängen sich die Lebensfragen auf. Wer bin ich eigentlich? Wo war ich, bevor ich in Mamas Bauch war? Wie fühlt es sich an zu sterben? Kommt man dann in den Himmel? Werdet ihr traurig sein, wenn ich sterbe? Warum gibt es Mütter, die ihre Kinder schlagen? Warum schießen die auf das Kind? Stirbt man, wenn die Luft alle ist? Wenn alle Bäume sterben würden, was passiert dann mit den Tieren?

Im Lauf der vergangenen Jahre, als meine vier jüngeren Kinder, eines nach dem anderen, auf der Schwelle zu dieser Landschaft standen, war ich ständig von solchen Fragen umgeben. Sie sind meist sehr präzise und haben eine konkrete Ursache, und ich habe gelernt, sie niemals bewusst zu umgehen. Allerdings gibt es fast niemals eine einfache Antwort darauf, wenn es überhaupt eine gibt. Aber wir können gemeinsam Wissen erwerben, indem wir jemanden anrufen, der sich auskennt, oder ein Buch in der Bibliothek ausleihen.

Manchmal denke ich an meine eigene Kindheit zurück. Ich kann mich nicht erinnern, dass wir uns so rastlos und unruhig mit diesen Fragen auseinander gesetzt hätten. Natürlich war auch in unserem Leben der Tod gegenwärtig. Ich bin auf dem Lande aufgewachsen und erinnere mich, wie wir um die Ecke spähten, wenn auf dem Hinterhof ein Schwein geschlachtet wurde. Schon früh begriffen wir, dass Wasser, Pflanzen, Tiere und Menschen in einen Kreislauf eingebunden waren, und ich habe starke und direkte Erinnerungen an den Tod von Tieren. Natürlich berührte mich das.

Es fällt mir allerdings schwer, mich an Gespräche mit Erwachsenen über dieses Thema zu erinnern. Wir Kinder untereinander sprachen über den Tod. Eine Erinnerung taucht in mir auf, die das beschreibt. Ich war vielleicht neun Jahre alt, als an einem frühen Morgen ein Krankenwagen an unserer Dorfschule vorbeifuhr. Es war Pause, und da auf dem Lande ein Krankenwagen ein ungewöhnlicher Anblick war, versammelten sich alle Kinder am Zaun.

»Die kommen, um den zu holen, der sich erhängt hat!«, sagte ein Junge, der sonst selten etwas zu erzählen hatte. Plötzlich stand er im Mittelpunkt des Geschehens und erzählte, während

wir anderen uns um ihn drängten, was er von dem unglücklichen Mann gehört hatte, der sich an einem Dachbalken im
Heuschober erhängt hatte. Es war eine sehr genaue Beschreibung, die er sicher hinter dem Rücken der Erwachsenen aufgeschnappt hatte. Wir fragten unsere Lehrerin, um eine Bestätigung zu bekommen, aber sie sagte sehr bestimmt, nichts über
die Sache zu wissen, und kam nie wieder auf das Thema zurück. Meine Mutter konnte auch nichts dazu sagen. Aber in
den folgenden Wochen sprachen wir in den Pausen von nichts
anderem und mit Hilfe unserer gemeinsamen Phantasie hatten
wir schließlich das Seelenleben und das unglückliche Schicksal
des Mannes offen gelegt.

Mein Vater hat einmal von der Diphtherie-Epidemie 1910/
1911 erzählt. Viele seiner Spielkameraden starben, und er erinnerte sich, wie er und die anderen Kinder geholt wurden, um
von ihnen Abschied zu nehmen, bevor die Leichname vom Hof
gebracht wurden. Einmal lagen drei tote Kinder in kleinen Sär-
gen dort. Aber kein Erwachsener sprach mit den Kindern über
das, was geschehen war.

So etwas wäre heute undenkbar, denn der Dialog zwischen
Erwachsenen und Kindern ist weiter entwickelt. In der Schule
gibt es eine größere Offenheit und Bereitschaft, sich mit solchen
Fragen zu beschäftigen. Das ist gut. Wenn es dieses Wissen
und diese Einstellung in meiner Kindheit gegeben hätte, dann
hätte es richtig schön sein können!

Kinder wachsen heute unter völlig anderen Bedingungen
auf. Durch die modernen Medien werden sie brüsk mit einer
Wirklichkeit konfrontiert, von der wir nur eine schwache Ahnung hatten. Vielleicht hat sich auch die Wirklichkeit verändert. Es gibt Hinweise darauf, dass die Brutalität gegenüber der
Zivilbevölkerung in den blutigen Kriegen unserer Zeit gewachsen ist und dass die Anwendung von Gewalt in vielen westli-
chen Ländern auch im Zusammenhang mit »normaler« Kriminalität stark angestiegen ist.

Die Durchschlagskraft der Medien ist ungeheuer. Während
des Zweiten Weltkrieges erhielten schwedische Kinder ein
recht unvollständiges Bild davon, was in den deutschen Kon-

zentrationslagern geschah. Die Satellitenbilder von den Ereignissen in Ruanda oder Bosnien, die auf unsere Kinder eindringen, sind von ganz anderer Schärfe. Ich meine, dass diese aufdringlichen und nahe gehenden Bilder die Entwicklungsbedingungen der Kinder verändert haben und daß dies an Eltern, Lehrer und Betreuungspersonal ganz neue Anforderungen stellt.

Die Bilder, die meine Spielkameraden und ich vom Tod hatten, konnten wir mit Hilfe unserer eigenen Phantasie und der Unterstützung, die wir von anderen bekamen, in uns aufnehmen. Wenn Kinder heute nicht mehr aktive Hilfe von den Erwachsenen bekommen, nehmen sie ernsthaft Schaden.

Anna-Clara Tidholms Porträt von Frida Fredriksson in *Allihop* (»Alle«) ist eine gut getroffene Beschreibung eines sechsjährigen verantwortungsbewussten Mädchens, das schon viel darüber gelernt hat, wie die Welt beschaffen ist, und das hart darum kämpft, sein neu gewonnenes Wissen mit seiner Vorstellung vom Leben und von der Welt zu vereinbaren. Sie streitet mit ihren Freundinnen und möchte beim Puppenspielen über sie bestimmen. Die Puppen sind krank und man muss sich um sie kümmern. Als die Freundinnen protestieren, erklärt Frida:

»Die Kinder sind alle ein wenig krank, denn sie kommen schließlich aus einem anderen Land, das … Sylbien heißt, und da ist Krieg. Alle Mamas und Papas waren im Krieg und die Kinder haben nichts zu essen bekommen.

Sie saßen einfach da und warteten auf Essen, aber es kam keins. Und dann war Krieg auf der Straße und es kamen eine Menge Bomben. Das war wirklich schlimm. Peng, peng, peng! machte es überall. Aber dann kam ein Hund und holte die Kinder und sie rannten in einen Wald, nein, ein Dschungel war das, und da versteckten sie sich. Sie fanden da auch ein paar Blätter, die sie essen konnten. Und die ganze Zeit fielen Bomben, und die Kinder hatten solche Angst, dass sie fast gestorben wären, und der Hund ist wirklich gestorben.«

Das Spiel geht weiter, indem Frida den anderen erzählt. Sie ist diejenige, die Regie führt und kommentiert. Dass sie im Imperfekt redet, zeigt, dass sie sich mitten in einem Spiel befindet, das in der Gegenwart handelt und Material von dem einbezieht, was sie früher erlebt hat. Sicher hat sie ferngesehen, vielleicht hat sie auch selbst Flüchtlingskinder getroffen und will den anderen deren Schicksal erläutern:

»Ein Flugzeug kam und holte sie. Dann durften sie nach Schweden fahren und jetzt haben sie es total gut und dürfen hier in dem Kinderheim sein.‹
    ›Können wir jetzt spielen?‹, fragen Anna und Johanna.
    ›Spielen!‹ Frida wird wütend. Fräulein können ja wohl auch nicht spielen, wenn sie arbeiten.«

Frida hat bestimmt, dass Anna und Johanna Fräulein sein und sich um die verletzten Kinder kümmern sollen. Und jetzt wollen sie spielen! Für Frida ist das kein Spiel, jedenfalls kein Kleinkinderspiel. Es ist Ernst, aber den Freundinnen wird es zu viel. Sie ziehen sich aus dem Spiel zurück und machen etwas anderes. Da ist Fridas Geduld zu Ende, noch in ihrem Spiel schreit sie den anderen zu, dass sie zurückkommen sollen:

»Was seid ihr eigentlich für Kindergärtnerinnen? Die Kinder sind aufgewacht und haben in die Hose gemacht! Soll ich das ganze Kinderheim allein versorgen?
    Aber Anna und Johanna machen nur dumme Gesichter. Sie lachen und werfen mit Sand. Sie spielen einfach!
    ›Ihr blöden Ziegen!‹, schreit Frida. ›Babys!‹«

Vielleicht sind Anna und Johanna etwas jünger als Frida, aber vielleicht haben sie auch nur eine andere Strategie gewählt, um mit all den auf sie eindringenden Informationen über den Zustand der Welt fertig zu werden. Anna und Johanna halten sie von sich weg, solange es geht. Sie verteidigen ihr Land der Kindheit gegen Unbefugte. Frida schafft das nicht, und es bleibt ihr nichts anderes übrig, als mit dem Mut der Verzweiflung sich des Elends anzunehmen und zu versuchen, im Spiel damit umzugehen. Es ist schwer zu sagen, welcher Weg der beste ist, denn jedes Kind wählt den, der ihm gangbar erscheint.

Ich fühle mit Frida! Ihr Kampf ist auch meiner. Gleichzeitig verstehe ich, dass ihre Freundinnen und sicher auch die ein oder andere Betreuerin sie als unerträglich anspruchsvoll und moralisierend empfindet, so als verstünde sie alles besser als die anderen.

Dies ist ein Konflikt, der Frida immer begleiten wird. Alle aktiven und engagierten Menschen sind in den Augen derer, die es nicht schaffen, sich zu kümmern, Besserwisser. Aber Frida wird außerdem zu einer schweren Frage Stellung nehmen müssen, die im Laufe der Jahre immer bedrängender wird: Liegt es innerhalb des Rahmens einer empathischen Lebenshaltung, sich für Schwache und Alleingelassene zu engagieren und gleichzeitig diejenigen zu verachten, die sich nicht ebenso stark engagieren wie man selbst?

Für Frida entsteht zudem ein anderes Dilemma. Sie sieht, wie überall in der Welt Kinder leiden, und sie erkennt, dass die Erwachsenen sich ihrer Aufgabe entzogen haben. Sie haben es nicht geschafft, die Kinder zu beschützen, nicht einmal den Eltern der Kinder ist das gelungen! Wie sollen da Fridas eigene Eltern sie beschützen können, wenn der Krieg in ihr Land käme? Vielleicht ist Fridas Wut gegenüber ihren Freundinnen in Wirklichkeit gegen alle die Erwachsenen gerichtet, die Kinder beschützen sollten, sich aber wie ihre Freundinnen der Verantwortung entziehen oder damit einfach nicht klarkommen.

Das Wissen darüber, wie die Welt tatsächlich aussieht, bedeutet für viele Kinder eine ernsthafte Bedrohung des idealisierenden Bildes, das sie von ihren Eltern haben. Und hier hat sich, glaube ich, wirklich einiges verändert. Der Glaube an die Eltern als stark und unüberwindbar geht den Kindern in heutiger Zeit viel früher verloren, als das einst der Fall war. Die Autorität der Eltern ist nicht mehr, was sie einmal war, und sie wird es nie wieder sein. Das hat gar nicht so viel mit Erziehungsmethoden zu tun, wie viele meinen. Es ist die Welt, die sich verändert hat. Als Folge davon müssen schon Kindergärtnerinnen mit Fragen umgehen, mit denen man früher in der mittleren Phase konfrontiert wurde, in der man sich heute stattdessen mit dem beschäftigen muss, was in den Büchern eigentlich erst als typisches Pubertätsproblem bezeichnet wird.

Wenn das Kind das Bild von unfehlbaren Eltern nicht länger aufrechterhalten kann, schleicht sich Bekümmernis ein: »Was ist jetzt los? Wozu habe ich meine Eltern? Und wozu haben die mich, wenn ich nicht mehr ein unschuldiges Kind bin, das alles gut findet?«

Das Kind ist in dieser Phase extrem empfindlich für alles Echte oder Unechte. Falsche Posen oder halbherzig begründete Meinungen werden abgelehnt oder zumindest in Frage gestellt. Gleichzeitig ist eine große Angst da, allein gelassen zu werden, weil man nicht länger Kind ist. Die Erprobung der Eltern dient unterschiedlichen Zielen, der Übung im freien Denken und dem Test, wie hartnäckig die Eltern in ihrer Liebe sind. Das Kind, das wegläuft, probiert seine neuen Flügel aus und will gleichzeitig wissen, wie intensiv die Eltern nach ihm suchen.

Es hat sich gezeigt, dass Kinder von engagierten Eltern weniger Angst vor der Zukunft haben als andere Kinder. Es sind nicht Krieg, Umweltzerstörung oder Atomwaffen, die die Kinder am meisten schrecken, sondern die Gleichgültigkeit der Erwachsenen gegenüber all diesen Dingen. Für ein sensibles Kind ist es unbegreiflich, dass Erwachsene nicht mehr für die Kinder in Kriegsgebieten tun und dass sie nicht verhindern, dass die Erde zerstört wird, die Erde, die einmal ihre sein wird und für die sie Verantwortung werden tragen müssen.

Aber die Eltern, die sich engagieren, werden oft dafür kritisiert, dass sie zu oft fort seien und zu wenig Zeit mit ihren Kindern verbrächten. Sicherlich gibt es einen Punkt, der nicht überschritten werden sollte, denn Kinder brauchen ihre Eltern als anwesende Gestalten in ihrem Leben. Aber sie brauchen auch Eltern, die für etwas stehen, Eltern, die sie bewundern können, mit denen sie sich identifizieren und gegen die sie sich auflehnen können. Jugendliche brauchen Eltern, die vielleicht überhaupt nicht derselben Meinung sind wie sie, die aber ihren

Standpunkt durchdacht haben und bereit sind, für das, was sie als richtig ansehen, einen gerechten Kampf zu bestreiten.

Ich habe einmal ein halbwüchsiges Mädchen gefragt: »Was sagt denn deine Mutter dazu?« Sie antwortete: »Sie sagt nichts. Das ist das Schlimmste. Sie kann ja meinetwegen sagen, was sie will, wenn sie nur eine Meinung hätte.«

Wer die Landschaft des mitfühlenden Selbst erforscht, wird oft mit der Frage nach Abgrenzung konfrontiert. Für wen trage ich Verantwortung, außer für mich selbst? Wie groß ist die Last meiner eigenen Verantwortung und was kann ich meinen Eltern oder meinen Lehrern überlassen? Wer trägt dafür die Verantwortung, dass ich jeden Morgen aufstehe und dass ich lerne? Wer übernimmt die Verantwortung dafür, dass ich Freunde habe und das Leben genieße? Wie groß ist die Verantwortung, die ich gegenüber Geschwistern und Freunden, Unterdrückten und Vertriebenen, Umwelt und Weltfrieden empfinden soll? Kann man Verantwortung teilen, und wenn ja, wie?

Diese Fragen begleiten uns durch unser Leben und drängen sich immer mehr auf, je mehr der Raum zwischen der Gegenwart und dem Tod zusammenschrumpft. Wie viel können wir selbst bewältigen und welche Verantwortung müssen wir miteinander teilen? Wo beginnt und wo endet meine Verantwortung für den Freund, der sich mit Selbstmordgedanken trägt? Welche Verantwortung habe ich für die Kinder, mit denen ich arbeite, und wie verhält sich diese zur Verantwortlichkeit der Eltern und der Kinder selbst? Wie sieht meine Verantwortung gegenüber meinen erwachsenen Kindern, ihren neuen Freunden und ihren ehemaligen Ehepartnern und meinen Enkelkindern aus? Welche Verantwortung habe ich dafür, dass unsere Gesellschaft sich für eine humane Flüchtlingspolitik und für den Frieden in der Welt einsetzt? Und in welchem Maße bin ich für mich selbst verantwortlich und dafür, dass die Begabungen, die ich erhielt, auf eine Weise eingesetzt werden, dass sie mir selbst und anderen zugute kommen?

Die Antworten auf diese Fragen liegen keineswegs auf der Hand, sondern man braucht viele Gespräche und eine stete Reflexion, um ihnen auf die Spur zu kommen. Vor allem wir, die

wir mit Kindern leben und arbeiten, müssen Zeit und Raum finden, um einander in solchen Gesprächen begegnen zu können.
   Ich selbst denke oft an die Worte von Dag Hammarskjöld:

»Die Ehrfurcht vor der Blume an der Baumgrenze
öffnet den Weg zum Gipfel.«

Es ist an der Zeit, den Kompass hervorzuholen!

»1. Die Vertragsstaaten stimmen darin überein, dass die Bildung des Kindes darauf gerichtet sein muss,
a) die Persönlichkeit, die Begabung und die geistigen und körperlichen Fähigkeiten des Kindes voll zur Entfaltung zu bringen;
b) dem Kind Achtung vor den Menschenrechten und Grundfreiheiten und den in der Charta der Vereinten Nationen verankerten Grundsätzen zu vermitteln;
c) dem Kind Achtung vor seinen Eltern, seiner kulturellen Identität, seiner Sprache und seinen kulturellen Werten,
den nationalen Werten des Landes, in dem es lebt,
und gegebenenfalls des Landes, aus dem es stammt,
sowie vor anderen Kulturen als der eigenen zu vermitteln;
d) das Kind auf ein verantwortungsbewusstes Leben
in einer freien Gesellschaft im Geist der Verständigung,
des Friedens, der Toleranz, der Gleichberechtigung der
Geschlechter und der Freundschaft zwischen allen Völkern
und ethnischen, nationalen und religiösen Gruppen sowie zu
Ureinwohnern vorzubereiten;
e) dem Kind Achtung vor der natürlichen Umwelt zu vermitteln.«
Übereinkommen über die Rechte des Kindes, Artikel 19, Absatz 1

Der Artikel 29 des Übereinkommens handelt von der Ausbildung des Kindes und ihren Zielen. Ich habe hier den ganzen ersten Absatz wiedergegeben, denn er enthält die

249

Grundwerte, auf die jede Arbeit mit Kindern aufbauen sollte. Darüber hinaus ist er für alle Eltern von Interesse, die sich an der gegenwärtigen Diskussion über Normen und Werte in unserer Gesellschaft und die Ziele von Erziehung beteiligen.

In Punkt a) stellen die Vereinten Nationen fest, dass jedes Kind das Recht auf eine **optimale Entwicklung** hat. Den besonderen Begabungen eines jeden Kindes soll Rechnung getragen werden. Jedes Kind, auch ein behindertes, ist ein Mensch voller Schätze, die voll und ganz in den Dienst des Kindes gestellt werden müssen. Dies legt Eltern, Schule und Gesellschaft die Verantwortung auf, so lange wie möglich alles zu beseitigen, was dieser Entwicklung im Wege stehen könnte. Niemand darf ein Kind aufhalten!

Die Reihenfolge, die hier gewählt wurde, ist interessant – zuerst kommt die Persönlichkeit! Ist es die vordringlichste Aufgabe der Schule, die Persönlichkeit des Kindes zu entwickeln? Ist das etwa wichtiger als die Vermittlung von Wissen? Oder kann man Wissen auf eine Weise vermitteln, die die Persönlichkeit fördert? Während der Fortbildungskurse zu dem Übereinkommen über die Rechte des Kindes, die ich in ganz Schweden durchgeführt habe, konnte ich feststellen, dass diese Prioritäten für die, die in Medizin oder Kindergarten mit Kindern arbeiteten, selbstverständlich war, während sie unter Lehrern oft eine heftige Diskussion weckten.

In Punkt b) geht es um die **Menschenrechte**. Das Übereinkommen ist ein Teil des internationalen Regelsystems, das sich um die Menschenrechte dreht. Die Entwicklung in der Welt in den letzten Jahren hat gezeigt, wie wichtig das ist, denn Menschenrechte scheinen keineswegs etwas Selbstverständliches zu sein. In vielen Ländern werden sie grob und auf systematische Weise verletzt. Auch hierzulande hatten wir eine Debatte über die Rechte von Flüchtlingskindern und Schweden ist bei der ersten Überprüfung der Umsetzung des Übereinkommens in ebendiesem Punkt kritisiert worden.

Das Übereinkommen über die Rechte des Kindes fasst vieles zusammen, was schon in anderen UN-Richtlinien und in der Übereinkunft über die Menschenrechte geregelt wurde, aber mit dem Schwergewicht auf der Bedeutung für Kinder. Man könnte deshalb die Botschaft der UN folgendermaßen vereinfachen: Zeigt den Kindern, was im Übereinkommen über die Rechte der Kinder steht. Achtet darauf, dass sie es verstehen und seinen Inhalt respektieren.

Ein grundlegendes Prinzip aller Übereinkünfte über Menschenrechte ist der Gedanke, dass alle Menschen denselben Wert haben. Daraus folgt das Recht eines jeden Menschen auf Wertschätzung und Respektierung seiner Identität. Dies und eine Reihe anderer Grundprinzipien habe ich schon in den anderen Kapiteln dieses Buches behandelt. Im Artikel 29 werden sie nun ausgebaut und um einige wichtige Aspekte verstärkt.

Punkt c) handelt vom Recht des Kindes auf eine **nationale und kulturelle Identität**. Jedes Kind hat ein Recht darauf, nicht nur auf sich selbst stolz zu sein, sondern auch auf seinen Ursprung und seine Zugehörigkeit. Ob das Kind aus dem Osten oder aus dem Westen stammt, ob es Sinti, Roma oder Kurde ist, das sollte in unserer Gesellschaft keine Rolle spielen. Jedes Kind hat das Recht auf seine Identität, seine Sprache und seine Werte. Aber jedes Kind, das zu uns kommt, sollte auch die Werte respektieren, die in unserem Land existieren, nicht zuletzt die, die in unserer Rechtsprechung Niederschlag finden. Und alle Kinder, ganz gleich woher sie selbst kommen, müssen das Recht anderer Kinder respektieren, zu sein, wer sie sind.

Es geht hier um Respekt und Gegenseitigkeit, aber auch um ein Verständnis dafür, wie Identität überhaupt entsteht. Die **Sprache** ist wichtig, daran sollten sich vor allem diejenigen erinnern, die Flüchtlingskindern das Recht auf Unterricht in ihrer Muttersprache nehmen wollen.

In Punkt d) geht es um den **Frieden**, und er enthält Gedankengänge, die schon in der ersten Deklaration über die Rechte des Kindes aus dem Jahre 1923 vorhanden waren. Aus dem Respekt vor dem Ursprung und der eigenen Identität sollen Gefühl und Verantwortung für Menschen in anderen Teilen der Erde erwachsen. Die Worte »Friede, Toleranz, Gleichberechtigung, Freundschaft zwischen den Völkern« kommen einem heute recht utopisch vor, aber sie gehören dorthin, und es gibt in fast allen Kindern, die ich kenne, einen Resonanzboden dafür. Gerade weil die Welt anders aussieht, ist es wichtig, eigensinnig und unbeirrbar an der Utopie festzuhalten. Wir müssen unseren Kindern zeigen, dass Erwachsene nicht nur einander umbringen, sondern dass sie auch die Vision von etwas anderem und Besserem formuliert haben.

Die deutlichen Worte über Gleichstellung der Geschlechter und Respekt vor den Ureinwohnern stellen neue und wichtige Hinweise in dem Übereinkommen dar. Ich habe sie immer im Sinn gehabt, wenn ich mit halbwüchsigen Jungen über ihre Art und Weise, mit Mädchen umzugehen, sprach und wenn es um ihr Verhältnis zu den Samen in ihrer Nachbarschaft ging.

Auch Punkt e) enthält einen neuen Aspekt, den Respekt vor der Natur. Dies geht auf einen Vorschlag der indianischen Kulturen zurück, die die Formulierung wünschten, das Kind solle »lernen, in Harmonie mit der Natur zu leben«. Dies ist bei den Vereinten Nationen in eine weniger ausdrucksstarke Aussage verwandelt worden, aber dennoch gehört es zu den Menschenrechten des Kindes, etwas über Natur, Umwelt und ökologisches Denken zu lernen.

Wenn man die Wertegrundlage anschaut, die das Übereinkommen zum Schutz des Kindes festlegt, dann erscheint diese erstaunlich stabil. Es ist schön, sich vorzustellen, dass sich 180 Nationen darauf einigen konnten, ihren Kindern eine solche reichhaltige Grundlage an gemeinsamen Werten zu vermitteln. Das sollten sich diejenigen vor Augen halten, die vom angeblichen Verfall der Werte in unserer Zeit sprechen.

Es hat eine längere Debatte über die Frage gegeben, welche grundlegenden Werte Kindergarten und Schule in einer pluralistischen Gesellschaft wie unserer vermitteln können. Während manche eine Rückkehr zur christlichen Ethik für notwendig halten, meinen wieder andere, dass das diejenigen kränken würde, die anderen Religionsgemeinschaften angehören.

Im Übereinkommen über die Rechte des Kindes ist das Kunststück gelungen, das hervorzuheben, was die wichtigsten Glaubenssysteme der Welt miteinander verbindet. Für mich, der ich aus der christlich-humanistischen Tradition stamme, ist es nicht schwer, die Lehren Jesu über die Liebe und allgemeine humanistische Gedankengänge in den manchmal etwas verschlungenen Formulierungen des Übereinkommens auszumachen. Meine muslimischen Freunde weisen mich dann auf alle Koran-Zitate hin, die sie wieder zu finden meinen, und meine jüdischen Freunde sehen viele Berührungspunkte mit der Hebräischen Bibel und jüngerem jüdischen Gedankengut. Interessanterweise ist diese Verbindung gelungen, ohne dass der Text dadurch verwässert oder unpraktikabel geworden wäre.

Das ist der Grund dafür, dass ich das Übereinkommen für den wichtigsten Kompass halte, der uns heute auf unseren Entwicklungsreisen mit Kindern zur Verfügung steht. Das ist unsere gemeinsame Grundlage! Ich weiß, dass viele aus Gründen der Sicherheit eigene Peilungsgeräte dabei haben – ich mache es ja genauso. Es ist aber noch die Frage, ob die unterschiedlichen Kompasse uns auch wirklich zu verschiedenen Polen führen. Mein christlich gefärbter naturwissenschaftlicher Glaube sagte mir, dass der Pol dort liegt, wo er liegt. Wir zeichnen lediglich die Meridiane der Erde unterschiedlich und interpretieren deshalb die natürliche Missweisung des Kompasses verschieden.

Das Übereinkommen über die Rechte des Kindes enthält eine interessante Ausgewogenheit zwischen Rechten und Pflichten. Wer Rechte hat, der muss sich auch die Zuweisung einiger Pflichten gefallen lassen. Und wer sich Rechte angeeignet hat, der muss auch akzeptieren, dass diese Rechte auch anderen zustehen. Die Vereinten Nationen weisen hierauf ausdrücklich in Artikel 13 hin, wo das Recht auf freie Meinungsäußerung mit der Pflicht verbunden wird, niemals die Redefreiheit eines anderen einzuschränken. Aber auf indirekte Weise ist die Balance zwischen Rechten und Pflichten ein Grundgedanke der ganzen Konvention.

Vor einiger Zeit habe ich in einer zweiten Klasse eine Unterrichtsstunde über die Rechte der Kinder gehalten. Ich begann mit der Frage, welche grundsätzlichen Rechte jeder in der Klasse für sich gern in Anspruch nähme, und listete alle Punkte an der Tafel auf. Als Erstes sagte ein Junge: »Ich möchte das Recht haben, in Ruhe gelassen zu werden.«

Ich bat ihn zu erklären, was er meinte, und er fuhr fort: »Manchmal will ich gerade nicht mit den anderen spielen. Wenn dann jemand kommt und fragt, habe ich Angst, dass ich nie wieder dabei sein darf, wenn ich jetzt nicht mitmache. Das finde ich nicht gut. Ich möchte selbst bestimmen können, ob ich mitmachen will, ohne dass jemand sauer auf mich ist.«

Ich schrieb seinen Wunsch auf und überlegte gleichzeitig, ob das Übereinkommen über die Rechte des Kindes dazu etwas zu sagen hätte. Die Sätze zum Schutze des Privatlebens in Artikel 16 kommen dem am nächsten. Wie viel Zeit soll man für sich haben und wie viel sollten wir mit anderen teilen? Es entstand ein spannendes Gespräch darüber in der Klasse und ich fragte im Anschluss daran: »Na, was meint ihr? Sollen wir ihm das Recht gewähren, in Ruhe gelassen zu werden, wenn er nicht mitspielen will?«

Zu meiner Überraschung waren alle der Meinung, dass man das tun solle, und wir legten sein Recht fest, indem wir es mit roter Kreide umkringelten. Ich wandte mich an ihn: »Das ist klar, du hast jetzt das Recht. Aber welche Verantwortung ist nun damit für dich verbunden?«

Ohne eine Sekunde zu zögern, antwortete er: »Darauf zu achten, dass andere, die in Ruhe gelassen werden wollen, das auch dürfen.«

Das ist typisch für einen Achtjährigen, dachte ich. Sie begreifen einfach schneller als die meisten Erwachsenen!

Um in die Landschaft des mitfühlenden Selbst hineinzuwachsen, müssen Kinder, ebenso wie Jugendliche und Erwachsene, Verantwortung für ihr Leben und ihre Umwelt übernehmen. Diese Verantwortlichkeit muss jedoch ihren Fähigkeiten angepasst werden. Zu wenig Verantwortung bietet ihnen nicht die Herausforderung, die sie brauchen, um sich zu reifen Menschen zu entwickeln. Zu viel Verantwortung verstümmelt die Persönlichkeit. Wo ist das Gleichgewicht? Wie viel Verantwortung kann man Kindern heutzutage übertragen?

Über diese Frage wird immer heftig diskutiert. Viele Menschen sind der Ansicht, dass Kinder heute zu wenig Verantwortung übernehmen dürfen, dass alles für sie zurechtgelegt wird und sie nicht selbst denken müssen. Die meisten Kinder würden viel zu wenig zu Hause helfen, noch viel weniger würden so wie früher zur Versorgung der Familie beitragen. Die Eltern würden sich nach ihren Kindern richten, ihre Zimmer putzen, sie an Hausaufgaben und Training erinnern und sie zu ihren diversen Aktivitäten kutschieren. Die Kinder würden schlichtweg »verwöhnt« und könnten ihr Verantwortungsbewusstsein und ihre empathische Fähigkeit nie ausbilden.

Auch unsere Jugendlichen sind den Vertretern dieser Meinung zu kindlich, nicht einmal sie dürften Verantwortung übernehmen. Wir hielten sie viel zu lange in der Ausbildung fest, sie dürften nicht ins Berufsleben eintreten, sie würden viel zu lange zu Hause wohnen. In den letzten Jahren hat es eine heftige Debatte um das »Hotel Mama« gegeben und darüber, welche neuen Belastungen die aufgeschobene Befreiung vom Elternhaus für die Familie mit sich bringt.

Ich habe in der Kinder- und Jugendliteratur nach Beispielen für »verwöhnte« Kinder gesucht, die keine Verantwortung übernehmen dürfen, und da wird ein bestimmtes Muster sehr deutlich sichtbar. Wenn Autorinnen und Autoren mit ihren empfindlichen Peilsendern solche Kinder aufstöbern, beschreiben sie meist etwas anderes, nämlich eine Verlassenheit von tieferer Art. Die Kinder, die zu wenig Verantwortung für ihr Leben übernehmen dürfen, haben Eltern, die keine Gefühlsbeziehung zu ihren Kindern aufbauen können und dies durch materielle Dinge und ein übertriebenes Umsorgen kompensieren wollen.

Eine der Sechsjährigen, von denen Anna-Clara Tidholm berichtet, ist Britta Bengtsson. Britta will alles haben, was es auf der Welt gibt, und bekommt, nach einigem Quengeln, auch alles, worauf sie zeigt. Ihre Eltern sind immer beschäftigt und haben ein schlechtes Gewissen, weshalb sie nicht wagen, ihr zu widersprechen. Eines Tages, als sie angekündigt hatten, dass sie am Abend in die Oper gehen wollen, erbettelt sich Britta einen rasch improvisierten Besuch im Vergnügungspark, wo alles schief geht und der damit endet, dass Britta viel zu viel Zuckerwatte isst. Ihr wird schlecht, sie muss sich mitten auf dem Bürgersteig übergeben und erreicht endlich, was sie will:

»Papa musste Britta die Treppe hinauftragen. Sie darf im Bett der Eltern liegen. Papa holt ein Glas Wasser und Mama ruft die Oma an.

›Wir bleiben heute Abend zu Hause‹, sagt Mama. ›Britta geht es nicht gut.‹

Jetzt ist Abend. Papa singt Britta etwas vor, Mama strickt an einem Pullover. Es geht Britta schon viel besser. Es geht ihr richtig gut!«

Man kann nur hoffen, dass die Eltern Britta von nun an mehr Nähe und mehr Verantwortung zeigen werden, aber da kann man nicht sicher sein.

Barbro Lindgren ist eine Autorin, die mit leichter Hand scheinbar alltägliche oder einfach privilegierte Kinder, die jedoch völlig allein gelassen sind, beschreibt. Sunkan in *Sunkan flyger* (»Sunkan fliegt«) ist ein solcher Junge. Als seine materielle Welt zusammenstürzt, bleibt nichts mehr übrig:

»Für Sunkan war alles schief gelaufen. Die Katze war abgehauen, seine Mutter war doof zu ihm gewesen. Sein Vater hatte den Volvo zu Schrott gefahren, den er doch kriegen sollte, wenn er groß ist. Ein Hund hatte seinen Fußball zerbissen. Cola alle. Pommes alle. Er hatte nichts als ein paar Stöcke, mit denen er in Löchern bohren, und ein paar Dosen, mit denen er Krach machen konnte.«

Sunkan träumt davon, Flügel zu haben, so dass er allem Elend entfliehen kann. Und dann bekommt er sie! Als er eines Morgens aufwacht, sind ihm auf dem Rücken Flügel gewachsen. Er begibt sich auf eine kleine Entdeckungsreise über die Hausdächer und mit einem Mal ist das Leben wieder lebenswert. Am Ende findet er sowohl den Fußball als auch die verschwundene Katze wieder und mit beidem im Arm kehrt er zurück. Viel wichtiger als die zurückgewonnenen Besitztümer ist jedoch, dass die Eltern ihren Jungen wieder entdecken:

»Als er durch das Fenster geflogen kam, war seine Mutter von der Arbeit und sein Vater von der Betriebsfeier nach Hause gekommen. Sie saßen in der Küche und weinten gemeinsam mit Tante Petterson. Aber als Sunkan mit der kleinen Katze und dem Fußball hereinschwebte, waren sie überglücklich und umarmten ihn so fest, dass die Flügel zerknautschten.

Und das Kätzchen stürzte sich auf den Hering und Sunkan stürzte sich auf den Kühlschrank, der proppenvoll war mit Cola und Pommes. Und als sie gegessen und getrunken hatten, klappten sie die Augendeckel und die Flügel herunter und schliefen wie die Steine.«

Ich kenne Sunkan und Britta sehr gut, denn ich bin ihnen schon oft in meiner Sprechstunde begegnet. Es sind Kinder, die alles haben, was sie brauchen, und sogar noch ein wenig mehr, denen aber dennoch das Wichtigste fehlt. In gewisser Weise hat man ihnen die Verantwortung für ihr Leben geraubt. Dann wieder ist ihnen eine unglaublich schwere Verantwortung aufgebürdet worden, nämlich die, sich immer aus eigener Kraft einen Lebensinhalt schaffen zu müssen, der über Fernsehen, Musikhören, Pommes und Zuckerwatte hinausgeht. Vielleicht ist es gar nicht die Frage, ob Kinder zu viel oder zu wenig Verantwortung haben, sondern ob sie die richtige Art der Verantwortung übertragen bekommen.

In *Lilla syster Kanin* (»Kleine Schwester Kaninchen«) führt Ulf Nilsson ein spannendes Gespräch über Verantwortlichkeit. Das Buch handelt von einem kleinen Kaninchen. Da die Eltern sich jeden Tag wegbegeben, um Mohrrüben zu suchen, muss der Junge auf seine kleine Schwester aufpassen:

»Sie weckt mich in aller Frühe, so ist es immer. Sie sitzt zwischen ihren Kissen und singt das sonnigste kleine Morgenlied, das sie piepen kann.

Meine kleine Schwester, die Dicke Nachtigall, ist klein und schwach. Ich muss den ganzen Tag ganz allein auf sie aufpassen, sie vor gefährlichen Füchsen und tiefen Löchern bewahren.

›Du bist mein tüchtiger Kaninchenkerl‹, sagt Papa, wenn er geht. ›Ich weiß, dass du das kannst! Ich verlasse mich auf dich!‹«

Der Kaninchenjunge hat ein enges und vertrautes Verhältnis zu seinen hart arbeitenden Eltern. Den ganzen langen Tag lang trägt er ein starkes und deutliches inneres Bild von ihnen in sich. Er empfindet das Vertrauen und übernimmt Verantwortung, auch wenn das nicht immer leicht ist, vor allem wenn die Dicke Nachtigall störrisch ist und die anderen Kaninchenfreunde wollen, dass er rauskommt und mit ihnen spielt:

»Ein Kaninchen zu wickeln ist das Schwierigste, was es gibt. Ich weiß, dass ich das nie richtig hinkriegen werde. Erst liegt sie ein Weilchen still – und lacht. Aber wenn ich eine Schleife machen muss … dann fährt sie herum und haut mir ab. Sie macht es einmal, zweimal und nochmal …

Am Ende bin ich müde und wütend. Sie liegt einfach da, dick und schwer, und hält mich zum Narren. Was macht man da?

Kleine Kaninchen darf man niemals schlagen, niemals kneifen, niemals an den Ohren ziehen. Das sagt jedenfalls Mama. Dann verstummen sie und hören auf zu singen, dann verstehen sie überhaupt nichts mehr. Nein, man muss in aller Ruhe tausendmal erklären und unendlich viel Geduld haben …

Eine Schleife machen, noch eine Schleife machen – KANNST DU NICHT MAL STILL LIEGEN!!! – und noch eine Schleife machen.

Dann geht es. Am Ende. Ich wusste es doch!«

Ulf Nilsson ist da wichtigen Geheimnissen auf der Spur. Das Vertrauen von Seiten der Eltern, das starke innere Bild von ihnen, das früh durch engen, vertrauten Kontakt geschaffen wurde, und die Möglichkeit, immer wieder selbst forschen zu dürfen, ohne unterbrochen oder »unterstützt« zu werden – alles das hilft dem Kaninchenjungen, eine Verantwortung zu übernehmen, die vielen Erwachsenen sicher zu groß erscheint. Meinen Kindern jedoch kam das nicht so vor, als wir das Buch lasen, denn ihnen fiel es leichter, sich die Kaninchenlogik anzueignen. Oder vielleicht gefiel ihnen der Schluss des Buches:

»Mitten in der Nacht kommen Mama und Papa nach Hause. Sie schleifen große, ausgebeulte Säcke hinter sich her, die voller Mohrrüben sind. Und Mama tätschelt uns mit ihren müden und erdigen Pfoten. Und Papa fällt, ohne die Schuhe auszuziehen, aufs Bett und schläft ein.

Ich habe es geschafft. Ich habe heute auf sie aufgepasst! Ich wusste, dass es gut gehen würde...«

Es gibt jedoch Grenzen für das, was Kinder schaffen können, und Ulf Nilsson bewegt sich sehr nahe an dieser Grenze. Wenn die Verantwortung zu groß wird für das Kind und auch nicht durch eine gefühlsmäßige Sicherheit in der Umgebung verankert ist, dann werden die Anforderungen zu einer Bedrohung für die Entwicklung des Kindes und für seine zukünftige psychische Gesundheit.

Es gibt viele Kinder, die unter solchen Bedingungen leben müssen, ich bin ihnen vor allem in Familien begegnet, in denen Alkohol- oder Drogenmissbrauch an der Tagesordnung war, oder in Kriegsgebieten und Flüchtlingslagern. Es sind Kinder, die sich im Moment als stark und überlebensfähig erweisen mögen, auf lange Sicht aber einen sehr hohen Preis für ihre »Stärke« zahlen müssen. In unserem Arbeitsbereich nennen wir sie »Erwachsenenkinder« – es sind Kinder, die den Eindruck erwecken, älter zu sein, als sie sind, und die sich oft zu stark dafür einsetzen müssen, die Familie am Leben zu erhalten.

Die Einsamkeit wird zum Begleiter bis ins Erwachsenenalter. Viele Menschen, die Ähnliches erlebt haben, kennen das Gefühl, jemand zu sein, aber niemanden zu haben. Sie haben gelernt, niemals jemand anderem als sich selbst zu trauen, sich niemals in enge Beziehungen zu begeben, sich immer einen Fluchtweg offen zu halten.

Paradoxerweise ist es so, dass Menschen, die in ihrer Kindheit zu viel Verantwortung übernehmen mussten und da ge-

lernt haben, was Verantwortung bedeutet, sich im Erwachsenenalter oft wenig verantwortlich zeigen. Manchmal geraten
sie in Führungspositionen, weil sie ja gewohnt sind, zu leiten
und zu bestimmen. Aber Widerspruch und Streit können sie
nicht ertragen und gehen allen Konflikten aus dem Weg. Sie
haben einfach schon genug Verantwortung in ihrem Leben getragen, nun sollen andere ihren Teil tun.

Man kann sich aus einem solchen Teufelskreis durchaus befreien, aber das setzt viel Arbeit und den Willen zur Veränderung voraus. Es ist so leicht, aus der Not eine Tugend zu machen: Ich bin eben ein einsamer Wolf! Beziehungen sind nichts
für mich! Chef zu sein und ständig diskutieren und verhandeln
zu müssen – nein, da bin ich lieber Berater!

Manchmal muss eine Lebenskrise kommen und vielleicht eine Zeit der Therapie, damit man die festgefahrenen Strukturen
erkennen kann.

Verantwortlichkeit auf zu niedrigem wie auf zu hohem Ni-
veau behindert also die Erforschung der Landschaft des mitfühlenden Selbst und jagt den Reisenden in die Flucht. Und
noch etwas kommt dazu: Es fehlt an Freunden und Verbündeten. Natürlich ist es wichtig, dass ich wage, mich allein auf die
Reise zu begeben, aber ich muss doch das Glück haben, auf
meinem Weg Freunde zu finden und ihnen vertrauen zu können.

Susanna in meiner Lieblingserzählung *Den farliga resan* (»Die
gefährliche Reise«) von Tove Jansson macht diese Erfahrung.
Susanna ist ein Mädchen, das an einen Punkt in seinem Leben
gelangt ist, der zum Aufbruch zwingt:

»Denn alles, was traurig ist,
sieht so aus, wie es aussieht,
gestern, heute, morgen,
und es hört nie auf!
Ich würde nur lachen,
wenn das Gefährlichste käme,
und alles nicht mehr furchtbar wäre,
sondern genau im Gegenteil!«

Susanna wird erhört. Das Gefährlichste kommt wirklich, und zwar in Gestalt der alten Katze, die sich in ein schreckliches Untier verwandelt. Susanne rennt in den Wald hinaus, der zu einem tiefen Sumpf geworden ist. Die Vögel sind verstummt, das Meer trocknet aus, ein Vulkan bricht aus.

Susanna ist neugierig, aber auch erschrocken, und sie hätte es wohl nicht geschafft, wenn sie nicht auf eine sonderbare Gesellschaft gestoßen wäre. Die Gesellschaft besteht aus den Gestalten Tofslan, Vifslan und dem kleinen Hund der beiden, Ynk von Jämmerlund. Tofslan und Vifslan sind »Hemulen«, Phantasiegestalten mit großen, langen Nasen. Glücklicherweise begleiten sie Susanna, denn die Natur ist nun nicht mehr artig, sondern von bösen Mächten getrieben. Ein riesiger Wasserfall versperrt den Weg und ein Jemand ist ihnen auf den Fersen: Es ist Tooticki, der zu ihrer Rettung kommt, und über das Meer, das nun wieder Wasser hat, werden sie zum Mumintal gebracht, wo sie in Sicherheit sind.

So muss es sein. Die Reise als Reise. Die Schriftstellerin Tove Jansson mildert das Gefährliche ab, um den Kindern die Möglichkeit unterschiedlicher Interpretationen zu geben.

Für mich ist die gefährliche Reise im höchsten Grade eine Reise in der Wirklichkeit und ganz genauso gefährlich, wie Tove Jansson sie beschreibt. Wie ist es um uns bestellt, die wir keine Hemulen treffen oder nicht wagen, ihnen zu vertrauen? Was ist, wenn Tooticki nicht im letzten Moment auftaucht und wenn das Mumintal nicht dort liegt und nicht als zufälliger Zufluchtsort auf uns wartet?

Wir, die wir mit Kinder leben und arbeiten, können ihnen manchmal ein Mumintal sein. Ich selbst komme mir oft wie ein etwas zerstreuter und erschöpfter Hemul vor. Es gibt viele Kinder wie Susanna, die eine Weile mit uns zusammen reisen wollen, und es ist schön, dass es das Mumintal gibt, in das wir zurückkehren können. Wir dürfen nur nicht vergessen darauf zu achten, dass Susanna auch wohlbehalten wieder nach Hause kommt.

Das Mitgefühl ist eine mächtige Wellenbewegung von innen nach außen. Es gibt mich und ich lebe! Du liebst mich so, wie ich bin – das gibt mir die Kraft, dich zu lieben! Du siehst mich – dadurch wirst du in meinen Augen zu einem eigenen, einzigartigen Menschen, der keinem anderen gleicht. Du bist es wert, dass ich dich liebe, nicht weil du mich an etwas in mir selbst erinnerst oder an jemand anderen, sondern weil du nichts anderes bist als du selbst.

Aus der Sprache wird der Traum geboren, bei einem Menschen wirklich anzukommen, als wäre die unendliche Einsamkeit der Seelen nur ein böser Mythos, den man bezwingen könnte. Wenn die Phantasie unter vollen Segeln steht und wenn die Zeit ein Raum ist, in dem man einander begegnen kann, dann reift die Liebe schnell heran und plötzlich sehen wir einander ohne Spiegel oder Hindernisse. Mitten in der Einsamkeit sind wir zusammen, mitten im Jetzt sind wir die Zukunft. Und die Verantwortung füreinander, die das Lebensthema der Landschaft des mitfühlenden Selbst ist, lässt sich ohne Maßstab oder Stoppuhr verteilen.

Es ist dieser rasch vorübereilende Schimmer der Zusammengehörigkeit, der uns ahnen lässt, dass die Dunkelheit vom Licht abhängig ist.

am ende der stubenhockerei
wurde die welt mir zu eng

und ich musste hinaus in die welt;
ich musste hinein in die welt

und meine eigene enge stube
beginnt schon zu schaukeln

in dieser
bewegung.

Lars Fredin, *Rymd och korn* (»Raum und Korn«)

Epilog

Zum Schluss ein paar Worte an dich, lieber Leser. Immer wieder ist hier davon gesprochen worden, dass eine Pflanze etwas ganz Besonderes sei. Findest du eine, dann kann man nicht deutlich genug sagen, dass du sie in Ruhe lassen sollst.

Sten Selander

Es ist Juli und der Sommer ist dabei umzukippen. Zwischen Schneebrettern und Steinblöcken bin ich über den Berggipfel gewandert und nun auf dem Weg wieder hinab. Ich folge dem Pfad, er ist leicht gangbar.

Eine Weile setze ich mich nieder, um auszuruhen, und lehne mich an meinen Rucksack. Quellwolken beginnen sich aufzutürmen und es wird heute sicher ein paar Schauer geben. Wenn die Sonne hinter den Wolken verschwindet, werden die Farben tiefer. Es ist ein kalkreicher Boden auf dem ich sitze, er ist üppig bewachsen, die Farben gehen von Weiß und Gelb bis zu Grün und Violett. Ein Blaukehlchen trillert intensiv in den Büschen oberhalb des Birkenwaldes.

Ich nehme eine kleine Blume in die Hand und halte den Stengel zwischen Daumen und Zeigefinger. Es gibt so viele davon hier, ganze Teppiche, dass man sie schon gar nicht mehr sieht. Aber in Ruhe betrachtet ist dieses vereinzelte Exemplar von einer merkwürdigen und kargen Schönheit. Ich zähle die Blütenblätter. Acht. Deshalb heißt sie *Dryas octopetala*.

Diese Blume ist vielleicht das beste Bild für die Landschaft der Seele, denke ich. Das Manuskript zu diesem Buch ist im Rucksack verstaut, ich habe es einige Tage lang noch einmal studiert. Nun suche ich nach einem Bild dafür, wie sich die verschiedenen Landschaften zueinander verhalten.

Daniel Stern hat es so beschrieben, dass die verschiedenen Teile des Selbst übereinander gelegt sind, mit dem auftauchenden Selbst zuunterst. Wie die Schichten in der Erde. Dieses Bild ist sehr anschaulich und deutlich und ich habe es in meinem Unterricht oft angewendet, aber es kann auch missverstanden werden. Wer, was die Entwicklung des Kindes betrifft, am alten Phasendenken festhält, könnte leicht glauben, dass die unterschiedlichen Schichten verschiedene Grade der Reife darstellen. Aber so ist es nicht, und das meint auch Stern nicht. Das auftauchende Selbst hat dieselbe Reife und dieselbe Bedeutung für den Erwachsenen wie das verbale Selbst – so sollte es jedenfalls sein.

Ich schaue wieder auf die kleine Blume. Jede Landschaft des Selbst wird durch ein Blütenblatt dargestellt. Sie sind alle voneinander abhängig und laufen im Blütenkopf zusammen, in dem die biologische Information ausgetauscht wird. Stempel, Blütenstaub und die zukünftige Frucht teilen sie sich.

Aber es sind acht Blütenblätter und ich habe doch neun Landschaften des Selbst beschrieben! Das ist schade, aber meine Phantasie will nicht von dem Bild lassen und arbeitet weiter. Sollte das zentrale Befruchtungsorgan der Pflanze die Landschaft des sexuellen Selbst darstellen? Nein, das wäre doch zu gezwungen. Es erscheint mir natürlicher, das forschende Selbst in die Mitte zu verlegen. Ja! Diese Landschaft ist eine Zentrale, in der alles zusammenläuft. Von hier werden die Erfahrungen aus allen übrigen Landschaften geholt, um miteinander ausgetauscht zu werden. Die Sache ist klar: Das forschende Selbst ist die Mitte der Blume.

Ich muss über mich selbst und meine Bilder lachen und drehe die Blume zwischen meinen Fingern. Die Konturen lösen sich auf, die Grenzen zwischen den Blütenblättern werden ausradiert, ein sacht rotierender Blütenpropeller strahlt mich wie ein weißes Auge mit einer gelben Pupille an.

Alles gehört zusammen, denke ich, als ich mich erhebe. Die Blume, das Blaukehlchen und die Seelen der Menschen. Wir sind gar nicht so verschieden. Wir spiegeln uns ineinander, holen Bilder aus den Welten der anderen, um unsere eigene zu beschreiben. Der Gesang des Blaukehlchens ist ein Beispiel dafür. Es ist ein meisterhafter Sänger, voll eigensinniger Ideen. Aber es ahmt auch nach, vielleicht hat es bei anderen Wanderern Gesprächslaute aufgeschnappt, die es nun in seiner eigenen Version wiedergibt.

Hinter dem Wald wartet das Tal. Der Regen ist nicht mehr weit.

Anmerkungen

1. Stern, Lebenserfahrung, S. 10
2. Stern, Lebenserfahrung, S. 11
3. Stern, Lebenserfahrung, S. 18
4. Camara, Regenbogen, No. 86
5. Buber, Ich und Du, S. 8
6. Bettelheim, Ein Leben für Kinder, S. 124
7. Korczak, Das Recht des Kindes auf Achtung, S. 35
8. Saint-Exupéry, Der kleine Prinz, S. 65f.
9. Korczak, Das Recht des Kindes auf Achtung, S. 28
10. Winnicott, Vom Spiel zur Kreativität, S. 124
11. Lindgren, Klingt meine Linde, S. 21–23
12. Camara, Stimme der stummen Welt, S. 122
13. Korczak, Das Recht des Kindes auf Achtung, S. 31
14. Key, Das Jahrhundert des Kindes, S. 161
15. Korczak, Wie man ein Kind lieben soll, S. 4
16. Korczak, Wie man ein Kind lieben soll, S. 122
17. Korczak, Wie man ein Kind lieben soll, S. 122
18. Korczak, Wie man ein Kind lieben soll, S. 123
19. Olivier, Jokastes Kinder, S. 26
20. Freud, Einige psychologische Folgen, S. 22
21. Olivier, Jokastes Kinder, S. 52
22. Olivier, Jokastes Kinder, S. 53
23. Rohr, Der wilde Mann, S. 38
24. Rohr, Der wilde Mann, S. 40
25. Olivier, Jokastes Kinder, S. 175
26. Saint-Exupéry, Der kleine Prinz, S. 9
27. Saint-Exupéry, Der kleine Prinz, S. 91
28. Rohr, Der wilde Mann, S. 41
29. Olivier, Jokastes Kinder, S. 116
30. Stern, Tagebuch eines Babys, S. 38
31. Gibran, Der Prophet, S. 83
32. Barrie, Peter Pan, S. 7
33. Barrie, Peter Pan, S. 18

34. Barrie, Peter Pan, S. 34
35. Barrie, Peter Pan, S. 212
36. Ende, Momo, S. 9
37. Ende, Momo, S. 10/11
38. Ende, Momo, S. 15
39. Korczak, Das Recht des Kindes auf Achtung, S. 37
40. Korczak, Das Recht des Kindes auf Achtung, S. 12
41. Gibran, Der Prophet, S. 78
42. Kübler-Ross, Erfülltes Leben, S. 54

Literatur

Aufgeführt sind alle im Buch behandelten Titel, die in deutscher Sprache erhältlich sind.

Wir danken den Rechtsinhabern für die Genehmigung zum Abdruck der Zitate. In jenen Fällen, in denen es nicht möglich war, den Rechtsinhaber resp. Rechtsnachfolger ausfindig zu machen, konnte ausnahmsweise keine Nachdruckerlaubnis eingeholt werden. Honoraransprüche der Autoren oder ihrer Erben bleiben gewahrt.

Ariès, Philippe	– Geschichte der Kindheit. dtv, München
Barrie, James M.	– Peter Pan. Cecilie Dressler Verlag, Hamburg 1988
Bettelheim, Bruno	– Ein Leben für Kinder. Deutsche Verlags-Anstalt, Stuttgart 1987
Buber, Martin	– Ich und Du. 12. Aufl. Verlag Lambert Schneider, Gerlingen 1994.
Camara, Helder	– mach aus mir einen Regenbogen. pendo-verlag, Zürich 1981
ders.	– Stimme der stummen Welt. pendo-verlag, Zürich 1989
Die Rechte des Kindes	– Das Übereinkommen über die Rechte des Kindes, verabschiedet von der Generalversamlung der Vereinten Nationen in New York am 20. November 1989. Ausgabe mit 28 Radierungen von Christoph Meckel. Ravensburger Buchverlag 1994
Ende, Michael	– Momo. © 1973 by K. Thienemanns Verlag, Stuttgart – Wien – Bern
Erikson, Erik Homburger	– Der vollständige Lebenszyklus. Suhrkamp Verlag, Frankfurt/M. 1988
Freud, Sigmund	– Einige psychologische Folgen des anatomischen Geschlechtsunterschieds. In: Gesammelte Werke XIV. © 1948 Imago Publishing Co. Ltd., London Alle Rechte vorbehalten. S. Fischer Verlag GmbH, Frankfurt am Main
Gibran, Kahlil	– Der Prophet. © Walter Verlag AG, Zürich 1973

Gustafsson, Lars H.	– Wir Väter. Kreuz Verlag, Stuttgart 1993
Jansson, Tove	– Das unsichtbare Kind. In: Geschichten aus dem Mumintal. Benziger Edition, Würzburg 1978
Key, Ellen	– Das Jahrhundert des Kindes. Beltz Verlag, Weinheim und Basel 1991
Korczak, Janusz	– Das Recht des Kindes auf Achtung. Vandenhoeck & Ruprecht, Göttingen 1970
ders.	– Wie man ein Kind lieben soll. Vandenhoeck & Ruprecht, Göttingen 1967
Kübler-Ross, Elisabeth	– Erfülltes Leben – würdiges Sterben. Gütersloher Verlagshaus, Gütersloh, 2. Aufl. 1994
Leonard, Linda	– Töchter und Väter. Heilung und Chancen einer verletzten Beziehung. Kösel Verlag, München 1988.
Lindgren, Astrid	– Sonnenau. In: Klingt meine Linde. Verlag Friedrich Oetinger, Hamburg 1960
Mahler, Margaret	– Die psychische Geburt des Menschen. Fischer Verlag, Frankfurt/M. 1992
Miller, Alice	– Abbruch der Schweigemauer. Hoffmann & Campe Verlag, Hamburg 1993
Olivier, Christiane	– Jokastes Kinder. Econ Verlag, Düsseldorf 1987
Rohr, Richard	– Der wilde Mann. Claudius Verlag, München 1986
Saint-Exupéry, Antoine de	– Der kleine Prinz. © Karl Rauch Verlag, Düsseldorf 1956
Stern, Daniel	– Die Lebenserfahrung des Säuglings. Aus dem Amerikanischen übersetzt von Wolfgang Krege. Die Übersetzung wurde überarbeitet von Elisabeth Vorspohl. © 1985 by Basic Books, Inc., Publishers, New York. Stuttgart, Klett-Cotta 1992, 5. Auflage 1996
ders.	– Tagebuch eines Babys. Piper Verlag, München 1993
Winnicott, D. W.	– Vom Spiel zur Kreativität. Ernst Klett Verlag für Wissen und Bildung GmbH, Stuttgart 1974.

Die Originalausgabe erschien 1996 unter dem Titel »Upptäcka Livet« im Norstedts Förlag, Stockholm.

Die Deutsche Bibliothek – CIP-Einheitsaufnahme

Gustafsson, Lars H.:
Kinder – weit weg und doch ganz nah: die neun Stufen zum Erwachsenwerden / Lars H. Gustafsson. Aus dem Schwed. von Susanne Dahmann. – Stuttgart : Kreuz-Verl., 1997
  Einheitssacht.: Upptäcka livet <dt.>
  ISBN 3-7831-1579-5

1 2 3 4   00 99 98 97

© Kreuz Verlag Stuttgart für die deutsche Fassung
Postfach 80 06 69, 70506 Stuttgart, Tel.: 0711/78 80 30
© Lars H. Gustafsson, 1996 für die schwedische Originalausgabe
Umschlaggestaltung: Jürgen Reichert, Stuttgart
Umschlagbild: Anna Ancher: Inv. Nr. 222
Sunlight in the blue room; Helga Ancher
crocheting in her grandmothers room. 1891
Skagens Museum, Dänemark
Satz: Buch-Werkstatt GmbH, Bad Aibling
Druck und Bindung: Clausen & Bosse, Leck
ISBN 3 7831 1579 5

Kinderzeichnungen richtig deuten:

Alle Kinder zeichnen, meist zu unserer Freude. Oft malen Kinder aber auch, was sie bedrückt. Wie man ihrem Kummer auf die Spur kommt, wie man die Chance nutzen kann, bis dahin nicht erkannte Konflikte abzubauen, darum geht es in diesem Buch. Vier eindrucksvolle Porträts zeigen, wie befreiend Kinder diese Entwicklung mit behutsamer Hilfe der Therapeutin erleben. Dr. Ursula Baumgardt ist Psychotherapeutin mit eigener Praxis sowie Dozentin und Lehranalytikerin am C. G. Jung-Institut in Zürich.

Ursula Baumgardt
**Kinderzeichnungen –
Spiegel der Seele**
Kinder zeichnen Konflikte
ihrer Familie
*128 Seiten mit vielen
Farbbildern und Zeichnungen,
Paperback*

KREUZ: Was Menschen bewegt.